内蒙古师范大学出版基金资助

中国哲学原著选读

主　编：刘　星　高新满
副主编：丁　娜　尚文程　张晓芹　古迎辉　徐明珍　马和平

·南京·

图书在版编目(CIP)数据

中国哲学原著选读 / 刘星,高新满主编. —南京:东南大学出版社,2020.10
 ISBN 978-7-5641-9190-0

Ⅰ.①中… Ⅱ.①刘… ②高… Ⅲ.①古典哲学-著作-介绍-中国 Ⅳ.①B211

中国版本图书馆 CIP 数据核字(2020)第 213841 号

中国哲学原著选读

主　　编	刘　星　高新满
出版发行	东南大学出版社
地　　址	南京市四牌楼 2 号(邮编 210096)
出 版 人	江建中
责任编辑	唐　允　唐红慈
网　　址	http://www.seupress.com
印　　刷	兴化印刷有限责任公司
开　　本	700 mm×1000 mm　1/16
印　　张	17
字　　数	332 千字
版　　次	2020 年 10 月第 1 版
印　　次	2020 年 10 月第 1 次印刷
书　　号	ISBN 978-7-5641-9190-0
定　　价	56.00 元

本社图书若有印装质量问题,请直接与营销部联系,电话(传真):025-83791830。

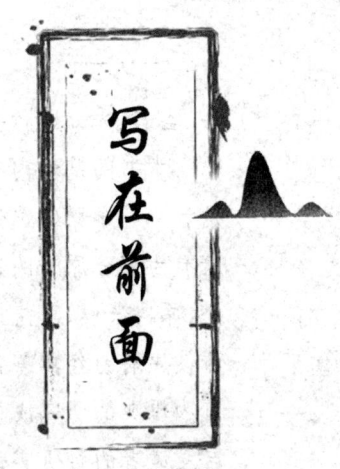

写在前面

中国哲学原著经典诠释有其独有的特点,其最大的魅力是不仅可以容纳新经典的出现,而且也容许不同诠释内容的同时存在,对经典的诠释不是封闭的、教条式的。以人为本,以道德为中心,是中国经典诠释的特色,中国经典诠释的优点能给读者以极大的想象空间和解读的余地。经典诠释既没有限定诠释者的立场、方式与方法,也没有规定特定的释读规范。经典诠释需要释读者根据自己的学术背景提供改变其精神理路、发挥微言大义的释读空间,在薪火相传中,不断寓含、嵌入诠释者的创见。经典诠释不仅仅局限于语言文字的铺陈、雕琢和知性系统的建构,更在于给予读者领悟经典、与圣贤对话的空间。经典诠释不仅仅属于历史,而且属于现代,它可以促进传统精神资源的创造性诠释与转化,为现代化的精神文化提供滋养。

在人文素质教育中,我们常常向理、工、农、医科及社会科学、人文学的同学们介绍并讲授先秦哲学,诸如《论语》《孟子》《大学》《中庸》《老子》《庄子》《荀子》《坛经》等涉及儒、道、释的最基本的经典,是希望同学们能够领略中国传统哲学的魅力,对日后的学习与工作产生重要启迪。但与此同时,我们又面向文科院校的哲学系同学开设"中国哲学名著选读"等专业课程,目的就是要帮助同学们掌握、理解部分中国经典,培养同学们学习原典的兴趣,激发同学们对传统经典的学习热情。对于哲学专业的同学来说,这是与必修课"中国哲学史"等配套的必修课程。我们的祖先创造了丰富灿烂的中华文化宝典,可谓汗牛充栋。华夏族群在数千年的融合与发展中,形成了自己独特的生存体验、宇宙观念、致思取向、行为方式、价值系统,凝结成极其宝贵的、独到的哲学智慧。对于青年学生来说,起码应当有读懂经典的训练,只有通过逐字逐句的研读,才能走近经典,领略经典的魅力,进而与古代智者、圣人、先知进行平等的心灵交流与思想对话。

本书的基本内容分为四个部分:第一部分是先秦哲学原著选读部分;第二部分是汉唐哲学原著选读部分;第三部分是宋元明清哲学原著选读部分;第四部分是对康有为部分原著的诠释。前三个部分都是以经典著作为单位,每一部分由作品简介、原典选读、思想概要、经典背诵、思考题五部分组成。第四部分是本人近年来在研读康有为经典著作后取得的部分学术成果,也是本教材最有特色的部分。对康有为原典的研究成果的重要价值在于在研读、学习古人经典著作的过程中引导和启发读者的科研实践,激发读者在研习原著时深入思考作者所处的时代背景、思想内涵以及现代价值,凸显经典学术研究致力的方向。本书的安排有利于哲学专业学生以及中国哲学爱好者更加系统地了解原典的全貌,对古典哲学有一个更为清晰的把握。当然,要想真正地理解原文丰富的哲学内涵,还需要老师的讲授与指导以及同学们在学有余力的时候组织读书会进行字斟句酌的研究,只有这样才能达到更为理想的效果。希望本书能够引领哲学系的本科生以及中国哲学爱好者进入先贤的内心世界,逐步走进中国古典哲学的殿堂,逐步把握、理解中国经典之精神并赋予其时代的价值与意义。

本书的编写秉承着这样的原则:把最重要,最有根源性、原创性与代表性,最应当让青年们把握或领悟的哲学资料,特别是涉及中国哲学智慧、中国文化之价值理念的核心内容选编进来。同时,为避免支离破碎,我们在选编时尽可能照顾到名著名篇之某篇某章的完整性,以便读者完整地加以理解,避免断章取义。中国哲学是生命的学问,儒、释、道诸家有不同的理想的境界。中国哲人有自己的终极信念、信仰,而且身体力行。中国哲人把宇宙看作是创造流衍、永恒变动的、开放的、交融互摄、有机联系的整体。人与自然、人与物、人与人、人性与终极的天道之间是相互关联、相互作用的,它们是和谐的整体。人的创造精神源于大化流行,无穷无尽的宇宙生命。宇宙自然及其诸神灵与人之间,没有间隔。人在创造的活动中,也在修身养性的工夫中,把握真、善、美的价值,体验崇高的精神意境,卓然挺立于天壤之中,不断追求精神自我的完善和超越。

期待本书可以促进传统精神资源的创造性诠释与转化,为现代化的精神文化提供营养。

刘 星

目 录

绪论 1

第一部分　先秦哲学

《诗经》 9
《尚书》 14
《孝经》 19
《周易》 23
《吕氏春秋》 28
《左传》 33
《国语》 37
《孙子兵法》 41
《大学》 46
《论语》 52
《孟子》 57
《中庸》 63
《墨子》 67
《老子》 72
《庄子》 78
《管子》 87
《韩非子》 91
《公孙龙子》 96

第二部分　汉唐哲学

《淮南子》 101
《法言》 106

《春秋繁露》……………………………………………………… 110
《论六家要旨》………………………………………………… 118
《论衡》…………………………………………………………… 122
《周易略例》……………………………………………………… 127
《崇有论》………………………………………………………… 131
《肇论》…………………………………………………………… 136
《神灭论》………………………………………………………… 141
《坛经》…………………………………………………………… 147
《封建论》………………………………………………………… 152
《天论》…………………………………………………………… 158

第三部分　宋元明清哲学

《正蒙》…………………………………………………………… 166
《传习录》………………………………………………………… 173
《焚书》…………………………………………………………… 178
《明夷待访录》…………………………………………………… 183
《日知录》………………………………………………………… 187
《周易外传》……………………………………………………… 192
《四存编》………………………………………………………… 197
《龚自珍全集》…………………………………………………… 202
《劝学篇》………………………………………………………… 206
《天演论》………………………………………………………… 211
《仁学》…………………………………………………………… 218

第四部分　康有为原著诠释研究

康有为《论语注》研究………………………………………… 224
康有为《大同书》研究………………………………………… 238
康有为《尚书》诠释研究……………………………………… 253

参考文献 ……………………………………………………… 263

后记 …………………………………………………………… 265

绪 论

大学哲学专业旨在培养一批具有批判性、反思性思维特质的创新型哲学人才，而实现这一目标需要学生通过对哲学经典的精读和对哲学学科基本知识的系统学习才能完成。因此，哲学专业教学实践要求同学们对原著进行选读，以哲学原著文本为学习对象，通过教师教学、学生精读、师生研讨以及对经典现实意义阐发等多个教学环节层层推进，最终达到让学生具备一般哲学素养的目的。

一、"中国哲学原著选读"课程教学的设计目标

为深化教学建设改革，普通大学哲学专业在新教学大纲指导下，突出强调哲学原著导读系列课程的重要性，突出强调将马克思主义中国化与中国传统文化相结合的重要性："马克思主义哲学中国化即马克思主义哲学与中国革命和建设实践相结合，与中国哲学和文化优秀传统相结合，无疑是 20 世纪中国哲学史中最重要的事件，也可以说是 20 世纪中国哲学之主潮或主旋律。"[①]2016 年 5 月，习近平总书记也谈道："这是一个需要理论而且一定能够产生理论的时代，这是一个需要思想而且一定能够产生思想的时代……一切有理想、有抱负的哲学社会科学工作者都应该立时代之潮头、通古今之变化、发思想之先声，积极为党和人民述学立论、建言献策，担负起历史赋予的光荣使命。"这里的"通古今之变化，发思想之先声"的前提是熟读经典、精通经典，要求我们哲学专业的学生回归经典，只有精读、深度钻研古人的思想精髓才能学以致用、古为今用，达到理论创新的目的。

德国大哲学家雅斯贝尔斯把公元前五世纪前后定义为人类文明的"轴心时代"。这个时期在世界的东西方同时出现了一批卓越的思想家：西方有希腊的苏格

---

① 方克立.张岱年与二十世纪中国哲学[J].中国社会科学,2005(2):59.

拉底、柏拉图、亚里士多德以及犹太教的先知等;而东方古老的中国诞生了孔子、老子等一批最为卓越的思想家。因此,这既是一个思想家辈出的时代,也是一个思想觉醒的时代,更是一个哲学思想始基建立、经典昌盛的时代。大学教学计划中,对哲学专业学生而言,中国哲学与西方哲学原著导读等课程,每门课程基本都是3学分48学时。因此,"中国哲学原著选读"课程成为哲学专业本科生教学的重要内容。

2014年的"五四"青年节上,习近平总书记与北大师生座谈并发表重要讲话:"一个民族、一个国家的核心价值观必须同这个民族、这个国家的历史文化相契合,同这个民族、这个国家的人民正在进行的奋斗相结合,同这个民族、这个国家需要解决的时代问题相适应。"对于哲学工作者来讲,我们必须清楚我们所担负的责任,明确时代发展的脉络以及我国现阶段亟待解决的重大理论和实践问题的思想基础等,所有这些问题的解决都需要我们着落始基、回归经典,做好中国哲学原典的学习。

二、"中国哲学原著选读"课程教学的基本思路

要讲授中国哲学原著,首先要弄明白中国哲学的基本流变问题,南开大学乔清举先生指出:"'中国哲学'在东亚的出现则是世界历史形成、东亚近代化的产物,其内涵是传统的断裂和对象性态度的形成。"[①]只有明白了这个最根本的问题,我们才会有一个清晰的思路,才能教授好中国哲学相关的原著导读、原著选读系列课程。首先要选择一套更系统、更全面的教材,然后进行一定筛选,因为一半以上的课时重在对儒、道、释经典文本的讲授;其次是墨家、法家、兵家以及杂家的经典著作。在教学过程中要遵循三个基本路径:一是对原著进行客观翔实的文本阐释,忠于原著的精义,重在把握文本的主旨与思想。二是带着强烈的问题意识结合最前沿的研究成果带领学生回归经典进行更为深入的研读,提纯原著的精髓以返本开新,重在阐发其现代价值。这一点很重要,因为它是学习的目的所在,学习经典就是要古为今用、学以致用。三是从原著中提炼出新问题,然后沿着哲学史的脉络,用哲学原理、哲学方法再次确证文本的主旨思想以求古人之精微。因此,对原著进行客观、系统的文本考证、辨析、阐释是原著选读课程的首要工作。

---

① 乔清举.中国哲学研究反思:超越"以西释中"[J].中国社会科学,2014(11):43.

不论是中国古典哲学、马克思主义哲学还是西方哲学都具有同样的特点。对于中国古典哲学来说,原著众多、版本各异,涉及儒家、道家、墨家、名家、法家等诸家经典构成的中国文化的重要组成部分。在学习研究这些经典的过程中,对其源流问题以及文本的增删损益就显得十分驳杂,只有切实把握原典的精义才不会臆想附会或者出现不同程度的望文生义。仅仅停留在考据阶段是不够的,只有进行义理的推进才能符合哲学专业学习的内在要求。在哲学专业本科教学计划的历时性结构中,哲学导论—哲学史—哲学原著—哲学专题这一线索形成一个有机联系的整体系统。大学哲学专业包括马克思主义哲学、西方哲学、中国哲学、逻辑学和科学技术哲学等门类,现在以普通大学哲学本科的中国哲学为例,进行简要阐述。

对于哲学专业的学生来说,第一学期开设"哲学导论"课程,教学的目的首先是让学生对哲学学科有一个宏观的认识以厘清与哲学相关的一般性问题。其次,是进行"中国哲学史"课程的学习,实现学生对中国哲学发展脉络的贯通。治学先治史,对哲学专业来说,"中国哲学史"课程尤为重要——以史为线,实现对哲学思想发生内容进程的掌握。"中国哲学史"学科的学习是哲学专业学习的主线和重要环节,也是必要过程。在大二夯实哲学史的前提下进入大三阶段的学习,即对哲学原著深入精读并探求其哲学原理,达到训练学生思辨性哲学思维的目的,而在大学的最后阶段进行哲学专题学习。与哲学史相比较,哲学原著和哲学原理课程教学的重点是针对具体问题进行"论",而哲学专题是对哲学具体专题的探究和学习。针对教师各自的研究特点,引导学生进行一些哲学专题的训练,进行有重点、有兴趣的专题学习,深入研究并进行现代价值的阐发。

对于纯粹的理论学科,讲求史论结合、以论为主才能达到史论交融、相得益彰的效果。哲学史和哲学原著共同构成了哲学专业的基础,在哲学原著学习阶段之后,一般对哲学感兴趣的同学基本都会在以后的工作和学习中与经典为伴,使阅读、诵读经典成为一种生活习惯。在教学实践中,只有对哲学原著进行更为深入的精读才能更接近哲学的真谛,达到哲学经典文本学习的目的。哲学学科的生命力在于透过现象把握事物的本质,更重要的是要学以致用并能够提出最前沿的理论问题进行更为深入的思考甚至专门研究。哲学是一门既简单又高深的学问,而不是简单的知识的堆积。要通过直面原典、阅读原典并感受智人、先哲的思想来对学生做适当指导并引导学生走向具体的科学研究的学术之路。所以,哲学专业的学生最忌讳对知识点简单地记诵,而必须有一个独立思考的渐进过程,而这个过程是实现思维训练的最好手段,这便是教授"中国哲学原著选读"课程基本的教学思路。

三、"中国哲学原著选读"课程教学的基本方法

"中国哲学原著选读"课程基本上是各个高校哲学专业的必修课,它的重要性毋庸置疑。中国哲学"最终选择了一条在充分吸收先进文明的认识成果的基础上,既不忘记本民族的地位,也不轻贱本民族的哲学智慧,经过对中国哲学的调适,使其成为新时代的理论文化资源,从而使中国在走向世界的过程中,保持民族文化与哲学的认同"①。各个学校根据自己学校的特点、师资力量情况对课程都有不同的侧重,也形成了自己不同的教学方法,形成了极具特色的教学思路,具体的教学方法有四点。

(一)成立读书会是对"中国哲学原著选读"课程有益的补充

哲学的重要环节是引导学生对哲学原典进行研读与梳理,只有对哲学经典及微言大义有一个宏观的把握并且达到深入理解的程度之后,才能结合现实问题达到对时代命运的重要理论问题和现实问题进行反思,进而返本开新,创生新理论、新成果的目的。近年来哲学系教师带领本科生及其部分研究生成立了读书会,效果显著。基本的做法就是利用课余时间深入开展"回归经典"的诵读、讲解活动。读书会激发了师生学习经典文本的热情,凝练了学术科研队伍,夯实了哲学经典知识,促进了教学、科研互动发展。相对于以往的"中国哲学原著选读"课程3学分48学时而言,读书会实际上是增加了课时量。在其内容方面,读书会有时候也进行一些阅读材料的讨论,原著占较大篇幅,有的甚至把整节读书会定位于讨论原著的经世致用义理等。

读书会得到了教师和学生的广泛认可,主要采取以下几个步骤:首先,由领读教师对所选定的经典文本做概述性的介绍以及背景的梳理。其次,教师带领学生对精选的经典文本进行逐字、逐句、逐段的详细讲解。再次,在辨明文本精义的前提下,结合教师本人的研究方向以及最新的研究成果对文本进行深入辨析与阐发,结合当今社会的热点问题及现实问题深入反思,以达到返本开新、学以致用的目的。最后,教师做深度总结,挖掘经典文本蕴含的理论价值和实践价值,并通过同

---

① 李中华.中国哲学的历程——兼论近现代中国学术思想的转型[J].北京大学学报,2004(3):54.

学之间的互动来激发学生的问题意识,旨在让学生通过经典学习提炼出文本所包含的现代价值,思考并讨论如何对中国哲学经典进行传承等问题,从而达到引领时代精神、启迪民族智慧的目的。

(二)鼓励学生独立讲解经典让课堂成为他们操练的舞台

"中国哲学原著选读"课程中,教师给学生讲解难懂的哲学原著当然必不可少,但是也应该给学生自己锻炼的机会,实现"翻转课堂",激发学生学习的主体性。在为学生进行下一个专题的讲解之前,给学生布置作业,即找出经典部分让学生课前查资料,形成自己对于经典的理解,以PPT(演示文稿)的形式凝练自己的想法,在下节课上课之初在众学生面前讲解经典的内容。因为要求上台演讲,学生便有了无形的压力,同时也有了学习的动力,为了完成任务自然会阅读更多的资料,查阅更多的参考书等。具体的做法:首先,给学生布置不同的作业,因为是小班学习,针对不同的经典进行研读,对经典进行字、词、句的逐句研读并归纳总结其思想精华、阐述其现代价值。其次,让同学们建立一个公共邮箱,把各自整理的作业发到公共邮箱里,让大家能在讲授经典之前共享各自的研读成果及其读书心得。再次,利用上课的时机,让学生把各自整理的PPT进行讲解,并进行互相提问。最后,做到因材施教,针对学生各自讲课的特点及讲解过程中出现的问题归纳总结,然后从宏观上进行重点梳理,最终实现学生对于经典广度与深度的把握。

(三)依循"哲学理论不能脱离实际"的特点进行多样化教学

习近平总书记在主持中共中央政治局第二十次集体学习时指出:"要学习掌握认识和实践辩证关系的原理,坚持实践第一的观点,不断推进实践基础上的理论创新。我们推进各项工作,要靠实践出真知。理论必须同实践相统一。必须高度重视理论的作用,增强理论自信和战略定力,对经过反复实践和比较得出的正确理论,要坚定不移坚持"。这就说明哲学不能离开实际,要靠"实践出真知",将哲学理论和实践相结合,根据"哲学"外延宽广的特点进行教学。而哲学体现在现实层面上,就是对生命、生活、行为、文化、认识的反思,每一个人的为人处世之道都有自己的特点,各个思想流派也是如此。

儒家、墨家、道家和法家就是最好的例证。儒家的特点是为了建设一个由品德高尚的人组成的和平社会,社会须由道德榜样来管理。以个人内心贯穿仁、义、礼反身其内在的性善,向外投射,实现社会的大治。一个领导者能以身作则,起到为人们树立一个先锋模范的作用,做到"己所不欲,勿施于人";榜样的作用就是一个领导者要实现"己欲立而立人,己欲达而达人"。墨家认为最高领导者必须是有学问的人,要有大爱才行,即为无差等的爱——对所有人的爱——对统治者及其家人都是平等的爱。墨家有别于儒家的代表人物孟子所谓"老吾老以及人之老,幼吾幼以及人之幼"的等差之爱。道家主张人类本性既不恶又不善,"惟道唯一"则生活上顺性发展,进而与自然和谐相处;政治上无为而治,崇尚小国寡民的原始状态。法家的特点是通过严刑峻法进行统治,形成以法为核心的社会。法家的理论基础是荀子的"性恶论",因为人们本性是恶的,因为是恶的才需要被文化、被规范、被管理,因此,需要大量的法律和规则,法家认为所有权力归于统治者。所以,要根据不同的流派联系当前社会形势与国际局势进行多样化教学。哲学不能是高高在上的精义,重要的是要与时俱进,这也是哲学具有旺盛生命力并寻求自身存在意义的必然选择,哲学是时代的精华和人类智慧的结晶,它必然随着时代的发展而发展。

(四)重分组讨论及论文写作

在讲授经典文本的同时进行适当的小组讨论与交流。教师在课堂上的主要任务是提出问题,组织讨论、交流,教师首先是问题的提出者(教师或者由学生提出)、活动的组织者,其次才是讲解者。比如,讲完儒家和道家之后,教师让学生以他们自己擅长的方式进行讨论,或者让学生们分成两派进行辩论。教师引导学生讨论哲学思想的两个路向,要求学生发表对每一个分支的看法,分析其利弊,然后辩论者依据时事发展与自我思想,选择合适的方式以及对于国家统治的合理方式。学生将展开关于选择支持儒教、道教还是兼收并蓄等问题的讨论。

论文写作是哲学教育的重要组成部分,要作为一项经常性的作业,作为考核学生的重要依据。让学生根据自己的精读部分完整地写一篇论文,内容涉及根据哲学原著阐发自己对经典文本的理解及对生活态度和世界观的影响等,或者生活态度或世界观如何由于生活体验而被塑造等,再或者在心灵的培养中哲学著作是否发挥着指导作用等问题。

四、"中国哲学原著选读"教学的意义与价值

近年来国内名校哲学专业在教学改革的具体实践中注重经典文本的研读,这种教学方式有效地深化了哲学的专业教学。哲学专题围绕原著文本展开阅读、讨

论和研究成为其主要的特点,这样既符合哲学学科知识体系完善的基本规律,也符合哲学专业人才培养的既定目标。通过"中国哲学原著选读"的系统学习,对于哲学本科生而言,不管是在求职时的面试环节,还是进行更高层次的学业深造,扎实的原著经典阅读基本功都会大有裨益。对一个普通的哲学教师而言,"为天地立心,为生民立命,为往圣继绝学,为万世开太平"是每一位哲学从业者的使命。哲学原著选读系列课程的返本开新,将更有效地促进哲学学科的繁荣发展。

(一) 追求实用价值增进对现实生活的感悟

学习任何知识都应该贯彻理论与实际相结合的原则,并达到以"实践"为核心的现实性目的。因此,"中国哲学原著选读"的学习也不例外,知识只有为人们所运用,才能转化为内生性的力量。如何提高"中国哲学原著选读"课程的实用价值是教学工作者需要考虑的问题,建议从三个方面进行改进。首先,树立哲学的整体观。拓宽哲学视野进而把哲学从抽象的象牙塔中解放出来,只有把哲学思想内化为我们生活的一部分并把哲学与生活贴近的思想纳入哲学的范畴中来,才会更具现实意义。其次,充分挖掘"中国哲学原著选读"课程中的应用哲学部分,特别是那些具有积极现实意义的内容,诸如儒家的入世之学、法家的治国之道等,把应用哲学更多地纳入哲学原著选读的教学范围。最后,强调理论联系实际的重要性,把哲学理论的学习和对现实生活的感悟以及相关现实问题联系起来,让哲学与现实生活相结合,以哲学的新思路,回答时代之问。

(二) 探究式教学提高学生的理论思维能力

通过哲学学科的学习提高学生独立的、批判性的、创造性的思维能力。这不仅仅是一种美好的愿望,而是必然的结果,问题的关键是要看教师怎么教,让学生怎样学,实现"授之于鱼"不如"授之于渔"。一般大学课堂常见模式是"教师讲、学生听","中国哲学原著选读"课堂也不例外。这种灌输式的教学模式难以提高学生的哲学思维能力及其应变能力,大大减损了课程的效果。哲学是追智慧、爱智慧的学问,是一遍遍地思考问题之"根"的学问,每一堂哲学原著选读课都是一次以与古代哲人对话的平台,而不是单纯掌握现成结论或者知识点的过程。在哲学课上学生的重要工作应该是"思",而不是"听"。要打破陈规,打破传统的教学模式。否则就无异于把最优秀中国哲学教师的讲稿、讲课录像在课堂上放映,这样根本不能达到应有的教学效果。因为旧有的教学模式会使大部分教师岗位渐渐丧失存在的价值和意义。因此，在探究教学中，教师的主要任务是提前给学生布置作业，让学生在上课之前就能搜集、整理、消化一定的阅读材料，这样才能在课堂上组织同学讨论、交流，课后再布置作业或者相关的小论文以巩固课堂学习内容并延伸学生的思维。当然，教师讲解也必不可少，但要少而精。在探究式教学中，课堂不仅仅是教师表演的舞台，更是学生探究学问、操练基本功的场所和舞台。

（三）回归原典探求原著的现代价值

"中国哲学原著选读"课程的教学工作主要是围绕古代哲学经典展开的，在传统哲学教育模式中，哲学专业学习的四年对大部分学生来说，往往读不了几本原著，不能学以致用，更达不到探求原著现代价值的目的。因此，开设此门课程就显得尤为重要。原著选读课程的优点是可以使学生在很短的时间内学习到每本经典中最核心的内容，从而了解哲学家的诸多观点并加以提炼，更有利于系统地去把握哲学思想的精髓。历史上每一位哲学家的经典原著都是他们哲学思想的精华，都是美玉，是瑰宝。教师要带领学生试图回到哲学家所处的时代，感同身受，去品味哲学家的智慧，去发掘哲学家的原意。要像雕琢玉器一样将玉石变成美玉，趣味盎然，而不是把哲理充盈的原著变成干巴巴的教条。譬如康有为，他作为近代最重要的思想家之一，他的《论语注》《孟子微》《礼运注》等著作，是在清末民初那个特定的时代，为救亡图存、唤醒民众对经典做出的最有价值的阐释，当然康有为为了服务他的维新变法理论，在有些地方甚至曲解经典原意，落入以偏概全的窠臼。因此，我们要忠于经典，结合现实的需要去阐发原典的现代价值，做到在忠于原典的基础上，实现经典在新时代的创新发展。

第一部分　先秦哲学

《诗经》

【作品简介】

《诗经》是我国最古老的诗歌总集,它在最初只被称作《诗三百》。到了西汉,经学昌盛,"诗"被尊为五经之一,故为《诗经》。其产生年代大致为西周初期至春秋中叶,即公元前十一世纪到公元前六世纪,历时五百多年。所以,《诗经》不是一个人的作品,而是个人或群体经过长期流传的结果。其形成有采诗说和献诗说。采诗是周朝流传的一种制度,指诗官专门到民间采集。献诗是各级官员依据自己领地的民俗民情向天子献诗。

《诗经》分为"风""雅""颂"三个部分,共计305篇(此外有目无诗的6篇,共311篇)。"风"为周代各地的民间歌谣;"雅"主要是贵族摆宴请客时用的乐曲;"颂"多为天子或诸侯祭祀时所用。全篇采用反映现实、讽刺现实的现实主义方法描绘了周朝的社会形象,其主题多为对爱情的吟唱,对苦难的不满,对劳动的赞美以及对统治的鞭挞,生动形象地反映了那个时代人民的生活状况以及统治者的思想。后世研究《诗经》的主要有四家:鲁、齐、韩、毛。鲁、齐、韩三家传"今文经"学,即用汉隶书写。毛诗传"古文经"学,即用小篆书写。各家依据的文字有差异,故对诗的解释亦有不同。东汉以后,鲁、齐、韩三家诗衰微,故毛诗盛行,得以流传至今。

《诗经》中蕴含着丰富的文学思想和哲学思想,对文学创作和哲学史史料的研究具有重要意义。《诗经》用"赋""比""兴"的艺术手法增强了诗的感染力。"赋"就是直抒胸臆,"比"就是比喻和类比,"兴"就是先言他物以引起读者兴趣。故元代著名散文家贡师泰在《重刊石屏先生诗序》中说:"天下后世,舍《三百篇》则无以为法。"冯友兰先生在《中国哲学史史料学》中说:"胡适著《中国哲学史大纲》,郭沫若著

《中国古代社会研究》都很重视《诗经》的史料价值。经过正确的解释,其中有一些可以作为哲学史的材料。"故《诗经》反映了当时的社会状态,具有重要的史料价值。

【原典选读】

关雎

关关雎鸠,在河之洲。
窈窕①淑女,君子好逑。
参差荇菜,左右流之。
窈窕淑女,寤寐②求之。
求之不得,寤寐思服。
悠哉悠哉,辗转反侧。
参差荇菜,左右采之。
窈窕淑女,琴瑟友之。
参差荇菜,左右芼之。
窈窕淑女,钟鼓乐之。

鹿鸣

呦呦鹿鸣,食野之苹。我有嘉宾,鼓瑟吹笙。
吹笙鼓簧,承筐③是将。人之好我,示我周行。
呦呦鹿鸣,食野之蒿。我有嘉宾,德音孔昭④。
视民不恌⑤,君子是则是效。我有旨酒,嘉宾式燕以敖⑥。
呦呦鹿鸣,食野之芩。我有嘉宾,鼓瑟鼓琴。
鼓瑟鼓琴,和乐且湛。我有旨酒,以宴乐嘉宾之心。

---

① 窈窕:外貌漂亮,内心美好。
② 寤寐:犹言日夜。睡醒为"寤",睡着为"寐"。
③ 承:奉上。筐:盛币帛的竹器。
④ 德音:道德品质。孔昭:十分明显。
⑤ 恌(tiāo):轻佻。
⑥ 敖:游乐。

文王

文王在上,於昭于天。周虽旧邦,其命维新。
有周不①显,帝命不时。文王陟②降,在帝左右。
亹亹③文王,令闻不已。陈锡哉周,侯文王孙子。
文王孙子,本支百世,凡周之士,不显亦世。
世之不显,厥犹翼翼。思皇多士,生此王国。
王国克④生,维周之桢。济济多士,文王以宁。
穆穆文王,於缉熙敬止。假哉天命。有商孙子。
商之孙子,其丽不亿。上帝既命,侯于周服。
侯服于周,天命靡常。殷士肤敏。祼⑤将于京。
厥作祼将,常服黼冔⑥。王之荩⑦臣。无念尔祖。
无念尔祖,聿修厥德。永言配命,自求多福。
殷之未丧师,克配上帝。宜鉴于殷,骏命不易。
命之不易,无遏尔躬。宣昭义问,有虞殷自天。
上天之载,无声无臭。仪刑文王,万邦作孚⑧。

清庙

於穆清庙,肃雍显相⑨。济济多士,秉文之德。
对越在天,骏奔走在庙,不显不承,无射⑩于人斯!

【思想概要】

《文王》作为大雅之首,对于全诗的统领作用可见一斑。雅主要是描写王朝宫

---

① 不:通"丕"。
② 陟(zhì):上升。
③ 亹(wěi)亹:勤勉的样子。
④ 克:能。
⑤ 祼(guàn):一种祭祀仪式。
⑥ 黼冔(fǔ xǔ):殷商的礼服和礼帽。
⑦ 荩(jìn):忠诚。
⑧ 孚:信。
⑨ 显相:指有明德光显的公卿诸侯助祭。
⑩ 无射(yì):不厌。

廷生活以及诸侯朝会的乐歌。全诗通篇用赋的手法歌颂了文王受命于天建立周朝以及所获得的经验和教训的丰功伟绩，其中涉及"天命观"以及"保民"的思想，有着重要的哲学价值。

"文王在上，於昭于天"说明文王建立周朝不是没有依据的，而是奉行了天的旨意，是天命之所欲。何谓天命，天命从字面意义上理解就是天之命，但是我们要透过现象看本质，不能仅仅从表面文字入手，还应从理论层面对天命做哲学的理解，即天命是统治者在夺取和建立政权以及为自己的统治寻求合法性的依据。这种依据并不是到了周朝才有，早在夏朝，统治者就已经懂得用天命这种超自然力来论证自己政权的合理性，比如《尚书》中的"有夏服天命"。

用天命来作为现实世界统治的依据主要从两方面讲：一是从天命的角度。一说到天命就不得不联系到中国史前文明的原始宗教，天命的产生与原始宗教密切相关。原始宗教产生于人们对于自然力的恐惧、无奈与无知，把自然作为可以影响和支配人的活动的异己力量，这时宗教观念便产生了。这种观念既以人类发展为条件又和人类发展不足相联系。二是从统治者自身的角度。夏朝一改先王禅让的秩序，代之以世袭的秩序，将公天下变成了家天下。虽然这在客观上促使了氏族社会向奴隶社会的转变，促进了中华文明的历史演进，但是人们对于这种剧烈的转变并不能适应，人们从心理上无法接受。这就需要有一种权威的、能起统摄臣民作用的力量来安抚躁动与不安的人心以实现统治者有序的治理，于是天命应运而生。总而言之，正是天命自身的特点——作为人类异己力量的存在，以及统治者自身的政治需求，从而导致天命成为现实世界统治的依据。

"周虽旧邦，其命维新"，虽然周和夏商同时作为奴隶社会的王朝，但是周朝的"命"是新的，这"命"就是天命。周朝继承了夏商的天命观也将其作为政治统治的依据——"丕虽文王，授天有大命"，但是它发展了前朝的天命观。第一，"殷鉴不远，在夏后之世"。商亡启发了周人的忧患意识，文王认为要吸取前朝的历史教训，不可过度荒淫作乐，要精心理政做到无愧于天下，故《诗经》作曰："仪刑文王，万邦作孚。"第二，"侯服于周，天命靡常"。夏商之亡让周人深刻地体会到天命并不是永恒的、绝对的，它也是无常的。这一方面促进了无神论思想的萌芽，另一方面又体现了有常与无常的辩证法精神。第三，"皇天无亲，惟德是辅"。周人不仅深刻地认识到了天命的无常，还进一步提出了无常中的有常，即政权依据"德"的有无而转移，"德"就是统治是否合乎天的标准。第四，"民之所欲，天必从之"。这就为天命注入了民的要素，德必系于民而后发显天命之意义。这种改造在神道主义的天命中注入了一种理性的因素，即后世所谓道德的德。这种对于德的自觉和认同在传统的天命观中打开了一个缺口，把人们的思想重心从天上引到了地上，并落实到帝王的身上。它已突破了宗教神道观念，凸显了一种人文主义精神。因此，统治者要把重民、惜民、爱民作为统治的核心，这直接启发了孔子的"仁"学思想，促进了民本思想的诞生。与此同时我们应当注意到，统治者虽然要以民为本，但这并不是统治的目的，而是统治的手段。用阶级分析法可得重民在本质上是为了维护阶级统治。

对于王权更替原因的解析，不仅只有"天命观"这一种形式，还有邹衍的"五德终始说"。"称引天地剖判以来，五德转移，治各有宜，而符应若兹"，用五行来解释自然和社会的变化转移状况，由此形成了"五德终始"的历史观。它从五行的相生相克来解释王权的更替被始皇所采用，对后世影响深远。例如，中国封建王朝皇帝颁布圣旨时开头都会有"奉天承运，皇帝诏曰"，这承运就是指"五德终始说"。

"有周不显，帝命不时。文王陟降，在帝左右。"帝字在本篇中出现频率颇高且多与鬼神相联系，故有一定的哲学意义。帝在语词上的意义是生育万物，如"帝立子生商"，由此可见帝在一开始只具有创生意义，与天无异。但是随着世俗王权的扩大和加强，殷人将天命具体化，帝的权力范围极度扩张，管辖的范围甚广，由此帝便具有了主宰意义。帝的出现与鬼神密切相关，帝在诸神崇拜到全神崇拜的过程中起巨大作用。受崇拜的诸神是专职的，这是一个神灵多元、诸神分治的时代，需要按照尘世的制度建立一个神的谱系，一切神灵，统之有宗，尊卑有序，凝成一个大立体结构，于是便有了主宰一切的至上神。帝就是这个至上神，就是诸神之神，百神之君。

【经典背诵】

1. 周虽旧邦，其命维新。（《诗经·文王》）
2. 死生契阔，与子成说。执子之手，与子偕老。（《诗经·击鼓》）
3. 高山仰止，景行行止。（《诗经·车辖》）
4. 知我者谓我心忧，不知我者谓我何求。（《诗经·黍离》）

【思考题】

1. "周虽旧邦,其命维新"这个"新"表现在哪里?
2. 简述周朝的"天命观"。
3. 对"帝"的含义进行哲学阐释。

《尚书》

【作品简介】

  《尚书》是我国最古老的一部史书,它是由古代统治者的言行汇编而成的。这里的"尚"可作两种解释:以其年代言之曰"上",即上古之书;以其内容的主体言之曰"君上",即帝王之书。"书"在一开始并不是作名词使用,而是作动词使用。《左传·庄公二十三年》云:"君举必书,书而不法,后嗣何观?"故"书"亦有两种含义,一种指将统治者的"言"记录下来,逐渐积累成的讲话汇编;另一种指将统治者的"行"记录在册,按时间顺序积累而成的编年纪事。由于古书时代久远,形成的历史过程较长且有伪书之嫌,故作品的形成年代和作者难以确定。

  《尚书》主要内容是对虞、夏、商、周四代发生的大事的记叙,其分为"典""谟""训""诰""誓""命"这六种主要的体裁。"典"就是记载重要的史事的经过;"谟"就是臣对君的讲话;"训"就是君对臣的训诫;"诰"就是君对臣的讲话;"誓"就是君主誓众之词;"命"就是君主的命令。西汉经学兴盛,《尚书》又被分为《古文尚书》和《今文尚书》,这不仅反映了古文与今文两种文字体式的不同,还映照着古文经学重文字训诂与今文经学重微言大义的特点。东汉郑玄集古文之大成,古文学兴盛,故《今文尚书》没落,《古文尚书》一枝独秀。今本《尚书》多为古文传统,其中夹杂着今文和伪文。

  《尚书》中包含着丰富的哲学思想和政治思想,是中华文化的历史源头之一。王灿在《〈尚书〉历史思想研究》中提道:"《尚书》是中国王官文化、史官制度的产物,是古代政治典籍和史籍的滥觞。它突出反映了中国原生文化的特质,其历史思想是在中国农业文化背景下,带有鲜明实用理性主义的色彩的王道史观。"不仅如此,其中包含的"五行""大一统"以及以人为核心而不是以神为核心的"天人关系"等观念是中国哲学的萌芽因素,甚至可以说是"轴心时代"诸子思想的源头和根基。

【原典选读】

惟十有三祀,王访于箕子。王乃言曰:"呜呼!箕子,惟天阴骘①下民,相协厥居,我不知其彝伦②攸叙。"

箕子乃言曰:"我闻在昔,鲧陻③洪水,汩④陈其五行。帝乃震怒,不畀⑤洪范九畴,彝伦攸斁⑥。鲧则殛⑦死,禹乃嗣兴。天乃锡禹洪范九畴,彝伦攸叙。"

"初一曰五行,次二曰敬用五事,次三曰农用八政,次四曰协用五纪,次五曰建用皇极⑧,次六曰乂⑨用三德,次七曰明用稽疑⑩,次八曰念用庶征⑪,次九曰向用五福,威用六极⑫。"

一、五行:一曰水,二曰火,三曰木,四曰金,五曰土。水曰润下,火曰炎上、木曰曲直,金曰从革,土爰稼穑⑬。润下作咸,炎上作苦,曲直作酸,从革作辛,稼穑作甘。

二、五事:一曰貌,二曰言,三曰视,四曰听,五曰思。貌曰恭,言曰从,视曰明,听曰聪,思曰睿。恭作肃,从作乂,明作哲,聪作谋,睿作圣。

三、八政:一曰食,二曰货,三曰祀,四曰司空,五曰司徒,六曰司寇,七曰宾,八曰师。

四、五纪:一曰岁,二曰月,三曰日,四曰星辰,五曰历数。

五、皇极:皇建其有极。

敛时五福,用敷锡厥庶民。惟时厥庶民于汝极。锡汝保极:凡厥庶民,无有淫

---

① 阴:通"荫",庇护。骘:安定。
② 彝伦:常理。叙:次序。
③ 陻(yīn):堵塞。
④ 汩(gǔ):乱。
⑤ 畀(bì):赐予。
⑥ 斁(dù):败坏。
⑦ 殛(jí):诛杀。
⑧ 皇极:最高准则。
⑨ 乂(yì):治。
⑩ 稽疑:用卜筮的方法解决疑难。
⑪ 庶征:众多征兆。
⑫ 六极:六种不幸。
⑬ 稼穑:种植和收获庄稼。

朋,人无有比德,惟皇作极。凡厥庶民,有猷有为有守,汝则念之。不协于极,不罹于咎,皇则受之。而康而色,曰:"予攸好德。"汝则锡之福。时人斯其惟皇之极。无虐茕独,而畏高明,人之有能有为,使羞其行,而邦其昌。凡厥正人,既富方谷,汝弗能使有好于而家,时人斯其辜。于其无好,汝虽锡之福,其作汝用咎。无偏无颇,遵王之义;无有作好,遵王之道;无有作恶,尊王之路。无偏无党,王道荡荡;无党无偏,王道平平;无反无侧,王道正直。会其有极,归其有极。曰:皇,极之敷言,是彝是训,于帝其训,凡厥庶民,极之敷言,是训是行,以近天子之光。曰:天子作民父母,以为天下王。

六、三德:一曰正直,二曰刚克,三曰柔克。平康,正直;强弗友,刚克;燮友,柔克。沈潜,刚克;高明,柔克。惟辟作福,惟辟作威,惟辟玉食。臣无有作福、作威、玉食。臣之有作福、作威、玉食,其害于而家,凶于而国。人用侧颇僻,民用僭忒。

七、稽疑:择建立卜筮人,乃命卜筮。曰雨,曰霁,曰蒙,曰驿,曰克,曰贞,曰悔,凡七。卜五,占用二,衍忒。立时人作卜筮,三人占,则从二人之言。汝则有大疑,谋及乃心,谋及卿士,谋及庶人,谋及卜筮。汝则从,龟从,筮从,卿士从,庶民从,是之谓大同。身其康强,子孙其逢,吉。汝则从,龟从,筮从,卿士逆,庶民逆,吉。卿士从,龟从,筮从,汝则逆,庶民逆,吉。庶民从,龟从,筮从,汝则逆,卿士逆,吉。汝则从,龟从,筮逆,卿士逆,庶民逆,作内,吉;作外,凶。龟筮共违于人,用静,吉;用作,凶。

八、庶征:曰雨,曰旸,曰燠,曰寒,曰风。曰时五者来备,各以其叙,庶草蕃庑。一极备,凶;一极无,凶。曰休征;曰肃、时雨若;曰义,时旸若;曰哲,时燠若;曰谋,时寒若;曰圣,时风若。曰咎征:曰狂,恒雨若;曰僭,恒旸若;曰舒,恒燠若;曰急,恒寒若;曰蒙,恒风若。曰王省惟岁,卿士惟月,师尹惟日。岁月日时无易,百谷用成,义用明,俊民用章,家用平康。日月岁时既易,百谷用不成,义用昏不明,俊民用微,家用不宁。庶民惟星,星有好风,星有好雨。日月之行,则有冬有夏。月之从星,则以风雨。

九、五福:一曰寿,二曰富,三曰康宁,四曰攸好德,五曰考终命。六极:一曰凶、短、折,二曰疾,三曰忧,四曰贫,五曰恶,六曰弱。

【思想概要】

《洪范》篇提出了"五行"的概念,是最具有哲学思想的篇目。"洪"即是大的意思,"范"为规则、条理、准则之意,故"洪范九畴"就是指治国理政的九条根本大法。所以《洪范》篇首先具有政治意义,但关键是具有哲学意义——朴素的天道观和反映主体能动性的人道观,对中国哲学产生了深远的影响。

"五行"即是"水、火、木、金、土",在这里需要强调五行中的要素不仅仅是作为单个物的存在,而是作为"类"的存在——这是中华先民的实践经验不断总结的结果。水代表流动之类,火代表燃烧发光之类,木代表植物之类,金代表矿石一类,土代表土壤山石一类。从中我们可以看出,先民把这些物质性的因素作为观察世界事物的基本依据,承认了这些事物的现实意义,并随着历史的发展把这些因素作为世界产生的本原,具有古代朴素唯物主义的思想特点。在另一方面,五行又保留着宗教的外壳。《左传》记载:"木正曰句芒,火正曰祝融,金正曰蓐收,水正曰玄冥,土正曰后土。"这就在对物性的依赖中,将物神化了,认为这五类物质不是最终的依据,五类物质背后还有依据的依据——"神"。故五行的观念不仅具有朴素的客观现实意义,还具有宗教信仰的意义。在最初的时候,五行观念总是与原始宗教观念交织在一起。

"五行"观念具有天道意义。"五行"在本质上是对客观世界的抽象和总结,是中华先民立足于自身的实践特点对外部世界到底是什么的一种回答,虽然这种回答总是与宗教信仰分不开,但是人们需要有这么一种解释以寻求心理的安慰。这种方法的意义不在于对不对,而在于有没有。我们应当承认其在那个历史条件下所做出的这种努力的积极意义。恩格斯说"任务本身,只有其解决条件已经形成或基本形成后,才会产生",当时的生产力水平可想而知,因此,我们不能苛求前人提出超越其历史发展阶段的任务。即便是现在,这种任务也不能被很好地解决。"五行"是对自然界的概括,是自然界中最普遍的存在。先民们不仅概括出了"五行",还进一步分析了"五行"所具有的性质。《尚书·洪范》云:"水曰润下,火曰炎上,木曰曲直,金曰从革,土爱稼穑。"这在一定程度上说明了水、火、木、金、土各自的物质特性,深化了人们对世界的认识。

"五行"观念具有人道意义。人不仅能对外部世界进行思考,而且能够自觉地思考人与世界的关系,这种关系突出表现为价值关系。先民们对于天道的把握不是最终的目的,它只是作为手段性的存在,对于天道的把握关键在于落实到人道上来。水能润下,可用于灌溉;火能炎上,可用于烧烤;木能曲直,可用于做舟车;金能从革,可用于做工具;土能稼穑,可用于种作物。在这里,"五行"就突出一个"用"

字,即把"五行"的功能与人的需求相匹配,为人所用,这就产生了最初的价值观念。在这一过程中我们可以看出,人们的主体性精神逐步凸显,人们不愿意再被动地适应自然、为自然所掌控,而是在认识自然的基础上主动地改造自然。这种人类主体性精神的萌芽过程就是原始宗教信仰逐步被瓦解的过程,就是无神论思想的产生过程。它们在本质上就是同一个过程的不同表现方面。

"五行"观念还具有方法论意义。"水、火、木、金、土"五种要素在自然界不是静态存在的,而是动态存在的,它们是相生相克、相辅相成的关系。因此我们在把握世界时要认识到自然事物之间的联系,坚持联系的观点,用整体的立场看待自然界。进一步讲,"五行"观念是世界统一性与多样性的统一。统一性表现在世界万物都以此种要素为基础,都由此五类事物构成;多样性表现在世界虽统一于此五种要素,但是由于这五种要素之间的排列方式、数量的多少以及空间的组合形式不同,世界也因此呈现出缤纷多样的姿态。不仅如此,人们可以把这种自然界的物质发展特性类比到人类社会。任何一个历史事件和历史现象都不是偶然的、孤立的,历史事件之间的联系和历史的过程都是必然的。在此,我们可以将其引申为历史发展的总趋势是必然的,不受个人的思想、意志所决定,具有朴素辩证法的观点。因此,我们在认识社会时要坚持具体与历史的统一,在看待人生问题上要坚持联系与系统的观点,从全局和整体来分析解决问题。

"五行"观念不仅在原始意义上具有如此恢宏的哲学思想,对后世的哲学亦产生了深刻影响。汉代经学家深受"五行"思想影响,片面发展了其中的"神学主义",将"五行"与人世间的祸福贫贵相联系,提出了"五行灾异之说"。这种学说只看到了事物之间联系的普遍性,忽视了事物之间联系的条件性,将"五行"观念胡乱比附,从而陷入了神学目的论的桎梏。

【经典背诵】

1. 克明俊德,以亲九族。九族既睦,平章百姓。百姓昭明,协和万邦。(《尚书·尧典》)

2. 以公灭私,民其允怀。(《尚书·周官》)

3. 不矜细行,终累大德。为山九仞,功亏一篑。(《尚书·旅獒》)

4. 克勤于邦,克俭于家。(《尚书·大禹谟》)

5. 民惟邦本,本固邦宁。(《尚书·五子之歌》)

6. 人心惟危,道心惟微,惟精惟一,允执厥中。(《尚书·大禹谟》)

【思考题】

1. 简述"五行"观念中的天道观。
2. 论述"五行"观念对后世哲学的影响。
3. 结合自身实际,谈谈"五行"观念对我们的指导意义。

《孝经》

【作品简介】

"孝"是中国传统伦理道德的本质内容,正所谓"百善孝为先"。《孝经》是"儒家十三经"中字数最少的,但是浓缩的都是精华,其富含的"孝道"思想为万世传承,永垂不朽。"孝"的语词意义是:"孝字上面是个老人,一副老态龙钟的样子,生活不能自理;下面是个儿子,作服侍状,支撑着老人。"由此可以看出,孝就是要赡养老人,使他们衣食无忧,能够老有所终。关于《孝经》一书的作者,传统的观点认为是孔子,司马迁在《史记·仲尼弟子列传》中记载:"孔子以为(曾参)能通孝道,故授之业,作孝经。"这里需要对"作孝经"进行解释,一种说法是孔子作《孝经》授予曾子,另一种是孔子教诲曾子,《孝经》即是他们之间对话的记录。但是后人对孔子作《孝经》提出了质疑,假如是孔子所作,那么为什么在书中称其弟子(曾子)为子,这显然不合逻辑。因《吕氏春秋》中有引《孝经》之语,故其成书在《吕氏春秋》之前,亦即战国时期。

随着西汉儒学地位的确立,《孝经》中"孝"的思想也被逐步重视起来。应当注意,《孝经》中的"经"字不是"六经"意义上的"经",而是常道的意思。《礼记·中庸》中讲到"凡为天下国家有九经",又云"唯天下之至诚,为能经纶天下之大经,立天下之大本,知天地之化育"。由此看来,"经"皆为常道、常法之义。《孝经》中的"孝"原只是一种家庭、宗族的伦理思想,具有人际道德规范的作用。但是汉代举孝廉,这就把孝作为入仕做官的一种途径,这孝就具有了政治意义。随着历史的发展,孝逐渐成为统治者治国理政的核心——"以孝治天下"。

《孝经》集中阐述了儒家中"孝道"和"孝治"的思想,全书针对不同的阶层提出了不同的道德伦理规范,对后世产生了巨大的影响。孝是儒家经典中的思想灵魂。皮锡瑞在《经学历史》中指出:"汉人推崇孔子,多以《春秋》《孝经》并称……盖以《诗》《书》《礼》《易》为孔子所修,而《春秋》《孝经》乃孔子所作也。"可见,《孝经》在儒家经典中的地位很高。汉代许多皇帝都拜当时的儒学大师学习《孝经》,而且在民间推广普及以正风化。唐代,唐玄宗颁布诏书,令家家户户都要备藏《孝经》,《新唐书》中载:"(天宝三年)十二月癸丑……诏天下家藏《孝经》。"唐玄宗还亲自为《孝经》作注,其在《御注孝经》中提道:"先代圣明之王以至德要道化人,是为孝理。"又云:"明王以孝为理则诸臣以下化而行之。"由此一来,《孝经》受历代君主的推崇和表彰并在社会中广为流传,促进了中华民族"以孝为首"的思想观念的形成。

【原典选读】

一

仲尼居,曾子侍。子曰:"先王有至德要道,以顺天下,民用和睦,上下无怨。汝知之乎?"

曾子避席①曰:"参不敏,何足以知之?"子曰:"夫孝,德之本也,教之所由生也。复坐,吾语汝。"身体发肤,受之父母,不敢毁伤,孝之始也。立身行道,扬名于后世,以显父母,孝之终也。夫孝,始于事亲,中于事君,终于立身。《大雅》云:"无念尔祖,聿修厥德。"(开宗明义章第一)

二

曾子曰:"敢问圣人之德,无以加于孝乎?"

子曰:"天地之性,人为贵。人之行,莫大于孝。孝莫大于严父。严父莫大于配天,则周公其人也。昔者,周公郊祀后稷以配天,宗祀文王于明堂,以配上帝。是以四海之内,各以其职来祭。夫圣人之德,又何以加于孝乎?故亲生之膝下,以养父母日严。圣人因严以教敬,因亲以教爱。圣人之教,不肃而成,其政不严而治,其所因者本也。父子之道,天性也,君臣之义也。父母生之,续莫大焉。君亲临之,厚莫重焉。故不爱其亲而爱他人者,谓之悖德;不敬其亲而敬他人者,谓之悖礼。以顺

---

① 避席:避席亦作辟席,是东亚传统的交往礼节之一。东亚传统以前习惯席地而坐(中国在宋代以后才普及使用椅子),为了表示对对方的尊敬和自己的谦逊,都要离开坐席而伏于地,这种做法便叫作避席。

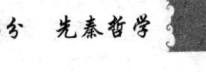

则逆,民无则焉。不在于善,而皆在于凶德,虽得之,君子不贵也。君子则不然,言思可道,行思可乐,德义可尊,作事可法,容止可观,进退可度,以临其民。是以其民畏而爱之,则而象之。故能成其德教,而行其政令。《诗》云:'淑人君子,其仪不忒①。'"(圣治章第九)

【思想概要】

"孝"的家庭伦理意义——孝道。孝首现表现在其本始意义,即作为一种社会规范性的存在,这种规范要求子女完成对父母的责任和义务。那么问题就来了,为什么强调子女对父母的方面而不强调父母对子女的方面呢?因为,按照自然主义的解释,父母对子女的爱是无私的、不求回报的,不自觉地爱自己的子女是出于父母的本能,而子女对父母则没有这种本能,换句话讲,就是子女对父母的爱在数量上和质量上都远远低于父母对自己的爱。可能是古人们已经通过长期的经验积累总结出了这个道理,所以才提出"孝"以调节父子之间的爱的关系。其目的在于实现父子之间爱的平衡,这种平衡可以说是维系整个家族结构稳定的内在支撑,没有这个孝的要求,以血缘宗法为基础的家族制度就会土崩瓦解。孝不仅是纵向的,还是横向的,"悌"是孝的横向表现方面。一个人在家族的社会关系网中不会只承担一种社会角色,而是多样的角色,正是这种角色的多样性决定了"孝"的方向的丰富性。"悌"是处理平辈间关系的一种要求,假如这种关系处理不好,会严重影响纵向的关系结构。因此,不论纵向的,还是横向的关系都不是截然对立的,而是相互映衬,相辅相成的。

"孝"的政治伦理意义——孝治。人不仅是在宗族这个相对较小的范围内活动,人更应该在国家、天下这个大的范围内实现自身价值,这种家国一体的社会结构是以血缘关系为纽带的宗法制度的基本表现形式。早在西汉,统治者就已经认识到孝对于社会稳定、百姓和谐的重要意义,并将伦理的孝神秘化、宗教化。董仲舒在《春秋繁露》中说"王道之三纲,可求于天",就把人道的伦理之孝赋予了天道的依据,即上天之德在人世间的具体表现。这种带有浓厚神秘主义色彩的孝治观是孝的片面化发展,这种天人无条件比附的态度是不可取的。但就其出发点和现实效果来看具有一定的合理意义。这种政治伦理之孝则具化为"忠"。忠是处理君主

---

① 忒(tè):差错。

和臣民之间关系的和谐手段,《论语》云:"君使臣以礼,臣事君以忠。"这样君臣矛盾就会得到缓解,整个中央集权制度就会得到稳固。但是这种忠往往被统治者片面地发展,由于过分强调忠的方面——臣民对君主的义务和责任,导致君主的权力极度膨胀,臣民的思想极度被压抑,从而导致愚忠,致使君臣关系失衡。

作为道德的主体,应该如何尽孝道、为孝治?《孝经》开篇即云:"身体发肤,受之父母,不敢毁伤,孝之始也。"因此,作为行孝的我们应该首先保护好自己,爱惜自己的身体。从这种意义上讲,我们珍惜自己的身体就是在孝父母。其次,我们还应该赡养自己的父母,使其能在生活上得到子女的保障,老皆有所养,常言道"养儿防老"就是这个道理。《论语》又云:"今之孝者,是谓能养。至于犬马,皆能有养;不敬,何以别乎?"这句话是说如今的孝子只是认为能够赡养父母就足够了,殊不知孝敬父母才是真正的孝,那种只养育父母的和养马、养狗有什么区别?这就进一步对主体提出了更高层次的要求,人们不仅要能在物质方面赡养父母,更应在精神方面孝敬父母,此即谓"天之经也,地之义也"。最后,我们必须处理好父母死后的事情。中国传统观念皆认为"灵魂不死",即人死后灵魂可以脱离人的肉体而独立存在,并且亦可以给予现实的人以福祸。因此,从某种意义上按孔子的话讲就是要在父母死后"葬之以礼,祭之以礼""三年无改于父之道"等等。

对传统孝道的反思。儒家的孝道强调子女对父母的责任,致力于维护家庭和宗族的和谐有利于培养我们尊老的优良传统,也对社会安定起到了不可磨灭的作用,但是亦有其流弊。传统孝道有的忽视了孝的前提和条件从而造成愚孝、愚忠的现象到处可见,这种将孝的社会规范作用绝对化的态度是消极的、退步的。因此,传统的孝道是利与弊的矛盾体,其中既有民族的精华,亦不可避免地存在思想的糟粕,我们应秉持"取其精华,去其糟粕"的态度,用历史的眼光和辩证的思维具体分析传统孝道的现代作用,对传统孝道进行重新审视和深刻反思。

【经典背诵】

1. 在上不骄,高而不危;制节谨度,满而不溢。(天子章第二)

2. 非法不言,非道不行;口无择言,身无择行;言满天下无口过,行满天下无怨恶。(卿大夫章第四)

3. 以孝事君则忠,以敬事长则顺。忠顺不失,以事其上,然后能保其禄位。(士章第五)

【思考题】

1. 简述孝的伦理意义。
2. 结合自身实际,阐述新时代下我们对待传统孝道的态度。

《周易》

【作品简介】

《周易》是中国哲学的开山之作,是中国传统思想的源头。研究中国传统文化如果不了解《周易》那么就会陷入"无源之水,无本之木"的桎梏。"易"原是卜筮等活动的统称。那么问题就来了,卜筮活动早在夏朝就有了,为什么称作《周易》呢?对于这个问题必须从两方面入手。第一,夏、商也有"易",《周礼》云:"掌三易之法,一曰连山,二曰归藏,三曰周易。其经卦皆八,其别皆六十有四。"故夏朝的易为连山易,商朝的易为归藏易,只不过"连山"和"归藏"失传,流传下来的只有《周易》。第二,对于"周"的解释不同。周字之义历来有两种说法,一种是取"周代"之义,另一种是取"周遍"之义。取"周遍"之义并非没有依据,"连山"以"艮"卦为首,象征"山之出云,连连不绝",故取"连山";"归藏"以"坤"卦为首,象征"万物皆归藏于地中",故取"归藏";"周易"以"乾"卦为首,象征无所不包、周遍广大,故取"周易"。

《周易》的形成不是一蹴而就的,而是漫长的历史过程。正所谓"人更三圣,世历三古","三圣""三古"之意即是上古伏羲、中古文王、下古孔子。概括地讲就是伏羲"观物取象"制作"八卦",周文王演"六十四卦"并制定了卦辞和爻辞,孔子制作"十翼"以辅助理解周易古经。所以《周易》从广义上讲包括"易经"和"易传"两个部分。虽然《周易》形成过程繁杂,时间久远,但是我们可以依据后世经典大体推测其成书年代。《易传·系辞》云:"易之兴也,其当殷之末世,周之盛德邪?当文王与纣之事邪?"由此,我们认为《周易》古经在殷周之际就已经形成了,周初仍有卜筮之官进行修订。

《周易》思想恢宏,内容浩荡,是诸子各家思想的源头。《周易》之中蕴含的变易、阴阳、吉凶观念对老子"有无相生,难易相成"的朴素辩证法、孔子"无过,无不及"的中庸思想以及阴阳家"五德终始,治各有宜"的历史观产生重要影响。《周易》

具有强烈的思想感染力,以至于各家都从中汲取对自己有用的思想,正所谓"以言者尚其辞,以动者尚其变,以制器者尚其象,以卜筮者尚其占"。在历史的长河中对《周易》的研究又分为三大派:象数派、义理派和历史派。此三者都是从不同的角度研究《周易》的思想,虽说有某些不尽如人意的地方,但是都为中华经典的传承和颂扬做出了历史的贡献。

【原典选读】

天尊地卑,乾坤定矣。卑高以陈①,贵贱位矣。动静有常,刚柔断矣。方②以类聚,物以群分,吉凶生矣。在天成象,在地成形,变化见③矣。

是故刚柔相摩,八卦相荡,鼓之以雷霆,润之以风雨;日月运行,一寒一暑。

乾道成男,坤道成女。乾知④大始,坤作成物。

乾以易⑤知,坤以简能。易则易知,简则易从。易知则有亲,易从则有功。有亲则可久,有功则可大;可久则贤人之德,可大则贤人之业。易简而天下之理得矣。天下之理得,而成位⑥乎其中矣。

圣人设卦观象,系辞焉而明吉凶,刚柔相推而生变化。是故吉凶者,失得之象也;悔吝者,忧虞之象也;变化者,进退之象也;刚柔者,昼夜之象也。六爻之动,三极之道⑦也。

是故君子所居而安者,《易》之序也;所乐而玩者,爻之辞也。是故君子居则观其象而玩其辞,动则观其变而玩其占,是以自天佑之,吉无不利。

彖者,言乎象者也;爻者,言乎变者也。吉凶者,言乎其失得也;悔吝者,言乎其小疵也。无咎者,善补过者也。

是故列贵贱者存乎位,齐小大者存乎卦,辩吉凶者存乎辞,忧悔吝者存乎介,震无咎者存乎悔。

是故卦有小大,辞有险易;辞也者,各指其所之。

---

① 陈:陈列。
② 方:指事情。
③ 见:同"现"。
④ 知:同"智"。
⑤ 易:简单。
⑥ 成位:定位。
⑦ 三极之道:天、地、人之道。

第一部分　先秦哲学

《易》与天地准，故能弥纶天地之道。

仰以观于天文，俯以察于地理，是故知幽明之故；

原始反终，故知死生之说；精气为物，游魂为变，是故知鬼神之情状。

与天地相似，故不违；知周乎万物，而道济天下，故不过；旁行而不流，乐天知命，故不忧；安土敦乎仁，故能爱。范围天地之化而不过，曲成万物而不遗，通乎昼夜之道而知，故神无方而易无体。

一阴一阳之谓道，继之者善也，成之者性也。仁者见之谓之仁，知者见之谓之知，百姓日用而不知，故君子之道鲜矣。显诸仁，藏诸用，鼓万物而不与圣人同忧，盛德大业至矣哉！富有之谓大业，日新之谓盛德。生生之谓易，成象之谓乾，效法之谓坤，极数知来之谓占，通变之谓事，阴阳不测之谓神。

夫《易》广矣大矣，以言乎远则不御，以言乎迩则静而正，以言乎天地之间则备矣。夫乾，其静也专，其动也直，是以大生焉。夫坤，其静也翕，其动也辟，是以广生焉。广大配天地，变通配四时，阴阳之义配日月，易简之善配至德。子曰：《易》，其至矣乎！夫《易》，圣人所以崇德而广业也。知崇礼卑，崇效天，卑法地。天地设位，而《易》行乎其中矣。成性存存，道义之门。

【思想概要】

《周易》博大精深，蕴含着丰富的传统思想，那《周易》到底是一部什么样的书呢？这就必须对《周易》的性质进行判定。《周易》是一部卜筮之书，但同时是一部哲学著作。为什么这么讲，这是有历史依据的。"易"不仅有周易，还有夏易和商易，分别为"连山"和"归藏"。我们都知道夏商两代"天命"色彩浓厚，宗教信仰盛行，人们多将人事与天命联系起来，故人们必须掌握这个决定人事的依据——天命。那么问题就来了，人们何以知天命？卜筮就是当时比较流行的知天命的方式。所以"连山""归藏"所延续下来的传统必定为《周易》所继承。但是这种继承又是批判性、革命性的。周人对天命的看法不再是静态的而是动态的，其认为天命靡常，坚持德必系于民而后发显天命之意义的历史观，给天命注入了"德"的因素，把天命看得不再像以前那样神圣了，而是注入了一种理性的因素，凸显人的主体性精神。这一过程在本质上反映了天人关系的变化——由原来的神本转化为人本。人们对这种天人地位的转变就切实映射在《周易》里。换言之，《周易》这部书就反映着当时那个时代人的价值观念。所以，《周易》在本质上不仅是一部卜筮之书，更是一部蕴含了阴阳、变易等辩证法思想的哲学之书。

《周易》的本根论意义。本根论在这里指向的是两个方面:"本"为宇宙发生论,"根"为宇宙本体论。在此,我们有必要对发生论和本体论进行比较:发生论的侧重点是世界的起源问题,即源流问题;而本体论则是世界的依据问题,即体用问题,二者不可相互混淆。《周易·系辞》云:"天地氤氲,万物化醇;男女构精,万物化生。"宇宙万物无不存在"阴"与"阳"的对立,"天"与"地"就是最大的阴阳对立,二者相互交感化生万物。如此一来,"乾"和"坤"就是宇宙的本原,二者通过内部的相互作用,由此形成了大千世界的五彩缤纷。《周易·系辞》又云:"天垂象,见吉凶,圣人象之;河出图,洛出书,圣人则之。《易》有四象,所以示也。"由此可见,"易"是具有本体意义的,"易"中的卦辞和卦象都是先人们根据长期的劳动实践所积累的经验抽象化、概括化的结果,所以我们在认识世界时应该在前人经验的基础上继续进行探索,以"易"之"本体"发显事物之"用"。正如成中英先生在《易学本体论》中所讲:"易经一书表达的不只是易的经验现象,更是易的本体。所谓本体并非孑然一物,而是不离现象的现象之源,也是不舍现象的现象之基。"因此,我们在认识世界、改造世界的时候要透过现象看本质,不能将对事物的认识停留在表层,必须从本体的高度掌握事物发展的趋势和规律。

"易"的哲学含义按照经学大师郑玄的讲法分为三种,即不易、变易和简易。所谓"易"的"不易"性是指变化本身是不会停止和改变的,此即"生生之谓易"之理。马克思主义视域下的"不易"是"世界上唯一不变的东西就是变化本身"。由此可见,在"易"面前不存在任何绝对的东西,神圣的东西,最终的东西,这就是"易"所承认的唯一绝对的东西。"易"之第二义即"变易",这种"变易"是指易的持续变化过程中的多样性和多元性。事物的变化不是简单的线性变化,而是多元的、多样的,其在数量、程度、方向上存在着这样或那样的差异性。比如,事物在总体上是前进的和上升的,但是这并不能代表事物的具体发展过程的曲折性、反复性。由此而来,以"易"的"变易"状态来观察世界万物,其表现的是统一性和多样性的统一。"易"之第三义即"简易"。"简易"是指"易"的秩序的自然性,而非简单、容易的流行表达。《周易·系辞》中说:"乾以易知,坤以简能。易则易知,简则易从。"由此可见,"简易"绝不是事物道理的简单明了——一学即会、一用便明,而是事物在运动过程中所呈现出的规律性和逻辑性。我们知道,由于事物的多样性和复杂性,事物所呈现的运动亦具有多元性。所以,我们必须从这些看似变动不居的个别事物中寻求"易"之"不易",即变化本身的规律性。

《周易》的辩证法意义。《周易·说卦》中讲道:"观变于阴阳而立卦,发挥于刚柔而生爻。"这一方面肯定了世界的本原是阴阳的且是运动变化的,另一方面也指出了事物变化的依据,即事物内部包含着对立统一性质的相互作用。阴阳的矛盾统一体相互依赖,一方的存在以另一方的存在为前提。相辅相成,一方的变化会引起另一方的变化,共同促进了事物的运动、变化和发展。阴阳不仅处于对立统一的状态,而且是相互转化的。《周易·序卦》云:"泰者,通也。物不可以终通,故受之以否。"这就是说事物不可能是一直存在一个状态,它必然要进行转化,而且这个转化不是别的,正是它的对立面,此亦即"物极必反"之意。

《周易》的本根论和辩证法是整个思想体系的基础,其上又蕴含着方法论意义。我们在日常生活中要坚持一分为二的观点,辩证地看待人生中的问题和烦恼,正如佛家所讲"众生即佛,烦恼即菩提"。在认识世界时要以发展的眼光分析事物的各个状态,坚持绝对运动和相对静止的统一。问题本身并不可怕,我们要善于利用矛盾,从而更好地分析矛盾,解决矛盾,始终不渝地坚持矛盾是事物发展的根本动力的观点。事物具有"物极必反"特性,因此,我们还要坚持质变和量变的统一,把握好事物的"度"。

【经典背诵】

1. 《易》,穷则变,变则通,通则久。
2. 天行健,君子以自强不息。地势坤,君子以厚德载物。
3. 仁者见之谓之仁,知者见之谓之知,百姓日用而不知,故君子之道鲜矣。
4. 是以立天之道曰阴与阳,立地之道曰柔与刚,立人之道曰仁与义。
5. 是故《易》有太极,是生两仪,两仪生四象,四象生八卦,八卦定吉凶,吉凶生大业。

【思考题】

1. 阐述"易"的哲学意义。
2. 简述对于《周易》一书性质的理解。
3. 结合自身实际,谈谈《周易》蕴含的方法论意义。

《吕氏春秋》

【作品简介】

《吕氏春秋》是先秦时代的一部杂家大作,涉及先秦诸子各家的思想,内容十分丰富。据《史记》和《汉书》记载,《吕氏春秋》是秦相吕不韦及其门客集体编纂而成,这些篇目大多出自门客之手,但是在编纂的过程中总是要反映吕不韦的思想特点和政治抱负。为什么冠以"吕氏"一名,这必须从其写作的背景来分析。《史记·吕不韦传》云:"当是时,魏有信陵君,楚有春申君,赵有平原君,齐有孟尝君,皆下士喜宾客以相倾。吕不韦以秦之强,羞不如,亦招致士,厚遇之,至食客三千人。是时诸侯多辩士,如荀卿之徒,著书布天下。吕不韦乃使其客人人著所闻……号曰《吕氏春秋》。"在这里司马迁认为,吕不韦是为了和战国四大公子争强斗胜,仿效荀卿之徒在秦国的传书而召集宾客著书。这样的说法太过于浅显,只是说了一些表层的原因,还未触及其著书的本质。总的来说,吕不韦著书是适应秦一统天下、统一意识形态与结束百家争鸣的思想多元化的政治需要。所以,从这方面讲,《吕氏春秋》是秦一统天下后治国理政的理论基础和治国纲领,同时,亦是出于自身的原因,即实现自己的政治抱负,使自己生前名扬四海,死后青史永记。

《吕氏春秋》为什么又冠以"春秋"之名呢?这亦与此书的性质分不开。"春秋"一词本是年、岁之意,随着时代的发展,后人便把它引申为编年体史书的意味。而《吕氏春秋》则在继承"春秋"传统的同时,又赋予了"春秋"多重新意。第一,它沿用了春秋表示年岁的本义,但既不按年记事,也不记述某一特定年份所发生的事,而是在总结以往经验的基础上,以十二月令的形式讲求十二个月的天象、物候,尤其是天子应当做的政事,赋予了春秋以"年历"新意。第二,它继承了春秋的纪事传统,但不只是记人事,还记天事,不仅记史事,还在此基础上立足现实,开拓未来,这就大大拓宽了春秋的时间维度和空间维度。由此看来,《吕氏春秋》不仅是一部史书亦是一部子书。刘生良在评注《吕氏春秋》中写道:"(吕氏春秋)它进一步打破了史书与子书的界限,以人事征天道,借事论理以史资政,欲成一家之言。"对于其性质,刘生良在其书中进一步写道:"《吕氏春秋》是战国末期吕不韦及其门客集体编纂的一部亦史亦子而以子为主的杂家著作,是一部为秦统一天下和治理天下而编写的完备的王政法典、治国纲要和百科全书。"

《吕氏春秋》兼杂诸子各家思想,又以道家和儒家为主线。道家思想是从哲学和精神层面贯穿全书,儒家则是从政治、伦理和社会秩序方面贯穿全书。其体系恢宏,故许维遹在《吕氏春秋集释》中评价《吕氏春秋》"总晚周诸子之精英,荟先秦百家之眇义"。《吕氏春秋》由"十二纪""八览""六论"组成。"十二纪"对应着一年的十二个月——从孟春到季冬,每纪的首篇又是该月的月令,重点阐述了天子该从事的政治活动。每四纪又组成一个单位——季,其内容体现着"春生、夏长、秋收、冬藏"的主题,即春季主要讲养生和修身的内容,夏季主要讲教学和音乐的相关内容,秋季主要讲用兵和知人的有关内容,冬季主要讲安葬与名节的主要内容。"十二纪"讲述了天道和人道的合一,形成了以阴阳五行为形式、以儒家伦理为内核的施政体系,故为全书纲要之所在。"八览"主要是围绕为君之道和治国之道阐述的八组论题。"六论"则是杂论性质,叙述的主题不明显,涉及方面较多。

《吕氏春秋》一书共计一百六十篇,约十九万字,是先秦字数最多、篇幅最大、思想体系较为丰富的著作,因此,其具有多方面的学术价值是毋庸置疑的。首先,它是一本治国的法典,可以为君主治国理政提供理论思想和实际措施,具有较强的政治意义;其次,它在论述天道和人事及自己五行阴阳的宇宙框架时就已经触及哲学的领域,表达了宇宙的物质性观点,具有较强的哲学意义;最后,其为一部亦子亦史的百科全书,故对于先秦历史以及文献的研究具有重要意义。

【原典选读】

一

一曰:孟春之月,日在营室,昏参中,旦尾中。其日甲乙,其帝太皞,其神句芒,其虫鳞,其音角,律中太蔟,其数八,其味酸,其臭膻,其祀户,祭先脾。东风解冻,蛰虫始振,鱼上冰,獭祭鱼,候雁北。天子居青阳左个,乘鸾辂①,驾苍龙,载青旗,衣青衣,服青玉,食麦与羊,其器疏以达。是月也,以立春。先立春三日,太史谒之天子曰:"某日立春,盛德在木。"天子乃斋。立春之日,天子亲率三公、九卿、诸侯、大夫,以迎春于东郊;还,乃赏公卿、诸侯、大夫于朝。命相布德和令,行庆施惠,下及兆民。庆赐遂行,无有不当。乃命太史,守典奉法,司天日月星辰之行,宿离不忒,

---

① 鸾辂(luán lù):指天子王侯所乘之车。

无失经纪。以初为常。是月也,天子乃以元日祈谷于上帝。乃择元辰,天子亲载耒耜,措之参于保介之御间,率三公、九卿、诸侯、大夫,躬耕帝籍田。天子三推,三公五推,卿、诸侯、大夫九推。反,执爵于太寝,三公、九卿、诸侯、大夫皆御,命曰"劳酒"。是月也,天气下降,地气上腾,天地和同,草木繁动。王布农事,命田舍东郊,皆修封疆,审端径术。善相丘陵阪险原隰,土地所宜,五谷所殖,以教道民,以躬亲之。田事既饬,先定准直,农乃不惑。是月也,命乐正入学习舞。乃修祭典,命祀山林川泽,牺牲无用牝,禁止伐木;无覆巢,无杀孩虫、胎夭、飞鸟,无麛无卵;无聚大众,无置城郭,掩骼霾髊。是月也,不可以称兵,称兵必有天殃。兵戎不起,不可以从我始。无变天之道,无绝地之理,无乱人之纪。孟春行夏令,则风雨不时,草木早槁,国乃有恐;行秋令,则民大疫,疾风暴雨数至,藜莠蓬蒿并兴;行冬令,则水潦为败,霜雪大挚,首种不入。(《孟春》选)

二

一曰:天地有始,天微以成,地塞以形,天地合和,生之大经也。以寒暑日月昼夜知之,以殊形殊能异宜说之。夫物合而成,离而生。知合知成,知离知生,则天地平矣。平也者,皆当察其情,处其形。天有九野,地有九州,土有九山,山有九塞,泽有九薮,风有八等,水有六川。何谓九野?中央曰钧天,其星角、亢、氐;东方曰苍天,其星房、心、尾;东北曰变天,其星箕、斗、牵牛;北方曰玄天,其星婺女、虚、危、营室;西北曰幽天,其星东壁、奎、娄;西方曰颢天,其星胃、昴、毕;西南曰朱天,其星觜嶲、参、东井;南方曰炎天,其星舆鬼、柳、七星;东南曰阳天,其星张、翼、轸。何谓九州?河、汉之间为豫州,周也;两河之间为冀州,晋也;河、济之闲为兖州,卫也;东方为青州,齐也;泗上为徐州,鲁也;东南为扬州,越也;南方为荆州,楚也;西方为雍州,秦也;北方为幽州,燕也。何谓九山?会稽、太山、王屋、首山、太华、岐山、太行、羊肠、孟门。何谓九塞?大汾、冥厄、荆阮、方城、殽、井陉、令疵、句注、居庸。何谓九薮?吴之具区,楚之云梦,秦之阳华,晋之大陆,梁之圃田,宋之孟诸,齐之海隅,赵之钜鹿,燕之大昭。何谓八风?东北曰炎风,东方曰滔风,东南曰熏风,南方曰巨风,西南曰凄风,西方曰飂风,西北曰厉风,北方曰寒风。何谓六川?河水、赤水、辽水、黑水、江水、淮水。凡四海之内,东西二万八千里,南北二万六千里。水道八千里,受水者亦八千里。通谷六,名川六百,陆注三千,小水万数。凡四极之内,东西五亿有九万七千里,南北亦五亿有九万七千里。极星与天俱游,而天极不移。冬至日行远道,周行四极,命曰玄明。夏至日行近道,乃参于上。当枢之下无昼夜。白民之南,建木之下,日中无影,呼而无响,盖天地之中也。天地万物,一人之身也,此之谓大同。众耳目鼻口也,众五谷寒暑也,此之谓众异。则万物备也。天斟万物,圣人览焉,以观其类。解在乎天地之所以形,雷电之所以生,阴阳材物之精,人民禽兽之所安平。(《有始览》选)

三

维秦八年,岁在涒滩,秋,甲子朔。朔之日,良人请问十二纪。文信侯曰:尝得学黄帝之所以诲颛顼矣,"爰有大圜在上,大矩在下,汝能法之,为民父母。"盖闻古之清世,是法天地。凡十二纪者,所以纪治乱存亡也,所以知寿夭吉凶也。上揆之天,下验之地,中审之人,若此则是非可不可无所遁矣。天曰顺,顺维生;地曰固,固维宁;人曰信,信维听。三者咸当,无为而行。行也者,行其理也,行数,循其理,平其私。夫私视使目盲,私听使耳聋,私虑使心狂。三者皆私设,精则智无由公。智不公,则福日衰,灾日隆。以日倪①而西望知之。(《序意》选)

【思想概要】

《吕氏春秋》中的天道观思想。《有始》篇说:"天地有始,天微以成,地塞以形。天地合和,生之大经也。"这在本质上论述了人们观察世界的模式,即往往从天地的开始说起,同时也描绘了宇宙生成的图景。作者认为天地是有开端的,天由轻物上升而成,地由重物下降而成,然后天地通过交合作用形成了世界万物。这仍是本原意义上的天道观,仍然没有脱离老子道论的宇宙模式,但是需要注意,这不仅仅是道论模式下的宇宙观。《有始》篇接着说:"夫物合而成,离而生。知合知成,知离知生,则天地平矣。""天地平"就是说天地是公平的,不因为任何人事的作用而偏袒一方。这种意义上的天和荀子的自然之天相仿,他们都强调天的客观性,反对把天人格化、宗教化、神秘化,要求还原天的本来属性——自然属性。正如荀子所讲:"天行有常,不为尧存,不为桀亡。"这种思想亦能从老子思想中看出端倪,《道德经》曰:"天地不仁,以万物为刍狗",这不是在说天地不仁这种天的道德属性,而是说万物在天面前都是公平的,这在本质上亦是在讲天的自然属性。

---

① 倪:端,边际。

我们分析文本的思想时需要"陷进去"——必须从文本出发实事求是地去理解每一篇章的含义，而后我们更应该"跳出来"——不单单做好训诂工作，还要结合其作者的创作意图和文章的写作背景来理解其中的深意。《吕氏春秋》的创作就是为了迎合帝王现实统治的需要，故《吕氏春秋》中的天道观的叙述是为人事观做铺垫的，其以道观天的目的是在于以道观人，确切地说就是君主要通过对天的把握来学习到一些规律性的经验，以此作为自己统治的借鉴，故"揆天道"的落脚点在于"质人事"。这一观点实则贯穿本书始末，从上面我们可以看出《吕氏春秋》中对天的唯物性的描述，但是其并不排除一些唯心的思想。《应同》篇讲道："凡帝王之将兴也，天必先见祥乎下民。"这就将"法天地"的观念绝对化，认为人事中的每一社会现象都与天相对，忽略了天与人之间联系的条件性。这种"异化"的天人模式对汉代的"天人感应"的神学目的论产生了影响。

《吕氏春秋》中的认识论思想。《劝学》篇中讲道："然而人君人亲不得其所欲，人子人臣不得其所愿，此生于不知理义。不知理义，生于不学。"这就是说人不是生来知之，而是学而知之的。这坚持了唯物主义反映论的路线。在认识方法上其又主张"去宥"——去除主观的偏见，坚持事物本身的特性；"别类"——善于区分不同事物的性质；"审察"——明察秋毫，提高认识水平和认识能力。这些认识论上的观点是对先秦名家的总结和补充，去除了过于学理的形式，保留下了合理的内容，弥补了先秦诸子中关于认识方面的不足，亦对后世的科学认识观的确立产生重要影响。

【经典背诵】

1. 万人操弓，共射一招，招无不中。
2. 天不再与，时不久留；能不两工。
3. 欲胜人者必先自胜；欲论人者必先自论；欲知人者必先自知。
4. 石可破也，而不可夺坚；丹可磨也，而不可夺赤。
5. 听言不可不察，不察则善不善不分。
6. 吞舟之鱼，陆处则不胜蝼蚁。

【思考题】

1. 简述《吕氏春秋》一书的性质。
2. 论述《吕氏春秋》中的天道观。

《左传》

【作品简介】

《左传》一书是我国一部古老的编年体史书,它以春秋时期鲁国的十二位君主为纪事的线索,以《春秋》为总纲,对其进行了各方面的丰富和阐释,广泛地记载了各个诸侯国的政治、经济、军事和外交活动。关于《左传》一书的作者,相传为左丘明,但是其中记载着韩、赵、魏三家分晋的史事,此时左丘明已年近百岁,就算还活着,恐其已无精力著书了。至于其成书年代,现代学者杨伯峻先生在《春秋左传注》前言中提道:"由于上文的论证,足以推测《左传》成书在公元前四〇三年魏斯为侯之后。"由此看来,《左传》成书的年代大致为战国前期至中期,而非传统的春秋末年。

《左传》到底是一部什么样的书,这必须从其与其他书的关系中加以界定。首先我们要了解《左传》与《春秋》的关系。传统观点认为,《左传》是对春秋的解释和说明,因为《春秋》的文字比较少,记载的史事也比较粗略,因此《左传》在本质上是作为"传"对《春秋》这个"经"的解释。在这一框架下,解释《春秋》的著作不只是这一家,还有其他两家,即《公羊传》和《谷梁传》。可以说他们三家都是对《春秋》的补充与发展,但是其本身又存在着不同。《公羊传》《谷梁传》其特点是以空言说经,注重阐释《春秋》的微言大义,功利色彩浓厚,实用性和现实性较强,其目的就是通过有意为之以满足现实需要。而《左传》是注重对《春秋》的文字训诂,即用具体的历史史实来弥补《春秋》的简略。由此来看,《左传》在本质上是一部史书,其比较客观地记录了春秋时代所发生的历史事件。

《左传》其主要内容就是揭示社会的各种矛盾和斗争,反映社会现实,批判统治阶级的腐败和荒淫以及颂扬那部分具有爱国情怀的人。其虽为史书,但是不免有许多哲学思想渗透其中。比如,晏婴的"和同"关系的论述,史墨"陪贰""物生有两"

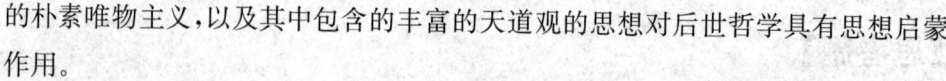

的朴素唯物主义，以及其中包含的丰富的天道观的思想对后世哲学具有思想启蒙作用。

【原典选读】

（昭公二十年）齐侯至自田，晏子侍于遄台，子犹驰而造焉。公曰："唯据与我和夫！"晏子对曰："据亦同也，焉得为和？"公曰："和与同异乎？"对曰："异。和如羹焉，水火醯醢盐梅以烹鱼肉，燀之以薪。宰夫和之，齐之以味，济其不及，以泄其过。君子食之，以平其心。君臣亦然。君所谓可而有否焉，臣献其否以成其可。君所谓否而有可焉，臣献其可以去其否。是以政平而不干，民无争心。故《诗》曰：'亦有和羹，既戒既平。鬷嘏无言，时靡有争。'先王之济五味，和五声也，以平其心，成其政也。声亦如味，一气，二体，三类，四物，五声，六律，七音，八风，九歌，以相成也。清浊，小大，短长，疾徐，哀乐，刚柔，迟速，高下，出入，周疏，以相济也。君子听之，以平其心。心平，德和。故《诗》曰：'德音不瑕。'今据不然。君所谓可，据亦曰可；君所谓否，据亦曰否。若以水济水，谁能食之？若琴瑟之专一，谁能听之？同之不可也如是。"

（昭公十八年）夏五月，火始昏见。丙子，风。梓慎曰："是谓融风，火之始也。七日，其火作乎！"戊寅，风甚。壬午，大甚。宋、卫、陈、郑皆火。梓慎登大庭氏之库以望之，曰："宋、卫、陈、郑也。"数日，皆来告火。裨灶曰："不用吾言，郑又将火。"郑人请用之，子产不可。子大叔曰："宝，以保民也。若有火，国几亡。可以救亡，子何爱焉？"子产曰："天道远，人道迩，非所及也，何以知之？灶焉知天道？是亦多言矣，岂不或信？"遂不与，亦不复火。

（昭公二十五年）天地之经，而民实则之。则天之明，因地之性，生其六气，用其五行。气为五味，发为五色，章为五声，淫则昏乱，民失其性。是故为礼以奉之：为六畜、五牲、三牺，以奉五味；为九文、六采、五章，以奉五色；为九歌、八风、七音、六律，以奉五声；为君臣、上下，以则地义；为夫妇、外内，以经二物；为父子、兄弟、姑姊、甥舅、昏媾、姻亚，以象天明，为政事、庸力、行务，以从四时；为刑罚、威狱，使民畏忌，以类其震曜杀戮；为温慈、惠和，以效天之生殖长育。民有好、恶、喜、怒、哀、乐，生于六气。是故审则宜类，以制六志。

（昭公三十二年）赵简子问于史墨曰："季氏出其君，而民服焉，诸侯与之，君死于外，而莫之或罪也。"对曰："物生有两，有三，有五，有陪贰。故天有三辰，地有五行,体有左右,各有妃耦。王有公,诸侯有卿,皆有贰也。天生季氏,以贰鲁侯,为日久矣。民之服焉,不亦宜乎?鲁君世从其失,季氏世修其勤,民忘君矣。虽死于外,其谁矜之?社稷无常奉,君臣无常位,自古以然。故《诗》曰:'高岸为谷,深谷为陵。'三后之姓,于今为庶,主所知也。在《易》卦,雷乘《乾》曰《大壮》,天之道也。昔成季友,桓之季也,文姜之爱子也,始震而卜。卜人谒之,曰:'生有嘉闻,其名曰友,为公室辅。'及生,如卜人之言,有文在其手曰'友',遂以名之。既而有大功于鲁,受费以为上卿。至于文子、武子,世增其业,不废旧绩。鲁文公薨,而东门遂杀适立庶,鲁君于是乎失国,政在季氏,于此君也,四公矣。民不知君,何以得国?是以为君,慎器与名,不可以假人。"

【思想概要】

"和与同异"的认识论思想。这是从晏子政治思想中提炼出的背后的哲学思想。"和"在此即"君所谓可而有否焉……君所谓否而有可焉","同"即"君所谓可,据亦曰可;君所谓否,据亦曰否"。由此我们可以看出,"同"只是一味地附和别人,不增加新的见解,趋炎附势以获其利。这就好比琴瑟都在一个调上,怎么能弹奏出优美的曲子呢?"和"则是允许差异的存在,即使包容不同的因素,也能达到和谐统一的境界。这就好比一场音乐演奏中有不同的调子相互配合,相得益彰更能发显音乐之精彩。"同"只承认自己的存在,不允许差异的存在。"和"不仅允许各种要素相互包容,还进一步认为各种因素之间是相辅相成,圆融无碍的。各种因素的协调不仅不会破坏事物的本身,而且还会促进事物的前进与发展。在这里,晏子认识到事物内部是包含矛盾的,矛盾是事物发展的根本动力和源泉,具有朴素唯物主义倾向。

"和"是中国哲学的致思境界。"和"的观念在多部经典中皆有提及,例如《论语》中"君子和而不同,小人同而不和",还有《国语》中提到了"和实生物,同则不继"等。这就把"和"的观念从最初的认识论领域拓展到价值观领域——"和"与"同"成为君子与小人的区别,以及与人生的功夫修养联系起来——把"和"作为人生追求的目标和境界。这种"和"的观念影响着中华民族的生活、行为方式,对塑造中华民族的理想性格具有潜移默化和深远持久的影响。

"义为利之本"的义利观念。"义"包括节操、道义、守信在内的道德仁义体系,而"利"则是实际的物质利益和现实的权力。这种义利观是针对齐国的内部争斗提出来的。在这里,晏子坚持了"义"为本,"利"为末,强调义在利上的基本价值取向。其认为,当遇到义利的矛盾与冲突时,要自觉坚持"义"为第一要义,否则社会就会不安定,人心就会躁动,那么国家就会失去统治的基础。这种"义为利之本"在肯定了"义"的核心价值的同时并不否认"利"的作用,"义,利之本也"本身就包含着"利"的价值和功用,绝不可以把"义""利"绝对化、片面化。但是,随着历史的发展,这种兼顾义利的观念出现了两种极端的发展倾向。墨家认为义就是利,主张"兴天下之利,除天下之害",提倡"利,为天下之本"的思想,表现出一种狭隘的功利主义倾向。西汉董仲舒则坚持"正其谊不谋其利,明其道不计其功"的义利观。这两种观点一个认为在道德行为和动力关系上坚持唯动机是务,另一个在道德抉择和物质利益的关系上以道德义务为根本,不考虑物质利益。这就走向了极端道德主义,我们在日常生活中要尽量避免这两种错误。

蕴含着无神论思想的天道观。针对"山川之神,则水旱疠疫之灾,于是乎祟之"的泛神论现象,子产提出天人不相及的无神论观点,认为:"天道远,人道迩,非所及也,何以知之?灶焉知天道?是亦多言矣,岂不或信!"他不认为天象占卜吉凶与人的祸福有必然的关系,只不过是预言的次数多了,恰好言中而已。而这一思想倾向直接与其政治改革相联系,即从人事出发,否定天命对人事的决定作用,认为祸福只与自己的活动有关。这种无神论思想倾向伴随着人类主体精神萌芽的天道观在当时迷信盛行、神道笼罩的背景下具有解放思想、破处迷信的作用。

"礼"的哲学阐释。《说文解字》中将"礼"解释为"履也,所以事神致福也"。由此可见,"礼"在最初含义是用来敬神以获取福报的仪式。随着历史的进步,周公制礼,把"礼"作为规范人伦秩序的范畴。《左传》云:"夫礼,天之经也。地之义也,民之行也。"所以直到子产才把"礼"与天道相联系,赋予"礼"以哲学意义。如此一来,"礼"就不再是一个神道观念或单纯的人道观念,而是贯通天道、地道以及人道的统一性范畴,这样"礼"就实现了其价值境界的飞跃——由最初的处理人神关系到处理人类社会中人与人的关系再到天、地、人这个宇宙框架下的秩序统一性。这种"礼"的观念亦对儒家影响深远,《礼记·礼运》中云:"夫礼,先王以承天之道,以治人之情。故失之者死,得之者生。"

"物生有两""陪贰"的朴素辩证法思想。史墨是在鲁国政权从国君转移到大夫的背景下提出了此观念,以论证这种转移的合法性。"物生有两"就是说事物的存在都包含着内部对立的两个范畴——阴阳,而这又是普遍的,即任何一个事物皆是如此,不存在特殊的情况。这种观念承认了矛盾的普遍性,具有一定的合理性。不仅如此,他还进一步指出"陪贰"的思想——内部的两个方面不是平行的,在地位上是有差别的,两者是主要与次要的关系,并且这种关系不是绝对的,是可以相互转化的。这就更加清楚地分析了事物的内部矛盾,以及矛盾双方可以相互转化的性质。他从"高岸为谷,深谷为陵"的自然现象中通过经验主义的类比,认为社会领域亦是如此——"社稷无常奉,君臣无常位",带有历史观上的唯物主义倾向,有效地抨击了政权永恒不变的观点。

【经典背诵】

1. 多行不义必自毙。(《左传·隐公元年》)
2. 人谁无过?过而能改,善莫大焉。(《左传·宣公二年》)
3. 《书》曰:"居安思危。"思则有备,有备无患。
4. 太上有立德,其次有立功,其次有立言。虽久不废,此之谓不朽。(《左传·襄公二十四年》)
5. 众怒难犯,专欲难成。(《左传·襄公十年》)
6. 川泽纳污,山薮藏疾,瑾瑜匿瑕。(《左传·宣公十五年》)

【思考题】

1. 论述《左传》中关于晏子的"和同"思想,以及其与史伯"和同"思想之关系。
2. 简述《左传》中包含的无神论思想的天道观。
3. 评价史墨"物生有两""陪贰"的朴素辩证法观念。

《国语》

【作品简介】

《国语》一书记载了大量的春秋时期的君臣言论和历史事件,是研究春秋历史的重要资料。《国语》一书的作者、成书、性质和与《左传》的关系历来存在争议,故在此做一简要论述。传统看法认为《国语》的作者是左丘明,《史记·太史公自序》记载:"左丘失明,厥有国语。"《汉书·艺文志》说道:"《国语》二十一篇,左丘明著。"

《后汉书·班彪传》中说:"定、哀之间,鲁君子左丘明论集其文,作《左氏传》三十篇,又撰异同,号曰《国语》,二十一篇。"此上例证说明了《国语》一书确为左丘明所作。但是随着时代的发展,后有许多学者对此提出了质疑。叶梦得在其《春秋考》中谈道:"古有左氏、左丘氏。太史公称左丘失明,厥有国语。今《春秋传》作左氏,而《国语》出左丘氏,则不得为一家。"此种观点,梁启超亦主之,其在《中国历史研究法》中提道:"左丘或称左丘明,今本《左传》共称为彼所撰。然据《史记》称述,则彼固名丘不名丘明,仅撰《国语》而未撰《左传》。"这里,梁启超说了,《左传》是左丘明作无疑,但是《史记》中说左丘而不说左丘明,故其实非一人也。然而,虽然许多学者对左丘明作《国语》提出了质疑,但是证据不足,因此论证缺乏说服力,故在确切的证据被发现之前,还是暂且相信其作者为左丘明。

《国语》一书的编纂过程亦有可探讨性。沈长文讲道:"我们今天看到的《国语》,一定是在战国时代流传的各种《事语》为素材的基础上,加以整理选择,以春秋为时限,以春秋主要国别为分类标准编纂而成的。"徐中舒亦以此种国别的态度定性《国语》,他认为"《国语》就是记录各国瞽蒙传诵的总集"。至于《国语》的成书年代,多数学者认为其成书于春秋末年到战国初年。但亦有学者考察了《国语》各篇目的年代,认为《国语》一书的编纂不是一个时代之作。成书年代问题相当复杂,且无太大哲学意旨,故不再赘述。

《国语》一书的编纂目的在李佳看来则是"求多闻善败以鉴戒"(《国语研究》),即透过历史上的成败之绩为今世提供经验借鉴。其主要结构分为两种:一种为劝诫式的四段式,包括背景、言语、结果、尾声四个部分;另一种是预言性的三段式,分为背景、言语、尾声三个部分,尾声往往是印证预见内容的准确性。《国语》一书不仅具有政治借鉴作用还具有其他方面的意义。第一,《国语》重视人民的地位和作用,其对神的看法是《尚书》中"皇天无亲,惟德是辅"思想的继承和发展。第二,其中伯阳父论地震一段包含阴阳五行观念,以及将天道与人事相联系的"天人合一"倾向。第三,包含着以"礼治"为核心的道德伦理思想,对儒家"民本"思想产生重要影响。

【原典选读】

《史伯论五材》

公曰:"周其弊乎?"对曰:"殆于必弊者也。《泰誓》曰:'民之所欲,天必从之。'

今王弃高明昭显,而好谗慝暗昧;恶角犀丰盈,而近顽童穷固。去和而取同。夫和实生物,同则不继。以他平他谓之和,故能丰长而物归之;若以同裨①同,尽乃弃矣。故先王以土与金、木、水、火杂,以成百物。是以和五味以调口,刚四支以卫体,和六律以聪耳,正七体以役心,平八索以成人,建九纪以立纯德,合十数以训百体。出千品,具万方,计亿事,材兆物,收经入,行姟极。故王者居九畡之田,收经入以食兆民,周训②而能用之,和乐如一。夫如是,和之至也。于是乎先王聘后于异姓,求财于有方,择臣取谏工而讲以多物,务和同也。声一无听,物一无文,味一无果,物一不讲。王将弃是类也而与剸同。天夺之明,欲无弊,得乎?"

《伯阳父论地震》

幽王二年,西周三川皆震。伯阳父曰:"周将亡矣!夫天地之气,不失其序;若过其序③,民乱之也。阳伏而不能出,阴迫而不能蒸,于是有地震。今三川实震,是阳失其所而镇阴也。阳失而在阴,川源必塞;源塞,国必亡。夫水土演而民用也。水土无所演,民乏财用,不亡何待?昔伊、洛竭而夏亡,河竭而商亡。今周德若二代之季矣,其川源又塞,塞必竭。夫国必依山川,山崩川竭,亡之征也。川竭,山必崩。若国亡不过十年,数之纪也。夫天之所弃,不过其纪。"是岁也,三川竭,岐山崩。十一年,幽王乃灭,周乃东迁。

【思想概要】

史伯关于"和同"关系的论述。史伯是周宣王的太史,当时他所处的时代正是周王室衰微之时,针对周天子喜欢阿谀奉承之徒而不任用贤能之辈的现象,他在天道观上提出了"去同而取和"的观念。《周语》云"夫和实生物,同则不继","和"可以促进生物的增长,"同"则停止事物的增长,不利于事物的变化与发展。不同的因素相互交织在一起达到一种和谐的状态,在这个过程中事物矛盾双方相互斗争而最终达到统一,这正确地揭示了矛盾是事物发展的动力的辩证法原理。"以水济水谓之同",事物在发展过程中没有对立面的存在,只有与自己相同的因素,事物就不能

---

① 裨:增补,添益。
② 训:把……作为法则。
③ 序:顺序,次序。

从中吸收到其他有利因素,这样是不能产生变化的。接着史伯用金、木、水、火、土五行杂陈的例子进行说明,从天道观上为现实的政治问题提供了依据。在这里,史伯第一次把"和"作为一个哲学概念提了出来,他所认为的"和"不仅可以允许异质因素的存在,还强调不同因素之间的相互作用,相辅相成。为后世史墨和孔子的"和同"观念奠定基础,同时也奠定了中国哲学境界之"和"的基本框架。

《国语》对阴阳观念的发展。《易》以道阴阳,阴阳观念早在《周易》中就已经有了,但是还未将其概念化。虽然《周易》已经用阴阳来试图解释一些自然现象,但是这种尝试是不自觉的,或者说只是一种倾向,还不够成熟。到了《国语》时代,人们已经能突破卦象而具体作用阴阳概念来分析自然和社会的现象和问题,阴阳观念逐渐走向成熟。《国语·周语》记载周太史十分注意春天的"土气"和"土脉"的活动情况,并从阴阳概念出发解释春天所具有的一些活动。太史把春天土地解冻解释为"阳气俱蒸,土膏其动"。就是说冬天过去了,阴气逐渐褪去,太阳逐渐向北方移动,昼越来越长,阳气逐渐积累到了一定程度后,阳气大于阴气,突破阴气的覆盖,这一过程就具体表现为春天的土地松动。这是地上的情况,天上的情况亦是如此原理。所谓"阴阳分布,震雷出滞"是指由于阴阳的分布不平衡,在阳盛阴衰的地方阳气就会突破阴气的限制而形成春雷。同书又记载了伯阳父对地震的论述,他进一步用阴阳具体解释了自然的地震现象。他分析地震的原因是"天地之气失秩序"。阴气浊重故下沉,其位置在下;阳气清轻故上升,其位置在上,地震的产生就是"阳伏而不能出,阴迫而不能蒸"。阴气在上迫使阳气在阴气下面不能上升,在阳气积累到一定程度时,阳气突破,地震就发生了。

《国语》中对"德"的观念的发展。西周初年周公的敬德观念对稳定周王朝的社会秩序起到了巨大作用,但是随着周王室的衰微,"德"的观念成了一个摆设。针对此种情况,很多先哲就继续强调"敬德"的意义,这有两方面的意义:一是讲给周天子听;二是讲给新兴的诸侯听。当然更多的是诸侯受用,因为这些先哲本身就代表着新兴阶级的力量。"敬德"观念的发展主要表现在三个方面。第一,"敬德"的对象范围扩大了。在西周早年周公提出的敬德主要是对周天子讲的,要求周天子应"以德配天,敬天保民"。但是随着历史的发展,德之观念已经对统治者不起作用,正如伯阳父所说"今周德若二代之季矣"。针对这种现象,先哲们大都放弃了对周天子的期望,而转向各新兴之诸侯。这样"敬德"的主体就由原来的周天子变为诸侯国的国君。第二,"德"的内涵不断丰富,走向具体化。在周公那里"德"还是比较笼统的,到了西周末年,"德"的含义空前丰富。《周语》记载单襄公称赞晋周之德共列出十一项,即敬、忠、信、仁、义、智、勇、教、孝、惠、让,这样"德"的含义就更具体化了。第三,"仁"从"德"的众多观念中分化出来,地位逐渐凸显。在《周书》中仁的记载还很少,但是在《国语》的其他篇中仁字大量出现。《左传》记载:"恤民为德,正直为正,正曲为直,参和为仁。"这样,仁就不是德的一个子目而是多个德目的合一了。这种由德到仁的转化对孔子的"仁"的思想具有重大影响。

【经典背诵】

1. 防民之口,甚于防川,川壅而溃,伤人必多,民亦如之。是故为川者,决之使导;为民者,宣之使言。天道盈而不溢,盛而不骄,劳而不矜其功。

2. 为礼而不终,耻也。中不胜貌,耻也。华而不实,耻也。不度而施,耻也。施而不济,耻也。

3. 将有请于人,必先有入焉。欲人之爱己也,必先爱人。欲人之从己也,必先从人。无德于人,而求用于人,罪也。

4. 伐木不自其本,必复生;塞水不自其源,必复流。

5. 有以无难以失守,有以多难而兴邦。

【思考题】

1. 概括先秦以前哲人关于"和同"关系的论述。
2. 简述《国语》中的"德"与孔子的"仁"之间的微妙关系。
3. 简要叙述《国语》中的阴阳观念。

《孙子兵法》

【作品简介】

《孙子兵法》是我国现存历史上的第一部兵书,被尊为"兵经"。现在流传下来的只有13篇,即《计》《作战》《谋攻》《形》《势》《虚实》《军争》《九变》《行军》《地形》《九地》《火攻》《用间》。其中不仅包含着军事思想,还包含着辩证法等哲学思想。此书不是一时完成的,李零先生认为,《孙子兵法》的成书过程可能与竹简本《齐孙子》所说"明之吴越,言之于齐"相合。故其书大致是从春秋末年开始经过长期的实践经验的积累到战国时期整理完成的。其作者也就不可能是一个人,其中的军事思想博大精深,皆为孙武及其后学所编。

《孙子兵法》代表了中国古代最完整的军事理论体系,其中包含四个层次的内容——战争观念、战略思想、战术思想和治军思想。战争观念即是对战争的态度。《孙子兵法》在开篇第一章就讲道:"兵者,国之大事,死生之地,存亡之道,不可不察也。"如此看来,孙武是非常重视战争对国家的影响的,认为战争的胜利与失败是一国存亡的关键因素。基于此,他提倡以"慎战""备战"为核心的治兵之道。他以强兵为治国之道,但他并不一味地持发动战争的战争主义态度,《孙子兵法》中讲到,"不战而屈人之兵"是最高的境界,因此他是主张以和为贵的,主张通过谋略和外交手段解决国与国之间的问题,尽量避免用战争的方法,这对于当今世界的霸权主义和军事恐怖主义有重要的模范借鉴作用。在战略和战术思想上主张"出奇制胜""制人而不制于人"的出兵方法,强调"用兵贵在神速"的进攻原则。所谓的治军思想即是如何选拔将领和军官、训练部队、调动士兵积极性。其核心治军思想就是"令文齐武",所谓"文"就是对士兵进行嘉奖和精神鼓励,"武"就是严肃军纪,有过必罚。

《孙子兵法》不仅仅是一部军事理论著作,还是一部非常重要的哲学著作,在探讨军事思想时已经涉及天道和人道的一些问题。正如冯友兰在《中国哲学史新编》中说:"(孙子兵法)它是古代一部优秀的兵书,也是一部出色的哲学著作。"因为其在军事领域已经达到了出神入化的境界,所以就具备了由具体科学上升到哲学高度的条件,即将具体的军事实践经验高度地抽象化、概括化,以达到一般、普遍的水平和层次。作战的方式和方法可以有历史的局限性,可能已经不适应现代化的军事对抗,但是其中的精神部分——军事哲学思想却可以永世长存,并随着历史的发展而不断丰富。其包含着"奇正相生"的军事辩证法,"知彼知己,百战不殆"的军事认识论,"不战而屈人之兵"的军事境界论已然以新的形式或因素注入现代军事乃至商业、医学等各个领域的各个方面。

【原典选读】

《计》

孙子曰：兵者，国之大事，死生之地，存亡之道，不可不察也。故经①之以五事，校②之以计，而索其情：一曰道，二曰天，三曰地，四曰将，五曰法。道者，令民与上同意也，可与之死，可与之生，而不畏危也；天者，阴阳、寒暑、时制也；地者，高下、远近、险易、广狭、死生也；将者，智、信、仁、勇、严也；法者，曲制、官道、主用也。凡此五者，将莫不闻，知之者胜，不知者不胜。故校之以计，而索其情，曰：主孰有道？将孰有能？天地孰得？法令孰行？兵众孰强？士卒孰练？赏罚孰明？吾以此知胜负矣。将听吾计，用之必胜，留之；将不听吾计，用之必败，去之。计利以听，乃为之势，以佐其外。势者，因利而制权也。兵者，诡道也。故能而示之不能，用而示之不用，近而示之远，远而示之近。利而诱之，乱而取之，实而备之，强而避之，怒而挠之，卑而骄之，佚而劳之，亲而离之，攻其无备，出其不意。此兵家之胜，不可先传也。夫未战而庙算③胜者，得算多也；未战而庙算不胜者，得算少也。多算胜，少算不胜，而况于无算乎！吾以此观之，胜负见矣。

《形》

孙子曰：昔之善战者，先为不可胜，以待敌之可胜。不可胜在己，可胜在敌。故善战者，能为不可胜，不能使敌必可胜。故曰：胜可知，而不可为。不可胜者，守也；可胜者，攻也。守则不足，攻则有余。善守者藏于九地之下，善攻者动于九天之上，故能自保而全胜也。见胜不过众人之所知，非善之善者也；战胜而天下曰善，非善之善者也。故举秋毫不为多力，见日月不为明目，闻雷霆不为聪耳。古之所谓善战者，胜于易胜者也。故善战者之胜也，无智名，无勇功，故其战胜不忒。不忒者，其所措胜，胜已败者也。故善战者，立于不败之地，而不失敌之败也。是故胜兵先胜而后求战，败兵先战而后求胜。善用兵者，修道而保法，故能为胜败之政。兵法：一曰度，二曰量，三曰数，四曰称，五曰胜。地生度，度生量，量生数，数生称，称生胜。

---

① 经：以……为纲。
② 校：比较。
③ 庙算：自夏朝开始，国家凡遇战事，都要告于祖庙，议于庙堂，成为一种固定的仪式。帝王在庙堂占卜吉凶，祈求神灵护佑，以巫术假托神的旨意，迫使人们进行战争。

故胜兵若以镒称铢,败兵若以铢称镒。胜者之战民也,若决积水于千仞之谿者,形也。

【思想概要】

"奇正相生"的军事辩证法思想。《孙子兵法·势》篇中说:"战势不过奇正,奇正之变,不可穷胜也。奇正相生,如循环之无端,孰能穷之哉!"在这里,"奇"是指奇袭灵活战术,"正"是指正规传统战术,孙子深刻分析了战争中两种战术的异同,并根据当时的形势和条件灵活地选用战术方法。这不仅把握了事物的客观性质,分析了事物存在的矛盾和条件,还进一步以客观事实为依据发挥人的主观力量,坚持了在矛盾面前具体问题具体分析的原则和态度,坚持了发挥人的能动性要以客观事物为依据的认识路线。"如循环之无端,孰能穷之哉!"又在一定程度上揭示了辩证法无限发展的精神,正如恩格斯在《路德维希·费尔巴哈和德国古典哲学的终结》中说的:"这种辩证的哲学揭示了一切事物的暂时性,在它面前不存在任何最终的东西,绝对的东西,神圣的东西……在它面前除了生成和灭亡的不断过程,无止境地由低级到高级上升的不断过程,什么都不存在,它本身就是这个过程在思维着的头脑中的反映。"故"奇正相生"坚持了选择性与原则性的统一,坚持了普遍性与特殊性的统一,将两种势不两立的东西统一了起来,实现了其矛盾双方的和谐。

"知彼知己,百战不殆"的军事认识论。在先秦各诸子学派中,没有哪个学派能像兵家把主客关系划分清楚,他们大多坚持"主客一体"的思想认识路线。而兵家则将主客关系具体化为战争双方的"彼""己"关系,认为"彼""己"为相互对立的主、客体,他们在战争中必定要一方战胜另一方。《孙子兵法·谋攻》篇云:"知彼知己,百战不殆;不知彼而知己,一胜一负;不知彼,不知己,每战每殆。"在孙子看来,只有全面客观地掌握了别人的实力并与自己进行对比,形成比较全面客观的认识,才可以赢得战争的胜利。在此过程中,孙子注意到了将感性认识上升到理性认识的重要性,而感性认识上升到理性认识的重要条件之一正是收集大量、客观的资料。这不仅仅是一条军事认知理论,它更是一条普遍的原则,可应用于生活的方方面面。关于军事的认知,孙子还提出了"先知""庙算"等重要概念。《用间》篇云:"明君贤将所以动而胜人,成功出于众者,先知也。"这种先知并不是先天的知道,而是事先的知道,而这正是知彼知己。《计》篇云:"夫未战而庙算胜者,得算多也;未战而庙算不胜者,得算少也。"庙算不是关起门来的纸上谈兵而是对战前军事形势的客观把握。在这里,孙子坚持了征战的计划性、认知的能动性的军事认识论。

"不战而屈人之兵"的境界论。《谋攻》篇讲:"凡用兵之法……不战而屈人之兵,善之善者也。"在孙子看来,最高的境界不是把别人打败,而是尽量通过谋略和外交来解决问题,即《谋攻》篇所讲"故上兵伐谋,其次伐交,其次伐兵,其下攻城。攻城之法为不得已。"那么问题就来了,既然不主战为何还要治军强兵呢?在他们看来,这种强兵之路必然会导致战争主义,而真相恰恰不是。这种观点忽视了手段和结果的条件性——治军强兵不一定导致战争主义,导致战争主义的是对治军强兵的"左"的倾向和极端化使用,这种错误就和中国强大了就要走侵略扩张之路一样荒谬。可以说治军强兵是这种"不战而屈人之兵"境界的条件和基础,因为只有你自己强盛了,别人才有可能畏惧进而通过别的而不是战争的手段解决问题。《火攻》篇讲到"非利不动,非得不用"。这就从另一方面说明了治军强兵的目的绝不是为了打仗,而是为了达到一定的政治目的,可以说战争只是达到目的的手段,但是由于战争会荼毒百姓,故孙子不持战争主义的态度。

唯物主义倾向的军事观。《用间》篇云:"先知者不可取于鬼神,不可象于事,不可验于度,必取于人。"这强调了作战打仗时不可取效于鬼神,必须诉诸人事,这就否定了鬼神等一切神秘主义对战争的作用,肯定人事对战争的重要作用,坚持了唯物主义的倾向。与此同时,孙子强调"善战者,致人而不致于人",这就充分体现了人应在战争中发挥其主导性作用。这种观点在发挥人的能动性时并不否定客观环境的作用,甚至以这种环境为基础。《势》篇云:"故善战者,求之于势。"势就是战争双方发展的一种倾向和趋势,人只有任势才能"转圆石于千仞之山"。这就从朴素唯物主义的立场和观点分析了战争取胜的因素——主观条件与客观条件的结合。

战术上的方法论原则。孙子在《作战》篇中谈到战争的财力消耗时得出一个重要的结论:"故兵贵胜,不贵久。"所以在行军打仗时要打就打胜仗,不打无准备的仗。故孙子重视行军的速度,提倡"迂直之计",即是变迂为直。孙子还特别强调"气"和"势"的作用,即士兵的勇气和精神士气。认为"气"是战争取胜的关键因素。在具体的进攻战术上,孙子强调"火攻"的作用,"侵略如火",认为火攻是最有效的攻城方法。总之,孙子是在其丰富的实践经验基础上提出他的方法论战术思想的,这在现代化的今天仍有重要的借鉴意义。

【经典背诵】

1. 孙子曰:兵者,国之大事,死生之地,存亡之道,不可不察也。(《计》)
2. 故上兵伐谋,其次伐交,其次伐兵,其下攻城。(《谋攻》)
3. 故其疾如风,其徐如林,侵掠如火,不动如山,难知如阴,动如雷震。(《军争》)
4. 投之亡地然后存,陷之死地然后生。(《九地》)
5. 非利不动,非得不用,非危不战。主不可以怒而兴师,将不可以愠而致战;合于利而动,不合于利而止。(《火攻》)
6. 故不尽知用兵之害者,则不能尽知用兵之利也。(《作战》)

【思考题】

1. 阐述《孙子兵法》中的军事辩证法观念。
2. 简要论述《孙子兵法》中的军事认知理论。

《大学》

【作品简介】

《大学》作为四书之一,原本只是《礼记》中的一个篇目。到了宋明理学时代,程明道认为它是"孔氏之遗书,而初学入德之门";朱熹认为它是"古者大学教人之法,圣经贤传之指""外有以极其规模之大,而内有以尽其节目之详者也"。所以,《大学》一书到了宋代地位逐渐提高,许多理学家从理学角度对《大学》作了经典的诠释,突出格物穷理之说,成为官方的教科书,使此书的价值得以普世。

关于《大学》之名,大致有三种解释。一、博学之意,郑玄《礼记目录》载:"名曰《大学》者,以其记博学可以为政也。"二、大人之学,朱熹《四书章句集注》言:"大学者,大人之学。"三、成年人之学校,依据朱熹语"古者大学教人之法"推断。在此,黄怀信在其《大学中庸讲义》中提到大学为成年人之学校一说较为可靠。因为,假如为博学、大人之学之意,那么开篇首句"大学之道……"翻译起来就不圆融了。而且,同样的概念也在《礼记·学记》中提道:"古之教者,家有塾,党有庠,术有序,国有学。"可见,大学就是国家级别的、最高的教育机构。

至于《大学》的作者亦是众说纷纭,比较权威的是朱熹所讲,他认为大学共分为十一章,首章为"经",这部分是孔子所讲,曾子记述的。其他的十章为"传",是曾子对"经"的解释和阐发,为曾子门徒所著。此种观念比较符合历史,但是我们应当注意,朱熹对此解释必定会站在儒学"道统"的立场上,曾子为孔子学生,又是孔子的孙子子思的老师,这样下来,整个儒学谱系的结构就清晰了。所以,朱熹不免有此"护道"的嫌疑。

《大学》的结构非常清晰,共十一章,首章为根本,其他章都是对此章的解释。所以,其主旨亦可通过研究首章而得,即通过诚意、正心、格物、致知、修身的内圣之道开出齐家、治国、平天下的外王之道,这也是所谓的"八条目"。对这些条目起统领作用的是明明德、亲民、止于至善的"三纲领"。

【原典选读】

大学之道,在明明德,在亲民,在止于至善。知止而后有定,定而后能静,静而后能安,安而后能虑,虑而后能得。物有本末,事有终始,知所先后,则近道矣。古之欲明明德于天下者,先治其国,欲治其国者,先齐其家;欲齐其家者,先修其身;欲修其身者,先正其心;欲正其心者,先诚其意;欲诚其意者,先致其知,致知在格物。物格而后知至,知至而后意诚,意诚而后心正,心正而后身修,身修而后家齐,家齐而后国治,国治而后天下平。自天子以至于庶人,壹是皆以修身为本。其本乱而末治者否矣。其所厚者薄,而其所薄者厚,未之有也。此谓知本,此谓知之至也。

所谓诚其意者,毋自欺也。如恶①恶臭,如好好色,此之谓自谦。故君子必慎其独也。小人闲居为不善,无所不至,见君子而后厌然,掩其不善,而著其善。人之视己,如见其肝肺然,则何益矣。此谓诚于中形于外。故君子必慎其独也。曾子曰:"十目所视,十手所指,其严乎!"富润屋,德润身,心广体胖,故君子必诚其意。《诗》云:"赡彼淇澳,绿竹猗猗,有斐君子,如切如磋,如琢如磨,瑟兮僩兮,赫兮喧兮,有斐君子,终不可谖兮。"如切如磋者,道学也;如琢如磨者,自修也;瑟兮僩兮者,恂慄②也;赫兮喧兮者,威仪也;有斐君子,终不可谖兮者,道盛德至善,民之不

---

① 恶(wù):做动词使用,厌恶。
② 恂慄:惊恐、畏惧之意。

能忘也。《诗》云:"於戏!前王不忘。"君子贤其贤而亲其亲,小人乐其乐而利其利,此以没世不忘也。《康诰》曰:"克明德。"《大甲》曰:"顾諟天之明命。"《帝典》曰:"克明峻德。"皆自明也。汤之《盘铭》曰:"苟日新,日日新,又日新。"《康诰》曰:"作新民。"《诗》曰:"周虽旧邦,其命维新。"是故君子无所不用其极。《诗》云:"邦畿千里,维民所止。"《诗》云:"缗蛮黄鸟,止于丘隅。"子曰:"于止,知其所止,可以人而不如鸟乎?"《诗》云:"穆穆文王,于缉熙敬止。"为人君止于仁,为人臣止于敬,为人子止于孝,为人父止于慈,与国人交止于信。子曰:"听讼,吾犹人也,必也使无讼乎!"无情者不得尽其辞,大畏民志,此谓知本。

所谓修身在正其心者,身有所忿懥①则不得其正,有所恐惧则不得其正,有所好乐则不得其正,有所忧患则不得其正。心不在焉,视而不见,听而不闻,食而不知其味,此谓修身在正其心。

所谓齐其家在修其身者,人之其所亲爱而辟焉,之其所贱恶而辟焉,之其所畏敬而辟焉,之其所哀矜而辟焉,之其所敖惰而辟焉。故好而知其恶,恶而知其美者,天下鲜矣。故谚有之曰:"人莫知其子之恶,莫知其苗之硕。"此谓身不修,不可以齐其家。

所谓治国必齐其家者,其家不可教,而能教人者无之。故君子不出家而成教于国。孝者,所以事君也;弟者,所以事长也;慈者,所以使众也。《康诰》曰:"如保赤子。"心诚求之,虽不中,不远矣。未有学养子而后嫁者也。一家仁,一国兴仁;一家让,一国兴让;一人贪戾,一国作乱,其机如此。此谓一言偾事,一人定国。尧舜率天下以仁,而民从之;桀纣率天下以暴,而民从之。其所令,反其所好,而民不从。是故君子有诸己而后求诸人,无诸己而后非诸人。所藏乎身不恕,而能喻诸人者,未之有也。故治国在齐其家。《诗》云:"桃之夭夭,其叶蓁蓁②,之子于归,宜其家人。"宜其家人而后可以教国人。《诗》云:"宜兄宜弟。"宜兄宜弟,而后可以教国人。《诗》云:"其仪不忒,正是四国。"其为父子兄弟足法,而后民法之也。此谓治国在齐其家。

所谓平天下在治其国者,上老老而民兴孝,上长长而民兴弟,上恤孤而民不倍,是以君子有絜矩之道也。所恶于上,毋以使下;所恶于下,毋以事上;所恶于前,毋以先后;所恶于后,毋以从前;所恶于右,毋以交于左;所恶于左,毋以交于右,此之

---

① 忿懥(zhì):愤怒之意。
② 蓁(zhēn)蓁:浓密茂盛的样子。

谓絜矩之道①。《诗》云："乐只君子,民之父母。"民之所好好之,民之所恶恶之,此之谓民之父母。《诗》云："节彼南山,维石岩岩,赫赫师尹,民具尔瞻。"有国者不可以不慎,辟则为天下僇矣。《诗》云："殷之未丧师,克配上帝,仪监于殷,峻命不易。"道得众则得国,失众则失国。是故君子先慎乎德,有德此有人,有人此有土,有土此有财,有财此有用。德者本也,财者末也。外本内末,争民施夺,是故财聚则民散,财散则民聚。是故言悖而出者,亦悖而入;货悖而入者,亦悖而出。《康诰》曰："惟命不于常。"道善则得之,不善则失之矣。《楚书》曰："楚国无以为宝,惟善以为宝。"舅犯曰："亡人无以为宝,仁亲以为宝。"《秦誓》曰："若有一个臣,断断兮,无他技,其心休休焉,其如有容焉。人之有技,若己有之;人之彦圣,其心好之,不啻②若自其口出。实能容之,以能保我子孙黎民,尚亦有利哉!人之有技,媢嫉以恶之;人之彦圣,而违之俾不通。实不能容,以不能保我子孙黎民,亦曰殆哉!"唯仁人放流之,迸诸四夷,不与同中国。此谓唯仁人为能爱人,能恶人。见贤而不能举,举而不能先,命也;见不善而不能退,退而不能远,过也。好人之所恶,恶人之所好,是谓拂人之性,菑必逮夫身。是故君子有大道,必忠信以得之,骄泰以失之。生财有大道,生之者众,食之者寡,为之者疾,用之者舒,则财恒足矣。仁者以财发身,不仁者以身发财。未有上好仁而下不好义者也,未有好义其事不终者也,未有府库财非其财者也。孟献子曰："畜马乘,不察于鸡豚;伐冰之家,不畜牛羊;百乘之家,不畜聚敛之臣。与其有聚敛之臣,宁有盗臣。"此谓国不以利为利,以义为利也。长国家而务财用者,必自小人矣。彼为善之,小人之使为国家,菑害并至。虽有善者,亦无如之何③矣。此谓国家不以利为利,以义为利也。

【思想概要】

《大学》三纲领下的文化考究。《大学》首句就讲到"大学之道,在明明德,在亲民,在止于至善。"前文我们已经提到,所谓大学就是国家最高的教育机构,这个最高学府的职能就是"明明德,亲民,止于至善"。明明德即弘扬光明正大的品德,这是从主体自我的角度讲的,是内在品格的自我彰显。在此,我们应当注意,《大学》

---

① 絜(xié)矩之道:度量之意。矩:画矩形所用的尺子,是规则、法度之意。絜矩之道:儒家的伦理思想,指一言一行要有模范作用。
② 不啻(chì):不只是。
③ 无如之何:拿它没有办法。

是思孟学派的代表著作,所以我们要有意识地联系孟子的心性之学。孟子讲人的内心即具有道德良知,一心即具四端之心,所以与之相对应的修养方法不在于外部的执着而在于内心的感悟和求索。所以我们在理解《大学》中的"明明德"的时候就可以这么理解:这个"明德"是我们主体自身就具有的,只是由于主体后天的气禀才使得人先天具有的明德难以表现。所以,我们要注重对自身的修养,从内心的道德意识出发,而不是从外部寻找原因去光大德性。总而言之,只有通过良好的教育,把自身内在清净无染的本性彰显出来,才能成为一个真实无妄的人。明明德就是要以一种自我启蒙,去掉那些蒙蔽心灵的污秽之物,从而进一步把美好的德性光大出来。"亲民"按照伊川先生的讲法就是"新民",即革新普通的百姓。这种亲民的观点就是在明明德的基础上,推己及人的公共意识。当主体道德比较完备以后,我们需要进一步惠泽大众,去启蒙那些民智未开的百姓,使他们的自我也能得到完善和发展。这也是孔子所提倡的"仁"的内在要求——"己欲立而立人,己欲达而达人"。通过自身的修养和推己及人的公共意识我们就可以达到"至善"的境界了。由此我们可以看出作为《大学》之纲领其本身亦是循序渐进的过程,它描绘了由自我开向社会再开向至高境界的图景。至善就是最高的善,这已经超越了具体的道德、伦理之善的意义,已然具有了本体意义。

《大学》八条目下的方法论研究。在这里需要对三纲领和八条目的关系做一简要论述。三纲领起着统领作用,八条目是具体的方法论展开。二者不是孤立的,而是相互联系不可分割的。二者在区别的同时亦有联系,即三纲领的展开顺序和八条目一致,都是由内圣到外王的展开。此亦是一条成圣、成贤的进阶途径,古代的仁人志士无不依此来修养心性、入仕社会。《大学》云:"自天子以至于庶人,壹是皆以修身为本。其本乱而末治者否矣。"这就是讲在这八条目中,根本和基础就是"修身",这是展开内圣外王的前提。内圣外王的结构在古代社会亦是一种理想和向往,其目的就是通过每个人内心的修养去塑造完美的国家、完美的社会制度。但是,这往往不是一个人就可以决定的,儒学的发展总是与政治相联系,换句话讲,是为政治服务的。所以,现代新儒学的发展亦是被这种结构限制住了。王岳川在《大学中庸讲演录》中提到"当代新儒家提出内圣开出新外王,是一种拯救利欲熏心之人的努力,但本身亦有局限性……内圣修为之学不一定能开出新外王",这就是讲"一个灵魂再善,如果没有一个健全良好的社会制度,他的善就不可能被他人接受……这个社会也就不可能达到良性循环"。

大学之道从总体上来说就是在培养君子,这在现代社会亦具有重要的道德意义和社会意义。大学之道就是君子应该具有的境界和品格,首先,君子不器。君子博学而内省,这就表明,君子不能只具有单方面的作用和功能。而且,君子不器另一个显著的特点就是君子可以反思,而那些小人却总是不得其道。不将自己本身作对象化的思考就不可以明己,不可以达人。其次,君子能知止。这里"止"可以有两种理解,一种是代表目的,另一种作动词使用,即停止。君子之道以完美的天下、大道为追求,从而转化成自身奋斗的动力。而且,对于事物的追求亦应有所止、有所定,我们的追求要恰如其分,不可过分求得外在的名誉、声望,力求做到无过无不及的中庸之道。最后,君子能推己及人发挥影响社会的作用,此亦是君子高度的公共意识的彰显。人总是处在一定的社会群体之中,所以其他人的命运与我们自身休戚相关,正所谓"一荣俱荣,一损俱损"。小人为己不为人,以"利"字当头;君子秉承大德,行仁施义,以义为先,故能邻里和睦、社会和谐,天下太平。君子忧道不忧贫,"为万世开太平"尽管风险重重,但君子的仁爱之心和舍己为人的榜样力量,定会以巨大的感染力和感召力号召每一位仁人志士投身于天下大同的社会构建中。

【经典背诵】

大学之道,在明明德,在亲民,在止于至善。知止而后有定,定而后能静,静而后能安,安而后能虑,虑而后能得。物有本末,事有终始,知所先后,则近道矣。古之欲明明德于天下者,先治其国,欲治其国者,先齐其家;欲齐其家者,先修其身;欲修其身者,先正其心;欲正其心者,先诚其意;欲诚其意者,先致其知,致知在格物。物格而后知至,知至而后意诚,意诚而后心正,心正而后身修,身修而后家齐,家齐而后国治,国治而后天下平。自天子以至于庶人,壹是皆以修身为本。其本乱而末治者否矣。其所厚者薄,而其所薄者厚,未之有也。此谓知本,此谓知之至也。

【思考题】

1. 简述《大学》的现代价值。
2. 论述《大学》内圣外王的成圣、成贤的途径。

《论语》

【作品简介】

　　《论语》是一部记录孔子及其弟子言行的著作，因孔子秉承述而不作的传统，故《论语》一书虽为孔子思想之荟萃，却是孔子的弟子及再传弟子编纂而成。关于"论语"二字从古至今解释颇多。最早提及的是班固，《汉书·艺文志》记载："《论语》者，孔子应答弟子时人及弟子相与言而接闻于夫子之语也。当时弟子各有所记。夫子既卒，门人相与辑而论纂，故谓之《论语》。"由此可见，"论"即是编纂之意，"语"即是对话的意思。根据唐明贵先生在其《论语学史》中所讲："由于班说义理周备，颇得其要，故此种解释为大多数学者所接受。"除此之外，许多学者不同意班固的看法，提出了"伦理说""追论说"等解释，在此不再赘述。

　　以上我们了解了《论语》一书的题目含义，对《论语》的作者及其性质进行了简要描述。但《论语》到底是什么时候成书，其成书过程以及最终出自何人之手我们还应做具体分析。《论语·卫灵公》曰："子张问行……子张书诸绅。"由此可知，子张把孔子回答的话都写在了大带子上，这说明孔子弟子确有做笔记的习惯。结合《史记·孔子世家》所载："孔子葬鲁城北泗上，弟子皆服三年。"正好在这三年之中，孔子的弟子们可以回忆当时孔子所说、所做从而进一步丰富这言行笔记。至于《论语》一书的最终成定者我们可以根据其内容得知。柳宗元指出："且是书载弟子必以字，独曾子、有子不然。由是言之，弟子之号之也。"这就是说，《论语》中，一般称孔子学生都用其字，而在讨论曾参和有若二人时称为曾子和有子，可见是曾子和有子的弟子所最终成定此书。然《论语》一书中亦有闵子骞、冉伯牛、冉求称子，但只是个别现象，不足为训。曾子在书中出现19次，无不称子。而曾子学生中以子思最为显著，子思亦为孔子孙子，所以，子思为《论语》的最终编订者最为可靠。《论语》所记载的最晚的一件事是曾子之死以及孟敬子问其疾。敬子为其谥号，必为其死后所封，其年不可考究，然《礼记·檀弓》云："悼公之丧，季昭子问于孟敬子……"可见，悼公死后，孟敬子犹存。悼公死于公元前429年，故《论语》成书上限为此。另外，最早提到《论语》一书的是《礼记·坊记》，此篇作者为子思，而子思死于公元前402年，故这应是《论语》成书下限。总而言之，《论语》成书大致在公元前429到公元前402年之间。

作为反映至圣先师思想的著作,《论语》可以说是中华文明的历史长河中的一颗璀璨明珠。其中共有20篇,涉及学习、政治、礼仪、仁道、教育、处世等多方面的思想内容,不仅是中华经典中的源头活水,更对世界各民族的文化产生重要影响,从古至今,无不如此。唐代薛放云:"《论语》者,五经之𫐐辖,六艺之喉衿也。"明杨宗吾又说:"六经譬则山海,《论语》其泛海之航,上山之阶乎?"由此可见,历来的文人墨客无不高度评价《论语》,在当代对《论语》的研读和学习有助于提高自身的文化修养和道德水平,从而进一步提高民族的文化凝聚力和向心力。

【原典选读】

《学而》

1. 子曰:"学而时习之,不亦说①乎?有朋自远方来,不亦乐乎?人不知而不愠,不亦君子乎?"

2. 有子曰:"其为人也孝弟②,而好犯上者,鲜矣;不好犯上,而好作乱者,未之有也。君子务本,本立而道生。孝弟也者,其为仁之本与!"

3. 子曰:"巧言令色,鲜③矣仁!"

4. 曾子曰:"吾日三省吾身,为人谋而不忠乎?与朋友交而不信乎?传不习乎?"

5. 子曰:"道千乘之国,敬事而信,节用而爱人,使民以时。"

6. 子曰:"弟子入则孝,出则悌,谨而信,泛爱众,而亲仁。行有余力,则以学文。"

7. 子夏曰:"贤贤易色;事父母,能竭其力;事君,能致其身;与朋友交,言而有信。虽曰未学,吾必谓之学矣。"

8. 子曰:"君子不重④则不威⑤;学则不固。主忠信,无友不如己者。过则勿惮改。"

---

① 说:通"悦",愉悦、高兴的样子。
② 弟:通"悌",指敬爱兄长。
③ 鲜:少有。
④ 重:庄重。
⑤ 威:威仪。

9. 曾子曰:"慎终追远,民德归厚矣。"

10. 子禽问于子贡曰:"夫子至于是邦也,必闻其政,求之与?抑与之与?"子贡曰:"夫子温、良、恭、俭、让以得之。夫子之求之也,其诸异乎人之求之与?"

11. 子曰:"父在,观其志;父没,观其行;三年无改于父之道,可谓孝矣。"

12. 有子曰:"礼之用,和为贵。先王之道,斯为美;小大由之。有所不行,知和而和,不以礼节之,亦不可行也。"

13. 有子曰:"信近于义,言可复也。恭近于礼,远耻辱也。因不失其亲,亦可宗也。"

14. 子曰:"君子食无求饱,居无求安,敏于事而慎于言,就有道而正焉,可谓好学也已。"

15. 子贡曰:"贫而无谄,富而无骄,何如?"子曰:"可也。未若贫而乐,富而好礼者也。"子贡曰:"《诗》云:'如切如磋,如琢如磨',其斯之谓与?"子曰:"赐也,始可与言《诗》已矣,告诸往而知来者。"

16. 子曰:"不患人之不己知,患不知人也。"

【思想概要】

纵观《论语》一书的内容,其反映的孔子的思想大致分为四个模块,即对天命、鬼神的态度,政治思想,道德修养思想和教育思想,下面将具体论述之。

对天命、鬼神的态度。天命思想源远流长,其大致发显于夏朝,经过三代统治的不断丰富具有了不少现实的内容,比如爱民、保民等人文因素。孔子作为三代文化的总结者必定受到这种文化的影响,这种天命的矛盾思想自然就反映在孔子的言语中。为什么说天命是矛盾的,这是因为天命观不再只是单纯的命定性因素,其中亦有人类主体的能动性。随着人类主体精神的萌芽,人们不再一味地觉得人与天的关系是决定与被决定的关系,人神关系(天人关系)是动态互动的过程,即天人合一。所以我们在《论语》中会看到关于天命、鬼神的不一致的看法。一方面说"获罪于天,无所祷也""祭如在,祭神如神在",另一方面又强调"五十而知天命(人可以认识和利用天命)""子不语怪、力、乱、神"。这看似是矛盾的,然而具体分析就会发现,这种观点恰恰是对天命、鬼神的全面认识,是对天的必然性与人的能动性的统一。对鬼神的肯定和怀疑亦是在不同情景中产生的,不可一概而论。而且,这种人与天的矛盾并不是对抗性的,人可以通过主体的精神实现天与人的合一,实现必然性与能动性的合一。总的来说,孔子对天命的看法并不代表其有宗教旨趣,其落脚点在于人生的价值和意义。在孔子看来,人需要在那个动荡不安的世界里寻求自我安身立命的根本,需要解释自我的价值和意义。这时候的天就是主宰之天,它可以给予人类一种精神慰藉。当然孔子对天的理解多样,有主宰之天、运命之天和自然之天。

政治思想。《论语》一书涉及丰富的政治统治思想,其大体包括以下三个方面。第一,统治者治国的总体纲领是"为政以德"。《为政》篇云:"为政以德,譬如北辰,居其所而众星共之。"这就是说,统治者如果按照"德"的标准来治理国家,其本人就会像北极星一样安居其位,各级官员都会周到地做应该做的事。此时,君主就没有什么可顾虑的了。表现在政治统治的过程中就是"道之以德,齐之以礼"而非"道之以政,齐之以刑"。孔子对此做出了区分,以德、礼化民就会使百姓从内心的道德深处彻悟,是一种由内而外的道德自我约束;以政、刑化民就只是使百姓因为外在的约束而产生内心的害怕,其没有根本解决问题。第二,从治国的主体来讲,统治者要严于律己。《颜渊》篇云:"政者,正也。子帅以正,孰敢不正?"《子路》篇亦云:"其身正,不令而行;其身不正,虽令不从。"总的来说,统治者要想治理国家,自己首先要为人正直,行为端正。因为,统治者是一国之代表,其德性直接影响民众的德性,正所谓"上行下效"。第三,治国基本方法在于"爱民""富民""教民"。《子路》篇载孔子到卫国,赞叹人口众多,冉有问人口多了以后该怎么办,孔子答"富之",即使百姓富庶;继而又问百姓富足之后又该如何,孔子答"教之"。在此,孔子在客观上描述了治国的具体过程与核心,即以民为核心,关心百姓的利益和要求,发展生产使人民富庶,然后在此基础上教育百姓,提高他们的文化素质。

道德修养思想。个人的道德修养是孔子最注重的环节,人不立则国不立,修身是治国、平天下的基础和前提。首先,孔子对比了义与利的关系。《里仁》篇讲:"君子喻于义,小人喻于利。"由此可见,孔子注重人的道德情操——义,而非人之间的利害关系——利。在孔子看来,义是人的一个内在要求,可以说没有了义人就不能称其为人,与野兽无异。其次,孔子又对"和"与"同"做了对比。《子路》篇讲到"君子和而不同,小人同而不和",和同关系早在史伯就有相当的论述,孔子在这继承了古代圣贤的以和为贵的思想,但是孔子将其引用到了道德领域,赋予了"和"与"同"以价值意义,并反映到君子与小人的对比上。再次,《为政》篇讲"君子不器",这就是说君子不能像器物一样只具有单一的作用,君子必须具备多种才能,追求道德修养的全面发展。既然道德修养如此重要,那么孔子启示我们应如何提高道德修养? 在孔子看来,道德修养需要做到"博学""内省""笃行"三法。博之以文,广泛地学习,用礼来约束自己;注重内心的反省,对生活反思才能知得失、明不足;将理论应用于实践,在道德践履中完成自我发展、自我超越。

教育思想。孔子被誉为"万世师表",开启了私人讲学的风格,可谓桃李满天下,故积累了丰厚的教学经验,《论语》对此亦有较多的论述。首先,从教学主体——老师方面讲,孔子提倡"因材施教"的教学方法,主张根据不同类型的学生采取与其相适应的教育方法。例如,在《颜渊》篇就提到颜渊、仲弓和司马牛三人问仁于孔子,孔子对颜渊和仲弓的回答是"克己复礼""己所不欲,勿施于人",而对司马牛的回答则是"其言也讱",和前两者相比,司马牛的知识、道德水平显然不如,故孔子依据其自身的特点来选择施教内容。其次,从受学主体——学生的层面讲,孔子提倡"好学乐知""学思结合"。对于知识的来源,孔子称有生而知之者,有学而知之者,然其要旨在于强调学的重要性。求学的基本态度应该是实事求是,即"知之为知之,不知为不知"。在学习的过程中要时常反思,坚持学与思的结合,正所谓"学而不思则罔,思而不学则殆"。从学习的境界上讲即"食无求饱,居无求安,敏于事而慎于言,就有道而正焉"。在学上要多动手、动脑,积极将所学与生活实践相结合,做"行动的巨人"。与此同时,孔子还将学习与入仕做官联系起来,即"君子儒"。将自己的政治理想投身于社会的改革中,实现个人发展和社会需要的统一,这亦是教育社会价值的体现。

【经典背诵】

子曰:"学而时习之,不亦说乎?有朋自远方来,不亦乐乎?人不知而不愠,不亦君子乎?"

子曰:"温故而知新,可以为师矣。"

子曰:"学而不思则罔;思而不学则殆。"

子曰:"由,诲女知之乎?知之为知之,不知为不知,是知也。"

子贡问曰:"孔文子何以谓之'文'也?"子曰:"敏而好学,不耻下问,是以谓之'文'也。"

子曰:"默而识之,学而不厌,诲人不倦,何有于我哉!"

子曰:"三人行,必有我师焉;择其善者而从之,其不善者而改之。"

子曰:"知之者不如好之者,好之者不如乐之者。"

子在川上,曰:"逝者如斯夫,不舍昼夜。"

子曰:"吾尝终日不食,终夜不寝,以思,无益,不如学也。"

【思考题】

1. 试论述孔子是如何把对天命的敬畏与人的内在道德性结合起来的。
2. 探讨孔子的仁的思想。
3. 简要概括孔子的方法论。

《孟子》

【作品简介】

孟子,名轲,字子舆(一说字子车或子居),战国时期邹邑(今山东省邹城东南)人,生于周烈王四年(公元前372年),卒于赧王二十六年(公元前289年),享年83岁。其相传为鲁国贵族孟孙氏的后代,并于早年接受母亲严格的教育,史称"孟母三迁",因此具有良好的家庭教育;魏晋时,史学家以孟荀并称,承儒家孔子之道;唐代韩愈提出"道统说",说及孟子是孔子的继承人;宋代时,世人称其为"亚圣"。

孟子少时便具有深厚的思想,后又受业于子思的门人,学习孔子之道,以"乃所愿,则学孔子也"(《孟子·公孙丑上》)为旨而于道通之后,游历于齐、梁、宋、滕、魏、楚等国。因当时战国时期封建制度基本建立,七雄争霸,各个诸侯国纷纷变法图强以实现天下的统一,"当是之时,秦用商君,富国疆兵;楚、魏用吴起,战胜弱敌;齐威王、宣王用孙子、田忌之徒,而诸侯东面朝齐。天下方务于合从连横,以攻伐为贤"。(《史记·孟子荀卿列传》)孟子在政治上曾任齐宣王与梁惠王的客卿,以天下逐利与百姓困于虐政为主要问题,提出"仁政"思想以解决当时的混乱局面,虽曾有为卿于齐而受"后车数十乘,从者数百人"的盛况,但因时事却不被任用。

晚年,乃退于教育与万章、公孙丑等著书立说,序《诗》《书》,阐述儒家思想,著成《孟子》七篇。孟子以"杨墨之道不息,孔子之道不著,是邪说诬民,充塞仁义也"(《滕文公下》)为由,并且以舍我其谁的风范,主张"正人心,息邪说,距诐行,放淫辞,以承三圣者"以兴儒家之道。其思想丰富,以性本善明确人性问题,主张通过存心养性来提高自身的道德修养,最终实现内圣外王的"仁政"治国思想。本篇着重讲孟子顺承孔子"性相近,习相远"与子思"天命之谓性与诚"的思想,通过与告子的人性辩论,进而建构完善的人性观——性本善,并提出一套合理的道德修养方法。

【原典选读】

告子章句上(节选)

一

告子①曰:"性犹杞柳②也,义犹桮棬③也;以人性为仁义,犹以杞柳为桮棬。"

孟子曰:"子能顺杞柳之性而以为桮棬乎?将戕贼杞柳而后以为桮棬也?如将戕贼杞柳而以为桮棬,则亦将戕贼人以为仁义与?率天下之人而祸仁义者,必子之言夫!"(第一章)

二

告子曰:"性犹湍水也,决诸东方则东流,决诸西方则西流。人性之无分于善不善也,犹水之无分于东西也。"

孟子曰:"水信无分于东西,无分于上下乎?人性之善也,犹水之就下也。人无有不善,水无有不下。今夫水,搏而跃之,可使过颡④;激而行之,可使在山。是岂水之性哉?其势则然也。人之可使为不善,其性亦犹是也。"(第二章)

三

告子曰:"生之谓性。"

孟子曰:"生之谓性也,犹白之谓白与?"

曰:"然。"

"白羽之白也,犹白雪之白;白雪之白犹白玉之白欤?"

曰:"然。"

"然则犬之性犹牛之性,牛之性犹人之性欤?"(第三章)

---

① 告子:姓告,名不害。
② 杞(qǐ)柳:落叶灌木,生在水边,枝条可以编箱、笼、筐、篮等物。
③ 桮棬:桮,音 bēi,通"杯";棬,音 quān,坯胎。桮棬:用杞柳的枝条编成坯胎以后,再用漆等物加工制成杯盘。
④ 颡:音 sǎng,额头,脑门子。

四

告子曰:"食色,性也。仁,内也,非外也;义,外也,非内也。"

孟子曰:"何以谓仁内义外也?"

曰:"彼长而我长之,非有长于我也①;犹彼白而我白之,从其白于外也,故谓之外也。"

曰:"异于白马之白也,无以异于白人之白也;不识长马之长也,无以异于长人之长欤?且谓长者义乎?长之者义乎?"

曰:"吾弟则爱之,秦人之弟则不爱也,是以我为悦者也,故谓之内。长楚人之长,亦长吾之长,是以长为悦者也,故谓之外也。"

曰:"耆秦人之炙②,无以异于耆吾炙,夫物则亦有然者也,然则耆炙亦有外欤?"(第四章)

五

公都子曰:"告子曰:'性无善无不善也。'或曰:'性可以为善,可以为不善;是故文武兴,则民好善;幽厉兴,则民好暴。'或曰:'有性善,有性不善;是故以尧为君而有象;以瞽瞍为父而有舜;以纣为兄之子,且以为君,而有微子启、王子比干。'今曰'性善',然则彼皆非欤?"

孟子曰:"乃若其情,则可以为善矣,乃所谓善也。若夫为不善,非才③之罪也。恻隐之心,人皆有之;羞恶之心,人皆有之;恭敬之心,人皆有之;是非之心,人皆有之。恻隐之心,仁也;羞恶之心,义也;恭敬之心,礼也;是非之心,智也。仁义礼智,非由外铄我也,我固有之也,弗思耳矣。故曰,'求则得之,舍则失之。'或相倍蓰而无算者④,不能尽其才者也。《诗》曰:'天生蒸民,有物有则。民之秉彝,好是懿德。'⑤孔子曰:'为此诗者,其知道乎?故有物必有则,民之秉彝也,故好是懿德。'"(第六章)

---

① 彼长而我长之,非有长于我也:对方年长而我尊敬他,并不是因为我内心本来有尊敬长者的心。
② 耆:通"嗜",嗜好;炙:烤肉。
③ 才:通"材",材质。
④ 或相倍蓰(xǐ)而无算者:蓰,五倍。在这里指人与人之间有相差一倍、五倍甚至是无数倍的。
⑤ 天生蒸民,有物有则。民之秉彝,好是懿德:引自《诗经·大雅·蒸民》,蒸民,众民;彝,音yí,常规;懿,美好。

六

孟子曰："仁,人心也;义,人路也。舍其路而弗由,放其心而不知求,哀哉!人有鸡犬放,则知求之;有放心而不知求。学问之道无他,求其放心而已矣。"(第十一章)

七

公都子问曰："钧①是人也,或为大人,或为小人,何也?"

孟子曰："从其大体为大人,从其小体为小人。"②曰"钧是人也,或从其大体,或从其小体,何也?"曰:"耳目之官不思,而蔽于物。物交物③,则引之而已矣。心之官则思,思则得之,不思则不得也。此天之所与我者。先立乎其大者,则其小者弗能夺也。此为大人而已矣。"(第十五章)

【思想概要】

儒家思想的人性论的问题——孔子的"性相近,习相远",主张人与人之间本性相近,只不过后天环境的影响使得人与人之间表现为善与恶的分化。在此,孔子并未对人性本身是善还是恶做出明确的规定,因此为后世儒学的研究者提供了可研究的领域。至子思主张"天命之谓性"以及"喜怒哀乐未发,谓之中"并且以"诚"作为天道,虽然对于人性有了一定的偏向,但更多的是实现了人性与天的结合,为人性提供了形而上的支撑。孟子与荀子则对人性提出了明确的认知,孟子主张性本善,使人回归自我内心,形成了一种精神性的内在行事依据,"尽心—知性—知天",实现由天道回归人道,将人作为其核心,既显示了其现实性,对于现实问题的解决,也表现了他的道德理想主义色彩。

在《告子章句上》中告子与孟子对于人性进行了三个方面的探讨:一、人性善恶;二、"生之谓性";三、"仁内义外"。

一、"人性善恶"包含两个方面:(1)人性本身的属性问题;(2)人性形成的先后问题。自古以来,便形成了对人性的诸多看法,本性为善、本性为恶、性无善无恶、性有时善有时恶等等。告子以"杞柳可为桮棬"和"性无分于善恶与水之无分于东西",主张人性本无善无恶,只是由于后天环境的影响,才会分属为善与恶两部

---

① 钧:通"均"。
② 大体:心。小体:耳目之官。
③ 物交物:第一个物,指的是器官;第二个物,指的是客观事物,外在事物;交,接触。

分。孟子主张人性本身是善的,是自然而然地顺成下去的,只有在外部环境影响,即势之用之时,本性不得已而改变,杞柳可为桮棬并不是杞柳本身本性便是桮棬,只是在人为的情况下才可为桮棬;水可以不分东西,但是水流若流动便是向下而流,正所谓"水往低处流",而在地势或人为等的影响下则可以绕山而上,这些是后天作用的结果,因此孟子强调受后天环境改变而表现出来的人性并不是人真实的本性。他以"四心"(四端)——恻隐之心、羞恶之心、是非之心、辞让之心为核心,主张人本性便是善,仁义礼智皆在我内心之中,是先天具有的,并不是外在环境影响作用的结果,人本身便具有良知良能,从而形成了先验的道德性善论,为王阳明的"致良知"提供了理论依据。因此人本身是善的,这给予了每个人善性的可能性与普遍性,但是恶又是如何产生的呢?人性本善,求则得之,舍则失之,人皆因自我的主动抛弃而失去善性,这也给予了人主体选择性,具有很强的个体自由性。

二、"生之谓性"的问题:人性的自然性与社会性的问题。告子主张"生之谓性"与"食色,性也",人性是天生的自然而然客观的存在,并且主张人与禽兽之性并无不同,强调性的自然性,以及将人性解释为自然的欲望与追求;孟子在此则显示了其先进性,"人是社会关系的产物",人与禽兽最大的不同便是人有内在的"四心",虽然孟子主张"四心"是本来具有之物,是先验的,但是"四心"也是人类有意识的活动。因此,告子混淆了人与禽兽的区别,人与禽兽的区别并不在自然属性,而在于社会属性,人不仅追求自然欲望的满足,更在于有意识的实践。孟子虽然实现了对于人与禽兽的社会性区别的认识,但是将人与禽兽的区别以"四心"为主,转向人的内在精神,不具有现实性。

三、"仁内义外"的问题:告子主张"仁内义外",主张仁并不是一种爱人之心,而是一种自然欲望的满足,而自然欲望的需求来自内部,故"仁内";人对于年长的人的尊敬并不是出于自己的尊敬之心,而是像人们对于白色东西的认识是因为这个东西外表是白的,对于一件事物的处理是按照这件事物的外在标准来衡量而不是自我内心本身有标尺,因此"义外也"。但是一件事如何去做不仅要有外在标准,更要有内在标准,孟子提出"恻隐之心,仁也;羞恶之心,义也;恭敬之心,礼也;是非之心,智也。仁义礼智,非由外铄我也,我固有之也,弗思耳矣"。主张仁义礼智皆是本身固有的,并不能单纯地依靠外在事物导致自我的被动满足,而是要实现"思",认识自我的内心,以尽心知性,从而合理地处理事情。

虽然人本身具有"四心",即性善本质,但是在现实环境的影响下也会产生恶的可能性,因此,孟子提出了"存心养性"的方法以成善避恶。

一、"求其放心"与"反求诸己"的道德自觉与自律意识。人本身具有仁义礼智依存的"四心",则必然要返归于自己的内心,寻求内心的澄澈,进而领悟内心本是善的,实现对于内心道德的自觉。在实现领悟的基础上,便要顺成仁义礼智的道路进行外事的处理,使得生活不离其道,达到知行合一的状态。不仅要在处理事情上符合仁义礼智,而且要经常进行自我反省,即曾子所言"吾日三省吾身",实现对于事情与内心的反省,进而保持一贯的自我。

二、理性的道德意识——思。人本身固有的"四心"具有理性思考的功能,即孟子所言"良知良能",先验的道德意识与道德能力,"心之官则思,思则得之,不思则不得也"。心能够理性思考,促使人合理地处理事情,但是人们总是被耳目之官所遮蔽,即受感性经验的影响,从而对事物不能合理地分析,以此而形成"大人"与"小人"之分。因此,只有通过内心的理性思考,认识自我的内心,实现道德自觉与理性认识的统一,才能实现对于事物合理的处理,形成对于事物合理的价值判断。

【经典背诵】

1. 人性之善也,犹水之就下也。人无有不善,水无有不下。今夫水,搏而跃之,可使过颡;激而行之,可使在山。是岂水之性哉?其势则然也。人之可使为不善,其性亦犹是也。

2. 恻隐之心,人皆有之;羞恶之心,人皆有之;恭敬之心,人皆有之;是非之心,人皆有之。恻隐之心,仁也;羞恶之心,义也;恭敬之心,礼也;是非之心,智也。仁义礼智,非由外铄我也,我固有之也,弗思耳矣。

3. 仁,人心也;义,人路也。舍其路而弗由,放其心而不知求,哀哉!人有鸡犬放,则知求之;有放心而不知求。学问之道无他,求其放心而已矣。

4. 心之官则思,思则得之,不思则不得也。此天之所与我者。先立乎其大者,则其小者弗能夺也。此为大人而已矣。

5.《诗》曰:"天生蒸民,有物有则。民之秉彝,好是懿德。"

【思考题】

试述孟子与告子的人性论争辩以及孟子性善论的要旨。

《中庸》

【作品简介】

子思,姓孔,名伋,字子思,生于周敬王三十七年(公元前483年),卒于周威烈王二十四年(公元前402年),鲁国陬邑人。其相传为孔子之孙,孔鲤之子,曾受业于曾子。曾子因"吾日三省吾身"而为孔子言"参也鲁",传孔子衣钵"道一以贯之",得以著《大学》;子思上承曾子,下续孟子,与孟子并称"思孟学派",著《中庸》一书,深阐孔子中庸之道,开启孟子反身其诚,其地位在儒家道统起关键作用,其思想在儒家思想有承上启下和深度与广度的纵横。北宋徽宗年间,被追封为"沂水侯";元文宗至顺元年,被追封为"述圣公",后人称其为"述圣"。

《中庸》与《大学》皆选自《礼记》,后至南宋年间,朱熹将其分化为独立的篇章,与《孟子》《论语》合称为"四书"。其注释丰富,东汉郑玄、唐代孔颖达《礼记正义》,北宋程颢《中庸义》,程颐《中庸解义》,南宋朱熹《中庸章句》以及康有为《中庸注》等。在《汉书·艺文志》中录"《子思》二十三篇";而南朝梁沈约指出"《礼记》中的《中庸》《表记》《坊记》《缁衣》皆取于《子思子》"。《中庸》此篇文章产生的缘由是"子思子忧道学之失其传而作也"。面对礼崩乐坏的境况,主张人们秉持"无过无不及"之道,发挥自己内心的"诚"意,使中庸之道贯穿天人以相和,成己成物,并育万物。故《中庸》一书,一方面阐释了孔子"允执厥中"的处事之法,另一方面使人得其法,贯穿天地人三才之道,达到"致中和"的境界。

【原典选读】

天命之谓性,率性之谓道,修道之谓教。道也者,不可须臾离也,可离非道也。是故君子戒慎乎其所不睹,恐惧乎其所不闻①。莫见乎隐,莫显乎微。故君子慎其独也。喜怒哀乐之未发,谓之中;发而皆中节,谓之和;中也者,天下之大本也;和也者,天下之达道也。致中和,天地位焉,万物育焉。(第一章)

诚者,天之道也;诚之者,人之道也。诚者不勉而中,不思而得,从容中道,圣人

---

① 这句话指君子在别人看不见的地方也谨慎规范自我,在别人听不见的地方也保持敬畏之心。

也。诚之者,择善而固执之者也。博学之,审问之,慎思之,明辨之,笃行之。有弗学,学之弗能,弗措也①;有弗问,问之弗知,弗措也;有弗思,思之弗得,弗措也;有弗辨,辨之弗明,弗措也;有弗行,行之弗笃,弗措也。人一能之己百之,人十能之己千之。果能此道矣,虽愚必明,虽柔必强。(第二十章)

自诚明,谓之性;自明诚,谓之教。诚则明矣,明则诚矣。(第二十一章)

唯天下至诚,为能尽其性;能尽其性,则能尽人之性;能尽人之性,则能尽物之性;能尽物之性,则可以赞天地之化育;可以赞天地之化育,则可以与天地参矣。(第二十二章)

其次致曲②。曲能有诚,诚则形,形则著,著则明,明则动,动则变,变则化。唯天下至诚为能化。(第二十三章)

至诚之道,可以前知。国家将兴,必有祯(zhēn)祥。国家将亡,必有妖孽。见乎蓍(shī)龟,动乎四体③。祸福将至:善,必先知之;不善,必先知之。故至诚如神。(第二十四章)

诚者自成也,而道自道也。诚者物之终始,不诚无物。是故君子诚之为贵。诚者非自成己而已也,所以成物也。成己,仁也;成物,知也。性之德也,合外内之道也,故时措之宜也。(第二十五章)

故至诚无息。不息则久,久则征,征则悠远,悠远则博厚,博厚则高明。博厚,所以载物也;高明,所以覆物也;悠久,所以成物也。博厚配地,高明④配天,悠久无疆。如此者,不见而章,不动而变,无为而成。天地之道,可一言而尽也:其为物不贰,则其生物不测。天地之道:博也,厚也,高也,明也,悠也,久也。(第二十六章)

大哉圣人之道!洋洋乎!发育万物,峻极于天。优优⑤大哉!礼仪三百,威仪三千。待其人而后行。故曰苟不至德,至道不凝焉。故君子尊德性而道问学,致广大而尽精微,极高明而道中庸。温故而知新,敦厚以崇礼。是故居上不骄,为下不倍⑥,国有道其言足以兴,国无道其默足以容。《诗》曰:"既明且哲,以保其身。"其

---

① 弗,不。措,放弃。这句话是说,如果有不曾学习的地方,就要去学习,不学会誓不罢休。
② 其次致曲:其次(圣人之次,贤人),只是就某一方面用功,有所偏颇,但也能逐步达到诚。
③ 动乎四体:从人的手足动作表现吉凶征兆。
④ 高明:高大光明。
⑤ 优优:充足有余。
⑥ 倍:通"背",背弃。

此之谓与！（第二十七章）

【思想概要】

  "中庸"一词最早是孔子提出，见于《论语·雍也》，"子曰：'中庸之为德也，其至矣乎！'"孔子在此将中庸作为最高的德行，即"至德"。在"中庸"的含义上将其解释为一种无过无不及的方法。这就如同亚里士多德在美德问题上主张的"中"——"为恶的道路可以有多条，而为善的道路只有一条"。不过亚里士多德在"中"的问题上更多偏向人性美德的关怀，实现善恶问题上深度的延伸；而孔子主张的中庸则是在处事之上增添价值导向，因时因地因人使一件事情得到合理中正的处理与解决。

  在子思的《中庸》一篇中，实现了对两个问题的阐释：

  一则"中庸"是什么：一方面子思继承了孔子将"中庸"作为无过无不及的方法性指导——"贤者过之，愚者不及，道之不明也"。唯有符合中节适度的原则才能实现成圣得道；另一方面，子思将中庸的处事之方的价值意义，即人道方面延伸至天道，使得中庸获得本体论的意义，为人道取得了天道的支撑。将"喜怒哀乐之未发，谓之中；发而皆中节，谓之和"与"天命之谓性，率性之谓道，修道之谓教"相结合，喜怒哀乐未发之时，其情未动而随其性发展，人的本性又是天命赋予的道德善性。在此表现了"思孟学派"的一致性，在人性观上主张性善论的价值取向。因此，七情尚未因事而得到发挥，人随其本性处于中正平和的状态，由此则必然符合事物的中节之位，性在其本位，故为"中"；而其情的发挥自然而然符合事情本然的处理，即达到应然与实然的平衡，便是率性而为，实现"天—人—事"的合理贯穿，人就实现了自身的一贯性，不因事因物而干扰自我，能够明晰地把握事物的根本，那么对于事物的处理便会达到一种内在的和谐生机。在"中"与"和"的地位上，唯有把握"中"，实现对于本性的通透，才能从本性出发来处理事务；而把握"中"却不随其本性则无法达到真正的道的境界——圆融无碍地通彻自我与他物。只有实现"中"并且随其本性发挥才能实现"和"，即达道也。两者的完满结合，实现人物各当其位，处于自我的中正之地，达到万事万物的和谐生机之境。但是在"道"的理解上，人的本性是天赋予的，是永恒存在的，但是有的人能够顺成天性而自然行事，获得真正的"道"，即圣人，而有的人却因事因物蒙蔽自我，使自身偏离应然之道。因此，真正的"道"是永远存在的，不会因事因物而转移，只是本性是内含于本心的，只有人真正领悟到自己的本性——中正之道，才能获得真正的"道"。

二则何为"诚"之意："诚"被解释为真实无妄的意义，它是道德价值与道德理性的统一体，即真与善的统一，表现为自身对于自身的体知与落实。"诚"本身有三个含义：一是工夫论意义，即实现自身的善的道德本性的落实；二是本体论意义，即诚体，"诚者，天之道"，表现为仁者化育万物而流转的天理之存；三是境界论意义，即至诚如神。

1. 天道与人道分属圣人与普通人。"诚"作为天的一种本然状态，是天道，因此，天便是具有道德属性的存在，而天赋予人的是本性，实现了天的平等性以及人内在拥有"诚"的本性，进而为为人成圣提供了基础。如果人顺成天的本然自然而然地发展，则能达到自明的状态，合乎中庸之道并且符合自己的本性，那么便是圣人"自诚明"也，道德善性呈现的"先验主义"；然而人往往有其气质上的遮蔽，因事因物而不明自我，无法直接尽天命之性，所以要经过后天的修持工夫来领悟"诚"，便需要"修道之谓教"——博学之，审问之，慎思之，明辨之，笃行之，那么便是普通人"自明诚"也，工夫之循序渐进的"经验主义"。

2. "内圣外王"之道也。"诚"是天道，天的本然状态，也是人的本性得以生成与确立的根本，更是万事万物形成的原因与根源。因此，诚体赋予万事万物以道德善性，人们通过通彻自己得到的善性而反归自身，即"成己，仁也"，成就自己并不是自我的目的，孔子主张不仅要有"亲亲之仁"，更要有"一体之仁"，从而实现人上接承天性而下续自然之物与人事之物，把握万事万物之性以成物，从而实现"成物，知也"，达到天人相合与人物相合的贯穿，合内外之道。这体现了儒家与佛家的相通之处：孔子主张的亲亲之仁与一体之仁、子思主张的成己成物与佛家主张的度己度他，表现了奉献精神与圆融的包容性，万事万物本身相互贯通、处于和谐之境，只不过儒家是经世之和谐，佛家是离世之和谐。一方面，内圣也：尽己之性，自明其诚。另一方面，外王也：(1) 天人相合——通天之性，顺天之道；(2) 人物相合——尽物之性，成物之本；(3) 人事相合——以己之性，度物之中。它以"至诚如神"，主张任何事情的发生都有其征兆，在我国古代一直存在天命的依附，例如《吕氏春秋》载："凡帝王之将兴也，天必见祥乎下民。"在此，将"诚"作为万事万物得以存在的依据，表现了人可以通过把握"诚"，合理地处理万事万物与国家政治，展现了内在道德本体与神秘主义的结合、现实性与神秘性的结合。

【经典背诵】

1. 天命之谓性,率性之谓道,修道之谓教。
2. 喜怒哀乐之未发,谓之中;发而皆中节,谓之和;中也者,天下之大本也;和也者,天下之达道也。致中和,天地位焉,万物育焉。
3. 诚者,天之道也;诚之者,人之道也。
4. 自诚明,谓之性;自明诚,谓之教。诚则明矣,明则诚矣。
5. 博学之,审问之,慎思之,明辨之,笃行之。
6. 故君子尊德性而道问学,致广大而尽精微,极高明而道中庸。

【思考题】

1. 阐释子思的"中庸"观点。
2. 论述子思"诚"的思想。

《墨子》

【作品简介】

墨家是在春秋与战国之际崛起的诸子学派,曾与儒家并为当世"显学",韩非在其《韩非子》一书中著"显学篇"以论述儒墨两派,故墨学在先秦的地位可见一斑。这样一来就不得不对墨家的起源问题做一考究。冯友兰在《中国哲学史》附录的"原儒墨"中写道:"在贵族政治未崩溃以前,出兵打仗,贵族即将帅,庶民即兵士。及贵族政治崩溃以后,失业之人乃有专以帮人打仗为职业之武专家,即上述之侠士,此等人自有其团体,自有其纪律。墨家即自此等人出。"盖墨家出于武士,而儒家出于文士,由此一来,儒墨之地位显矣。墨家学派在先秦的发展分为两个阶段,第一个即上述起源阶段,第二个即战国时的墨家。《韩非子·显学篇》云:"自墨子之死也,有相里氏之墨,有相夫氏之墨,有邓陵氏之墨。"由此墨家一分为三,由于受到当时辩者与好辩风气的影响,后期墨家多讨论名理问题,进一步深化了知识论体系。

《墨子》一书共计53篇,依据梁启超和胡适的看法可分为5类,即《墨经》,"墨论""杂论""墨语"和"墨守"。此5类并非出自墨子本人,在那个时代"述而不作"并非儒者之风格,而是时代之特色;作者并非墨子,还可从《墨子》语言之特色凸显——书中多言"子墨子"意谓"我们这个学派的老师墨子"。如果墨子亲著是不会出现这种不合逻辑的用语的。此5类皆是墨子弟子及后学记述编纂而成,因此《墨子》是集体创作而成,其时间跨度大致为战国初至战国末。《墨经》是后期墨家的作品,主要记述了墨者对逻辑问题的探讨,对重要的逻辑概念和逻辑命题做出了阐释、说明。"墨论"就是代表墨子哲学思想的部分,包括"尚贤、尚同、兼爱、非攻、节用、节葬、天志、明鬼、非乐、非命"十大论题。"杂论"即是对"墨论"的补充和说明。"墨语"记载了墨子和后学的对话,是记录墨子言行和生平事迹的部分。"墨守"就是墨家军事城防技术的汇编。

墨学及《墨子》涉及重要的政治思想、经济思想与逻辑辩证思想,在先秦及后世影响甚远,故《吕氏春秋·当染》篇曰:"皆死久矣,从属弥众,弟子弥丰,充满天下。"墨家的历史地位有五。第一,墨者团体是最早的民间社会团体。其首领被称为"巨子",此团体有严格的组织纪律,墨家弟子对于首领绝对地服从,这就为权力的集中提供了一种借鉴。第二,《墨经》对自然科学和逻辑方法的概括和总结,是兼收并蓄、贯通百家的结果,其中涉及的光学、力学、物理学等知识不仅是对中国古代缺乏逻辑思想这一缺陷的补充,而且对近现代科学的发展有启迪作用。第三,墨家提倡理论与实际相结合的学习方法。墨家本身就代表着劳动者阶层,因此墨者们都是劳动的能手且重视动手操作的价值。第四,墨家提倡"兼以易别"的历史观。其涉及人人平等,以百姓的利益为中心的和谐思想丰富了"民本"观念。第五,墨学对后世道教的创立有一定影响。首先,"道教"一词首次出现并不是在道教经典《老子想尔注》,而是在《墨子》中。其次,墨子思想随着历史的发展而湮灭,但《墨子》一书之所以能流传下来,是由于道教经典总汇《道藏》收录了《墨子》53篇。由此可见,墨家学说在中华历史上的地位和作用不容忽视。

【原典选读】

《兼爱》选读

子墨子言曰:"仁人之所以为事者,必兴天下之利,除天下之害,以此为事①者

---

① 事:把……当作责任。

也。"然则天下之利何也？天下之害何也？子墨子言曰："今若国之与国之相攻，家之与家之相篡，人之与人之相贼①，君臣不惠忠，父子不慈孝，兄弟不和调，此则天下之害也。"

然则崇此害亦何用生哉？以不相爱生邪？子墨子言："以不相爱生。今诸侯独知爱其国，不爱人之国，是以不惮举②其国，以攻人之国。今家主独知爱其家，而不爱人之家，是以不惮举其家，以篡人之家。今人独知爱其身，不爱人之身，是以不惮举其身，以贼人之身。是故诸侯不相爱，则必野战；家主不相爱，则必相篡；人与人不相爱，则必相贼；君臣不相爱，则不惠忠；父子不相爱，则不慈孝；兄弟不相爱，则不和调。天下之人皆不相爱，强必执弱，富必侮贫，贵必敖贱，诈必欺愚。凡天下祸篡怨恨，其所以起者，以不相爱生也。是以仁者非之。"

既以非之，何以易之？子墨子言曰："以兼相爱交相利之法易之。"然则兼相爱交相利之法将奈何哉？子墨子言："视人之国，若视其国；视人之家，若视其家；视人之身，若视其身。是故诸侯相爱，则不野战；家主相爱，则不相篡；人与人相爱，则不相贼；君臣相爱，则惠忠；父子相爱，则慈孝；兄弟相爱，则和调。天下之人皆相爱，强不执弱，众不劫寡，富不侮贫，贵不敖贱，诈不欺愚。凡天下祸篡怨恨，可使毋起者，以相爱生也。是以仁者誉之。"

《非命》选读

子墨子言曰："古者王公大人，为政国家者，皆欲国家之富，人民之众，刑政之治。然而不得富而得贫，不得众而得寡，不得治而得乱，则是本失其所欲，得其所恶，是故何也？"

子墨子言曰："执有命者以杂于民间者众。执有命者之言曰：'命富则富，命贫则贫；命众则众，命寡则寡；命治则治，命乱则乱；命寿则寿，命夭则夭；命虽强劲，何益哉？'以上说王公大人，下以驵③百姓之从事，故执有命者不仁。故当执有命者之言，不可不明辨。"

然则明辨此之说，将奈何哉？子墨子言曰："必立仪。言而毋仪，譬犹运钧之

---

① 贼：伤害、侵犯。
② 举：发动。
③ 驵（zǎng）：阻碍。

上,而立朝夕者也,是非利害之辨,不可得而明知也。故言必有三表。"何谓三表? 子墨子言曰:"有本之者,有原之者,有用之者。于何本之? 上本之于古者圣王之事;于何原之? 下原察百姓耳目之实;于何用之? 废以为刑政,观其中国家百姓人民之利。此所谓言有三表也。"

【思想概要】

以"兼爱"为核心的社会历史观。在其十大论题中,兼爱是思想核心,其他论题或是实现兼爱的手段,或是兼爱内容的展开。兼爱即是"仁人之所以为事者",其具体内容就是"兴天下之利,除天下之害"。由此可见,这种爱是普遍的,人人皆应奉行的,因此与儒家的"仁爱"相区别。儒家的仁爱是一种"差序之爱",爱有先后、分彼此,是以"亲亲"的宗法血缘制度为基础;而兼爱则是无差别的爱,不分彼此的爱,它不别亲疏、不分贵贱。在兼爱的观念下一切人一律都在爱的范围之内,没有什么不同。基于此,墨子还提出了"兼以易别"的思想,主张实现"天下人皆相爱",在根本上解决现实的矛盾冲突。墨子基于现实的"人与人之相贼"的社会状况,提出这种兼相爱的社会思想来解决社会问题,本质就是处理好社会上人与人的关系,即人与人之间交往方式的要求。这种要求忽视了社会上必然存在的差别,只强调"统一"的方面,因此,它顶多是一种理想性的东西,是不可能实现的。但是这种方法却具有倡导人人平等、反对封建等级的积极意义。

"十大论题"的哲学思想。非攻,就是国与国之间不要相互攻伐,要和谐相处。这在本质上是对兼爱的延伸——由处理人际关系到处理国际关系。但是在这里需要注意一个问题,那就是"攻"与"诛"的区别。攻是相对于不正义的战争而言,诛则是相对于正义的战争而言。所以,墨子虽主张非攻但是不反对国家间的战争。不仅如此,他还积极倡导学习军事城防的理论技术,组织人们进行城防演练。这一点亦可从墨家的起源得以证明——上文已提到墨家起源于"武士"阶层。尚同,就是强调整个社会和国家应当有统一的是非标准,而这个标准由天子掌握,其目的在于实现"兼相爱"。但是由于手段的不正确性,这种"以天子之所是为是"的尚同观念具有君主专制的倾向。尚贤,即不考虑其背景、阶层,只要是"贤人"皆可被推举。这种泯差别、黜等级的思想必然被血缘宗法框架下的等级制所淹没。节用、节葬、非乐的思想是针对儒家厚葬、礼乐等主张提出来的,旨在减少社会财富的乱用和浪费,切实增多人们的利益。天志、明鬼即主张上帝、鬼神的存在,并以此震慑君主和臣民。非命,强调人们的现实状态和统治者的政治不由上天决定,要求人应当发挥自己的主观能动性。在这里我们可以看出"天志"与"非命"看似矛盾,但却是统一的。一是非命与天志强调的方面不同。非命应用于人们处于"下坡路"的阶段以振奋人的精神;天志则是应用于人们过于安逸、舒适甚至到了乐不思蜀的境地时以警醒人。因此,不能忽视两者的条件而论述其关系。二是强调天志只是一种手段而并非目的。因为墨子的哲学是功利主义的,强调天的意志只是人完成某事的一个依据、作用,至于到底相不相信其存在,这是另外一回事。

"利为天下之大本"的义利观。儒家强调"正其谊而不谋其利,明其道而不计其功",而墨家则专重视"功""利"。《论语》中讲道:"君子之仕也,行其义也。道之不行,已知之矣。"孔子认为出仕是出于义的要求,即内在的道德性,是人应当如此,至于效果怎么样不去关心;而墨子则认为,出仕必有一定的效果,即使这种效果不是很明显但也比什么都不做强。因此,出于这种效果要去做某事。由此可以看出儒、墨对义利的观点虽不同,然究其本质,实则一也。应当注意,墨子所讲的利不是指个人的私利,而是公利。"三表法"作为是非判断的标准亦是功利。《墨子·非命上》云:"有本之者,有原之者,有用之者……观其中国家百姓人民之利。此所谓言有三表也。"这里强调物用言行皆以有无价值为纲,这就从侧面凸显了墨家哲学的功利主义倾向。

对墨学衰微的原因的分析。在思想的视域下分析一思想如何的原因不外乎此二者:思想体系自身的原因和社会存在的原因,即该思想体系所在的那个时代的特征。墨家宣传兼爱等十大思想主张,片面地强调了同一的方面,而忽视了社会的阶级基础,这种人道主义学说是与封建时代专制主义中央集权制度格格不入的。而且,随着历史的发展,儒学到汉代成为官学,成为封建时代占统治地位的思想,与其主张、思想相对立的墨学自然就成为反面教材,只能被历史无情地抛弃。从社会存在的角度来看,墨学不适应时代的发展,没有正确地反映统治者的要求,是无法长期发展下去的。正如刘文英先生在其《中国哲学史》中讲的那样:"(墨子)他不了解宗法观念和等级制度的社会基础,也没有思考如何消除这种观念和改变这种制度,单纯从道德观念去解决社会问题,显然是脱离历史条件,脱离社会现实的,是根本无法实现的。"

【经典背诵】

1. 仁人之所以为事者,必兴天下之利,除天下之害,以此为事者也。《兼爱》
2. 甘井近竭,招木近伐。《亲士》
3. 利之中取大,害之中取小。《大取》
4. 听其言,迹其行,察其所能而慎予官。《尚贤》
5. 原浊者流不清,行不信者名必耗。《修身》
6. 江河之水,非一源之水也;千镒之裘,非一狐之白也。《亲士》

【思考题】

1. 简述墨子"兼以易别"的社会历史观。
2. 论述墨子的"三表法"。
3. 阐述墨学中的"十大论题"及其之间的关系。

《老子》

【作品简介】

《老子》一书为道家开宗经典,对后世庄子道家、黄老道家、阴阳五行家以及道教产生了重要影响。《老子》一书传为老子本人所作。最早记述关于老子其人的是司马迁。《史记》中提到老子是楚国苦县人,为周朝的守藏室之史,此文中又提到了老莱子和周太史儋,都称为老子。故谁是真正的老子,汉代司马迁的描述也已经模糊,难以评判。正因为如此,对老子及其著作《老子》的说法颇多,具体如下:第一,老子就是教诲孔子的李耳(老聃),为春秋后期之人,《老子》亦为春秋末年成书;第二,老子为战国时代的人,《老子》为战国作品。此为争议最多的两个版本,其他的诸如老聃在杨朱以后,《老子》为秦汉之际成书等不太可信,兹不赘述。

老子其人、其书众说纷纭,莫衷一是,但对其判定亦有其可循之道。下面我们就依据《老子》一书的具体内容对成书年代和作者进行简要说明。《老子》的作者很可能是周太史儋。首先,儋与聃同音;其次,老聃为守藏室之史,太史儋为太史,两者的身份地位相似;最后,老聃与太史儋出关都为西,方位相似。故饶尚宽在其译注的《老子》书中提到"两者似为一人"。而且,从老子的籍贯来看,应为战国时人,非春秋人。依据《史记》记载,苦县原属于陈国,后因楚王北伐灭了陈国,故苦县归于楚。至于《老子》一书亦应是战国作品,理由如下:首先,孔子以前无私人著书,故《老子》不太可能早于《论语》。《老子》而且亦不可能早于《孟子》,因为孟子在排斥隐士时只"列席"杨朱,而未提及老子。其次,《老子》用语、句式、思想多为战国语词。

《老子》一书共八十一章,篇幅不长,但论述精辟,意义丰富,思想深邃,具有较强的理论深度。其内容重在论述宇宙的本体、万物的本原——道,以及用这种天道观映射的治国政治论和人生修养论,《老子》书亦大致分为这三个方面的内容。应当注意,老子虽谈论形上的"道",但是他的最终的落脚点,不是知识论角度而是价值论角度的,即不仅仅是对"道"到底是什么的追求,更多的是把这种对"道"的把握反映到"人道"上以寻求人的终极意义和价值。简言之,在那个诸侯争霸、社会动荡、矛盾尖锐的时代,深谙成败之道、洞悉祸福人生的老子主张只有远离社会,保持人性本真才能解救这个病态的社会,提供积极入世不同的方法。它提供给我们入世不顺、命运坎坷时解放自我的途径。

【原典选读】

一

道可道①,非常②道。名可名③,非常名。无名④天地之始。有名⑤万物之母⑥。故常⑦无欲以观其妙⑧。常有欲以观其徼⑨。此两者同出而异名,同谓⑩之玄⑪。玄之又玄,众妙之门⑫。(第一章)

---

① 第一个"道"是名词,指的是宇宙的本原和实质,引申为原理、原则、真理、规律等。第二个"道"是动词,指解说,表述的意思,犹言"说得出"。
② 常:恒常不变的。
③ 第一个"名"是名词,指"道"的形态。第二个"名"是动词,说明的意思。
④ 无名:指无形。
⑤ 有名:指有形。
⑥ 母:本原。
⑦ 常:经常。
⑧ 妙(miào):奥妙。
⑨ 徼(jiào):边际、边界。引申端倪的意思。
⑩ 谓:称为。
⑪ 玄:玄妙深远的含义。
⑫ 门:之门,一切奥妙变化的总门径,此用来比喻宇宙万物的唯一原"道"的门径。

二

天下皆知美之为美,斯恶已①;皆知善之为善,斯不善已。故有无相生,难易相成,长短相刑②,高下相倾③,音声④相和,前后相随,恒也。是以圣人处无为之事⑤,行不言之教。万物作⑥而弗始。生而弗有,为而弗恃,功成而弗居⑦。夫唯弗居,是以不去。(第二章)

三

不尚贤⑧,使民不争。不贵难得之货⑨,使民不为盗⑩。不见⑪可欲,使民心不乱。是以圣人之治,虚其心⑫,实其腹,弱其志⑬,强其骨;常使民无知、无欲,使夫智者不敢⑭为也。为无为,则无不治⑮。(第三章)

四

道冲⑯而用之,或不盈⑰。渊兮似万物之宗⑱。锉其锐⑲,解其纷⑳,和其光㉑,同

---

① 斯:这。恶:恶、丑。已通"矣"。
② 相:互相。刑:通"形",此指比较、对照中显现出来的意思。
③ 倾:依存。
④ 音声:汉代郑玄为《礼记·乐记》作注时说,合奏出的乐音叫作"音",单一发出的音响叫作"声"。
⑤ 圣人居无为之事:圣人,古时人所推崇的最高层次的典范人物;居,担当、担任;无为,顺应自然,不加干涉、不必管束,任凭人们去干事。
⑥ 作:兴起、发生、创造。
⑦ 弗居:弗,不;居,居功。
⑧ 上贤:上同"尚",即崇尚、尊崇;贤,有德行、有才能的人。
⑨ 贵:重视,珍贵。货:财物。
⑩ 盗:窃取。
⑪ 见(xiàn):通"现",出现,显露。此是显示、炫耀的意思。
⑫ 虚其心:虚,空虚。心,古人以为心主思维,此指思想,头脑。虚其心,使他们心里空虚,无思无欲。
⑬ 弱其志:使他们减弱志气,削弱他们竞争的意图。
⑭ 敢:进取。
⑮ 治:治理,此意是治理得天下太平。
⑯ 冲:通盅(zhōng),器物虚空,比喻空虚。
⑰ 有弗盈:有通"又"。盈,满,引申为尽。
⑱ 渊:深远。兮:语助词,表示停顿。宗:集合、全体之意。
⑲ 锉其兑:锉,消磨,折去。兑:通"锐",锐利、锋利。锉其锐:消磨掉它的锐气。
⑳ 解其纷:消解掉它的纠纷。
㉑ 和其光:调和隐蔽它的光芒。

其尘①,湛兮似或存②。吾不知谁之子,象帝之先。(第四章)

五

天地不仁,以万物为刍狗③。圣人不仁,以百姓为刍狗。天地之间,其犹橐籥④乎?虚而不屈⑤,动而愈⑥出。多言数穷⑦,不如守中⑧。(第五章)

六

谷神⑨不死是谓玄牝⑩。玄牝之门⑪,是谓天地根。绵绵若存⑫,用之不勤⑬。(第六章)

【思想概要】

《老子》一书体系恢宏,思想深邃,在此从四个方面对《老子》一书进行归纳、梳理。

---

① 同其尘:把自己混同于尘俗。以上四个"其"字,说的都是道本身的属性。
② 湛:沉没,引申为隐约的意思。段玉裁在《说文解字注》中说,古书中"浮沉"的"沉"多写作"湛"。"湛""沉"古代读音相同。这里用来形容"道"隐没于冥暗之中,不见形迹。似或存:似乎存在。连同上文"湛兮",形容"道"若无若存。参见第十四章"无状之状,无物之象,是谓惚恍"等句,理解其意。
③ 刍狗:用草扎成的狗。古代专用于祭祀之中,祭祀完毕,就把它扔掉或烧掉。比喻轻贱无用的东西。在本文中比喻天地对万物,圣人对百姓都因不经意、不留心而任其自长自消,自生自灭。正如元代吴澄所言:"刍狗,缚草为狗之形,祷雨所用也。既祷则弃之,无复有顾惜之意。天地无心于爱物,而任其自生自成;圣人无心于爱民,而任其自作自息,故以刍狗为喻。"
④ 犹橐籥(tuó yuè):犹,比喻词,"如同""好像"的意思。橐籥:古代冶炼时为炉火鼓风用的助燃器具——袋囊和送风管,是古代的风箱。
⑤ 屈(jué):竭尽,穷尽。
⑥ 愈:更加的意思。
⑦ 多言数穷:政令繁多而屡次失败。
⑧ 守中:守住虚静。
⑨ 谷神:过去据高亨说:谷神者,道之别名也。谷读为榖,《尔雅·释言》:"榖,生也。"《广雅·释诂》:"榖,养也。"谷神者,生养之神。另据严复在《老子道德经评点》中的说法,"谷神"不是偏正结构,是联合结构。谷,形容"道"虚空博大,像山谷;神,形容"道"变化无穷,很神奇。
⑩ 玄牝(pìn):玄,原义是深黑色,在《老子》中是经常出现的重要概念,有深远、神秘、微妙难测的意思。牝:本义是雌性的兽类动物,这里借喻具有无限造物能力的"道"。玄牝指玄妙的母性。这里指孕育和生养出天地万物的母体。
⑪ 门:指产门。这里用雌性生殖器的产门的具体义来比喻造化天地生育万物的根源。
⑫ 绵绵:连绵不绝的样子。若存:若,如此,这样。若存:据宋代苏辙解释,是实际存在却无法看到的意思。
⑬ 勤:辛劳,倦怠。

我们首先需要谈的就是老子对"道"的论述,这是老子思想体系的核心,一切其他思想都从此出发。这一问题可以转化为"什么是道",道从语词意义上讲为道路,随着人类思想意识的发展,道的意义逐步抽象,直到老子,"道"成为哲学形上学的独立概念。我们可以看出,《老子》一书对"道"的表达是否定式的,比如"道常无名""道"无象、无形、无声、无息。"道"是宇宙万物的本原和发端。如"天下万物生于有,有生于无""道生一,一生二,二生三,三生万物。万物负阴而抱阳,冲气以为和"。道在总体上化育万物,从世界万物的统一性层次上作用,而"德"则是在世界万物的差异性上发挥作用。道没有具体的规定性,具有形而上的品格。《老子》第一章就提到"道可道,非常道。名可名,非常名"。这就是说真正的"道"是不可用言语表达的、不可被定义的,我们把这个东西叫作"道"也是勉强命名的。"道"从宇宙生成论角度讲亦是"无""一"。这种"无"并非是形下之无,因此不与"有"构成矛盾体。比如,有无相生之无就是形下的无、经验的无。"道"作为宇宙的本始,它是绝对的、不可被界定、不可被限制,所以是"一",此"一"就是本体意义的。而"道生一"中的"一"是数字方面的。不仅如此,"道"还是世界万物的法则、规律。第二十五章说"人法地,地法天,天法道,道法自然"。宇宙万有皆以"道"为行动的依据,由此可见,"道"不仅在时间上为万物先,更是在逻辑上为万物先。总而言之,"道"就像郭齐勇先生在《中国哲学史》中所讲:"是一个终极实在的概念,它既是形而上的本体,又是人生的法则。它是整体性的,在本质上既不可界定也不可言说,不能以任何对象来限定,也不能将其特性有限地表达出来。"

其次,基于老子对道的描述可以反映其对政治统治的态度,即从总体上说就是"小国寡民"。从天道观上,老子主张天道无为,因此,治国的关键也应当是无为而治。例如老子奉劝我们"不尚贤,使民不争;不贵难得之货,使民不为盗;不见可欲,使民心不乱"。基于此,老子比较了道、德、仁、义的概念,第三十八章云:"故失道而后德,失德而后仁,失仁而后义,失义而后礼。夫礼者,忠信之薄,而乱之首。"因此,仁、义、礼这些东西在老子看来只是人的外在设置,这只能损害人本初的天性。再者,"天地不仁,以万物为刍狗",说明天道公平、无私无欲,从不偏向一方。这对统治者的启示是不要只关注自己的统治利益,要重视人民的作用,坚持百姓利益和统治者利益的动态平衡。老子对于理想社会结构的构想即"小国寡民"。这一方面可以使百姓保持本真的状态,使人人和谐有序,没有矛盾,但另一方面,这种状态只能适合人民数量较少的情况,而且这种社会状态过于理想,忽略了阶级差异,注定不可能实现。

再次,对于道的论述不是目的,实现人生价值、探索人生的意义才是究极目的。道是世界的存在依据和法则,因此我们要循道而行,使自己的行为合于道。老子在这一方面十分注重"赤子"的品格。"赤子"即婴儿,是一种天然本真的状态,不为外在的欲望所沾染。因此,我们要"涤除玄鉴",洗去内心存在的尘垢、物欲的满盈、声色的诱惑和奢华的生活,"见素抱朴",清静无为,知足寡欲。《老子》第十九章云:"绝圣弃智,民利百倍;绝仁弃义,民复孝慈;绝巧弃利,盗贼无有。"应当注意,这是通行本《老子》所讲,新出土的竹简并不是这样讲的,可见通行本对老子本人的思想有所刻意改造。其实,老子是不反对仁义的,只是反对过分执着于外在的伦理规范,以免影响人之天性以及赤子般的、看似没有大智慧实则有真智慧的东西。同时,老子道出了"为道"和"为学"的区别。为学即学习知识,这个要靠积累,用加法——日益;而为道即体悟道的功夫,应该用减法——日损。日损就是要一步步破除事物的表象,破斥外在的虚假,直至层层剥落发现宇宙、人生的奥妙。

最后,老子的哲学体系是贯穿着辩证法的。第一,道的作用表现在道的永恒变化和运动中。老子曰:"大曰逝,逝曰远,远曰返。"这就是说"道"作为宇宙万物的整体,从时间上可以无限追溯它的过去,从空间上可以延伸到无穷的领域,"道"从自身出发产生天地万物,最终又回到自身。由此可见,"道"是运动不息、时刻变化的,它不可能达到所谓的终点。第二,"道"的作用还表现在其矛盾双方相互依存和相互转化。例如,"有无相生,难易相成"是在说明矛盾双方依存的合理性。而相互转化则说明了物极必反的道理,基于此,老子提出了"贵贱守下""贵阴守柔"的方法论。

【经典背诵】

1. 致虚极,守静笃。万物并作,吾以观复。夫物芸芸,各归其根。归根曰静,静曰复命;复命曰常,知常曰明。不知常,妄作凶。知常容,容乃公,公乃全,全乃天,天乃道,道乃久,没身不殆。

2. 绝圣弃智,民利百倍;绝仁弃义,民复孝慈;绝巧弃利,盗贼无有。此三者,以为文不足。故令有所属,见素抱朴,少私寡欲,绝学无忧。

【思考题】

1. 简述老子对道的论述。
2. 分析老子的体道功夫及其所表现出来的辩证法思想。

《庄子》

【作品简介】

庄子，名周，字子休（一说子沐），宋国蒙（今河南商丘东北）人。其家世乃没落贵族，故家贫而以织草鞋等劳作供养生活，且借粟米于监河侯（管理河道的小官）以食其饱腹，为道家学派的主要代表人物之一，先秦七子之一，与老子并称为"老庄"。在唐玄宗天宝初年，封庄子为"南华真人"，其作品《庄子》亦名《南华真经》。

庄子寻求自由本真，虽曾任宋国地方的漆园吏，史称"漆园傲吏"。《史记·老庄申韩列传》中言，楚威王因庄周贤，欲以厚币与相位使庄周为其所用，但庄周拒绝其请求，乃以终身不仕为其志，虽处世间仍持出世之态，无待于现实有限的存在，追求无限的精神自由。其文学思想以寓言为主，言有尽而意无穷，故其作品常被称为"文学的哲学，哲学的文学"。

其所处时代乃与孟子大致相同，战国时期封建制度基本已经代替奴隶制度，七国争霸盛兴，庄子则顺承老子思想，以消极避世的态度，主张脱离于现实的矛盾对立而寻求"道"的精神境界。一方面他通晓易理，明确"《易》以道阴阳"的思想并使其"三籁"与《易经》"三才"相结合。另一方面，他著《庄子》，以《齐物论》《逍遥游》等名篇流传至今，《庄子》一书由晋代郭象删减汇编成33篇，其中内篇7，外篇15，杂篇11。多数人认为内篇为庄子本人所作，而其余各篇乃是庄子及其后人所作。《庄子》其书内涵丰富，庄子顺承老子"道"的思想，将老子宇宙生成论的"道"转化为精神境界论，以消除万事万物的相对性与人的认识的不确定性为前提，形成"齐物论"，实现万事万物道通为一，最终通过"坐忘""心斋"之法实现对于道的认识，进而到达逍遥无待的自由境界。

第一部分 先秦哲学

【原典选读】

《齐物论》

一

南郭子綦①隐机而坐,仰天而嘘,荅焉似丧其耦②。颜成子游③立侍乎前,曰:"何居乎?形固可使如槁木,而心固可使如死灰乎?今之隐机者,非昔之隐机者也。"

子綦曰:"偃,不亦善乎,而问之也!今者吾丧我,汝知之乎?女闻人籁而未闻地籁,女闻地籁而未闻天籁夫!"

子游曰:"敢问其方。"

子綦曰:"夫大块噫(yī)气,其名为风,是唯无作,作则万窍怒呺,而独不闻之翏翏④乎?山林之畏佳⑤,大木百围之窍穴,似鼻,似口,似耳,似枅,似圈,似臼(jiù),似洼者,似污者。激者,謞者,叱者,吸者,叫者,譹者,宎者,咬者,前者唱于而随者唱喁⑥。泠风则小和,飘风则大和,厉风济则众窍为虚。而独不见之调调之刁刁乎⑦?"

子游曰:"地籁则众窍是已,人籁则比竹是已,敢问天籁?"

子綦曰:"夫吹万不同,而使其自己也,咸其自取,怒者其谁邪!"

二

大知闲闲,小知间间⑧;大言炎炎,小言詹詹。其寐也魂交,其觉也形开;与接为构,日以心斗:缦者,窖者,密者⑨。小恐惴惴,大恐缦缦。其发若机栝,其司是非

---

① 南郭子綦(qí):号南郭,名子綦,是庄子虚构的人物。在此篇中人物名称皆为庄子虚构。隐:凭靠。
② 荅:音 tà,荅焉:形体死寂的样子。耦:通"偶",指精神和形体互为配偶。丧其耦:指精神活动超越肉体而达到独立自由的境界。
③ 颜成子游:子綦的弟子,姓颜,名偃。谥号成,字子游。
④ 翏翏:音 liáo,悠长的风声。
⑤ 畏佳:通"嵔崔",形容山势险峻盘回。
⑥ 激,水流声;謞,音 xiào,飞箭声;叱,叱骂声;吸,呼吸声;叫,喊叫声;譹,音 háo,号哭声;宎,音 yǎo,笑声;咬,哀叹声,一说鸟鸣声。于、喁:音 yú,均指应和之声。
⑦ 调调:树枝大动;刁刁:树叶微动。
⑧ 知:同"智"。闲闲:广博雅致。间间:固执偏狭。
⑨ 魂交,心神意乱;形开,四肢不安;构,交合;缦,音 màn,散漫;窖,深沉;密,谨密。

之谓也;其留如诅盟①,其守胜之谓也。其杀若秋冬,以言其日消也;其溺之所为之,不可使复之也;其厌也如缄,以言其老洫也②;近死之心,莫使复阳也。喜怒哀乐,虑叹变慹,姚佚启态③。乐出虚,蒸成菌。日夜相代乎前,而莫知其所萌。已乎,已乎!旦暮得此,其所由以生乎!

非彼无我,非我无所取。是亦近矣,而不知其所为使。若有真宰,而特不得其眹④,可行已信,而不见其形,有情而无形。百骸、九窍、六藏,赅而存焉,吾谁与为亲?汝皆说之乎?其有私焉?如是皆有为臣妾乎?其臣妾不足以相治乎?其递相为君臣乎?其有真君存焉?如求得其情与不得,无益损乎其真。一受其成形,不亡以待尽。与物相刃相靡,其行尽如驰,而莫之能止,不亦悲乎!终身役役而不见其成功,苶然⑤疲役而不知其所归,可不哀邪!人谓之不死,奚益!其形化,其心与之然,可不谓大哀乎?人之生也,固若是芒⑥乎?其我独芒,而人亦有不芒者乎?

夫随其成心而师之,谁独且无师乎?奚必知代而心自取者有之?愚者与有焉。未成乎心而有是非,是今日适越而昔至也。是以无有为有。无有为有,虽有神禹,且不能知,吾独且奈何哉!

三

夫言非吹也。言者有言,其所言者特未定也。果有言邪?其未尝有言邪?其以为异于鷇音⑦,亦有辩乎?其无辩乎?道恶乎隐而有真伪?言恶乎隐而有是非?道恶乎往而不存?言恶乎存而不可?道隐于小成,言隐于荣华⑧。故有儒墨之是非,以是其所非而非其所是。欲是其所非而非其所是,则莫若以明。

物无非彼,物无非是。自彼则不见,自知则知之。故曰彼出于是,是亦因彼。彼是,方生之说也。虽然,方生方死,方死方生;方可方不可,方不可方可;因是因非,因非因是。是以圣人不由,而照之于天,亦因是也。是亦彼也,彼亦是也。彼亦一是非,此亦一是非。果且有彼是乎哉?果且无彼是乎哉?彼是莫得其偶,谓之道

---

① 惴惴,提心吊胆的样子;缦缦,颓废落魄的样子;栝,音 kuò,箭的末端;司,通"伺",伺机;诅,赌咒。
② 缄,束箧的绳索;洫,音 xù,沟。
③ 慹:通"蛰",恐惧;姚,轻浮躁动;佚,纵逸;启,情欲狂放;态,故作姿态,亦说姿态妖媚。
④ 眹:音 zhèn,征兆、迹象。
⑤ 苶然:音 nié,疲倦之极,精神不振的样子。
⑥ 芒:暗昧,糊涂无知。
⑦ 鷇音:音 kòu,小鸟要破卵而出的叫声,比喻没有任何意义的言语。
⑧ 小成,对个别事物的见解;荣华,华丽词句。

枢。枢始得其环中,以应无穷。是亦一无穷,非亦一无穷也。故曰莫若以明。以指喻指之非指,不若以非指喻指之非指也;以马喻马之非马,不若以非马喻马之非马也。天地一指也,万物一马也。

可乎可,不可乎不可。道行之而成,物谓之而然。恶乎然?然于然。恶乎不然?不然于不然。恶乎可?可于可。恶乎不可?不可于不可。物固有所然,物固有所可;无物不然,无物不可。故为是举莛与楹、厉与西施、恢恑憰怪①,道通为一。其分也,成也;其成也,毁也。凡物无成与毁,复通为一。唯达者知通为一,为是不用而寓诸庸。庸也者,用也;用也者,通也;通也者,得也;适得而几矣。因是已,已而不知其然,谓之道。劳神明为一而不知其同也,谓之朝三。何谓朝三?狙公赋芧(xù)曰:"朝三而暮四。"众狙皆怒。曰:"然则朝四而暮三。"众狙皆悦。名实未亏而喜怒为用,亦因是也。是以圣人和之以是非而休乎天钧,是之谓两行。

古之人,其知有所至矣。恶乎至?有以为未始有物者,至矣,尽矣,不可以加矣。其次以为有物矣,而未始有封也。其次以为有封焉,而未始有是非也。是非之彰也,道之所以亏也。道之所以亏,爱之所以成。果且有成与亏乎哉?果且无成与亏乎哉?有成与亏,故昭氏之鼓琴也。无成与亏,故昭氏之不鼓琴也。昭文之鼓琴也,师旷之枝策也,惠子之据梧也②,三子之知几乎皆其盛者也,故载之末年。唯其好之也,以异于彼;其好之也,欲以明之。彼非所明而明之,故以坚白之昧终。而其子又以文之纶终,终身无成。若是而可谓成乎?虽我亦成也。若是而不可谓成乎?物与我无成也。是故滑疑之耀,圣人之所图也③。为是不用而寓诸庸,此之谓以明。

四

今且有言于此,不知其与是类乎?其与是不类乎?类与不类,相与为类,则与彼无以异矣。虽然,请尝言之。有始也者,有未始有始也者,有未始有夫未始有始也者。有有也者,有无也者,有未始有无也者,有未始有夫未始有无也者。俄而有无矣,而未知有无之果孰有孰无也。今我则已有谓矣,而未知吾所谓之其果有谓乎,其果无谓乎?天下莫大于秋豪之末,而太山为小;莫寿于殇子,而彭祖为夭。天

---

① 莛,音 tíng,小草茎;楹,粗大的柱子;厉,音 lài,丑陋的女人;西施,春秋时越国人,以美貌著称,古代指美女;恢,诙谐;恑,音 guǐ,通"诡",狡猾;憰,音 jué,欺诈;怪,怪异。
② 昭文之鼓琴,昭文弹琴时,五音总是有彰有遗,但是不弹琴时,则无成无亏;师旷,字子野,晋平公乐师,甚知音律;枝策,指举杖敲击乐器;惠子,惠施;据梧,靠着梧桐树谈名理。
③ 滑(gǔ)疑,惑乱;耀,炫耀的言论;图,抛弃。

地与我并生，而万物与我为一。既已为一矣，且得有言乎？既已谓之一矣，且得无言乎？一与言为二，二与一为三。自此以往，巧历不能得，而况其凡乎！故自无适有以至于三，而况自有适有乎！无适焉，因是已。

夫道未始有封，言未始有常，为是而有畛也。请言其畛：有左，有右，有伦，有义，有分有辩，有竞，有争，此之谓八德，六合之外，圣人存而不论；六合之内，圣人论而不议①。春秋经世先王之志，圣人议而不辩。故分也者，有不分也；辩也者，有不辩也。曰：何也？圣人怀之，众人辩之以相示也。故曰辩也者有不见也。夫大道不称，大辩不言，大仁不仁，不廉不嗛，不勇不忮②。道昭而不道，言辩而不及，仁常而不成，廉清而不信，勇忮而不成。五者无弃而几向方矣。故知止其所不知，至矣。孰知不言之辩、不道之道？若有能知，此之谓天府。注焉而不满，酌焉而不竭，而不知其所由来，此之谓葆光。

五

故昔者尧问于舜曰："我欲伐宗、脍、胥敖，南面而不释然，其故何也？"舜曰："夫三子者，犹存乎蓬艾之间③，若不释然，何哉？昔者十日并出，万物皆照，而况德之进乎日者乎！"

啮(niè)缺问乎王倪曰："子知物之所同是乎？"曰："吾恶乎知之！""子知子之所不知邪？"曰："吾恶乎知之！""然则物无知邪？"曰："吾恶乎知之！虽然，尝试言之。庸讵知吾所谓知之非不知邪？庸讵知吾所谓不知之非知邪？且吾尝试问乎女：民湿寝则腰疾偏死，鳅然乎哉？木处则惴慄恂惧，猨猴然乎哉④？三者孰知正处？民食刍豢，麋鹿食荐，蝍蛆甘带，鸱鸦耆鼠⑤，四者孰知正味？猿猵狙以为雌，麋与鹿

---

① 畛：音zhěn，界限；八德：蒋锡昌说："'左'指卑或下之言；'右'指尊或上之言。'伦'对疏戚言，'义'对贵贱言。此谓儒家所述人类关系，有此四种大别也。'分'者谓分析万物，'辩'者谓辩其所是，'竞'者谓竞说不休，'争'者谓争得胜利，此谓墨家（包括其他各派辩士）之术，有此四种大别也。此谓儒墨之'畛'，合而计之，有此八种也。"（陈鼓应《庄子今注今释》引）

② 不称，无名，不好叫他什么。大辩不言，厉害的雄辩家是不说话的，因为一旦说话就会有是非。大仁不仁，大仁是无所谓爱与不爱的，因为有所爱就会有所不爱。嗛，通"慊"。忮，音zhì，害。这几句讲齐物到达的标准。

③ 蓬艾之间：未开化的地方。

④ 湿寝，睡在潮湿的地方；偏死，半身瘫痪；鳅，音qiū，泥鳅；惴慄恂惧(zhuì lì xún jù)，都是畏惧之意；猨，音yuán，猿。

⑤ 刍，音chú，牛羊；豢，音huàn，猪狗；荐，草；蝍蛆，音jí jū，蜈蚣；甘，可口；带，蛇；鸱，音chī，猫头鹰或鹞鹰；鸦，乌鸦；耆，通"嗜"，喜欢。

交,鰌与鱼游。毛嫱丽姬,人之所美也,鱼见之深入,鸟见之高飞,麋鹿见之决骤①。四者孰知天下之正色哉?自我观之,仁义之端,是非之涂,樊然淆乱,吾恶能知其辩②!"

啮缺曰:"子不知利害,则至人固不知利害乎?"王倪曰:"至人神矣!大泽焚而不能热,河汉冱③而不能寒,疾雷破山,飘风振海而不能惊。若然者,乘云气,骑日月,而游乎四海之外。死生无变于己,而况利害之端乎!"

六

瞿(qú)鹊子问乎长梧子曰:"吾闻诸夫子,圣人不从事于务,不就利;不违害,不喜求,不缘道;无谓有谓,有谓无谓,而游乎尘垢之外。夫子以为孟浪之言,而我以为妙道之行也。吾子以为奚若?"长梧子曰:"是皇黄帝之所听荧④也,而丘也何足以知之!且女亦大早计,见卵而求时夜,见弹而求鸮炙⑤。予尝为女妄言之,女以妄听之。奚旁日月,挟宇宙?为其吻合,置其滑涽,以隶相尊。众人役役,圣人愚芚⑥,参万岁而一成纯。万物尽然,而以是相蕴。"

"予恶乎知说生之非惑邪!予恶乎知恶死之非弱丧而不知归者邪!丽之姬,艾封人之子也。晋国之始得之也,涕泣沾襟,及其至于王所,与王同筐床,食刍豢,而后悔其泣也。予恶乎知夫死者不悔其始之蕲⑦生乎!梦饮酒者,旦而哭泣;梦哭泣者,旦而田猎。方其梦也,不知其梦也。梦之中又占其梦焉,觉而后知其梦也。且有大觉而后知此其大梦也,而愚者自以为觉,窃窃然知之。君乎、牧乎,固哉!丘也与女,皆梦也;予谓女梦,亦梦也。是其言也,其名为吊诡⑧。万世之后而一遇大圣,知其解者,是旦暮遇之也!"

"既使我与若辩矣,若胜我,我不若胜,若果是也,我果非也邪?我胜若,若不吾胜,我果是也,而果非也邪?其或是也,其或非也?其俱是也,其俱非也邪?我与若不能相知也,则人固受其黮(dàn)暗。吾谁使正之?使同乎若者正之?既与若

---

① 猵狙,音 biān jū,猿猴的一种;毛嫱(qiáng)、丽姬,古代的美女;决骤,很快地跑开。
② 樊然,杂乱的样子;淆乱,错杂;辩,通"辨",区别。
③ 冱,音 hù,冻结。
④ 听荧:听了感到疑惑不明。
⑤ 时夜,司夜,指报晓的鸡;鸮,音 xiāo,小斑鸠。
⑥ 滑涽(gǔ hūn),混乱;愚芚(tún),混沌不分,愚昧无知的样子。
⑦ 蕲:音 qí,求。
⑧ 吊诡:吊,至;诡,异。吊诡,十分奇怪的话。

同矣,恶能正之! 使同乎我者正之? 既同乎我矣,恶能正之! 使异乎我与若者正之? 既异乎我与若矣,恶能正之! 使同乎我与若者正之? 既同乎我与若矣,恶能正之! 然则我与若与人,俱不能相知也,而待彼也邪?"

"何谓和之以天倪? 曰:是不是,然不然。是若果是也,则是之异乎不是也亦无辩;然若果然也,则然之异乎不然也亦无辩。化声之相待,若其不相待,和之以天倪,因之以曼衍,所以穷年也。忘年忘义,振于无竟,故寓诸无竟①。"

七

罔两问景曰:"曩子行,今子止;曩子坐,今子起。何其无特操与?"②

景曰:"吾有待而然者邪? 吾所待又有待而然者邪? 吾待蛇蚹蜩翼邪③? 恶识所以然? 恶识所以不然!"

昔者庄周梦为胡蝶,栩栩然胡蝶也,自喻适志与! 不知周也。俄然觉,则蘧蘧然④周也。不知周之梦为胡蝶与,胡蝶之梦为周与? 周与胡蝶,则必有分矣。此之谓物化。

【思想概要】

庄子顺承老子"道"的思想,道不仅是万事万物存在的本原,无形象、无住着,而且其自本自根,自我流转变化,通于万事万物,亦存于万事万物,更是庄子所追求的逍遥自由的境界。万事万物的流转变化、自然无为,一切顺应道的原理,没有其情感的偏向与价值的抉择,而世界不仅是自然的、天的存在,也是社会的、人的存在,因此,人们必然会为自己的生存等来改变自然本性为己所用,有些事物自然也得不到自然而然的发展。由此而言,庄子主张万事万物的自然而然的发展变化是建立在"万物与我为一"的基础上,不仅实现世界万物的自然无为,而且使得人与物超脱于自身的限制,即限定性,畅通于彼此之间,取消人与物、彼与此的对待,才能真正地视万事万物皆为一体,虽然外在性质千差万别,但皆是"道"孕育变化的道理,最

---

① 化声,是非之辩;相待,对待;天倪,天然等齐之道;曼衍,无穷的变化;穷年,穷尽天年。忘年忘义,忘生死、忘是非,亦说不计岁月,不讲仁义;振,通"畅";竟,通"境";寓,寄托。

② 罔两:通"魍魉",灵魂没有寄居的所在、灵魂无所依傍,处于游离状态。景:通"影"。曩:音 nǎng,从前。

③ 蛇蚹(fù),蛇腹下的横鳞。蜩:音 tiáo,蝉。

④ 蘧蘧然,音 qú,惊喜的样子。

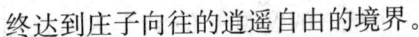

终达到庄子向往的逍遥自由的境界。

在庄子的"齐物论"中，包含着两层含义：

一是"齐物"之论——从客体的角度，主张事物之间取消一切差别，万事万物顺其自性自然而然地发展，并且事物之间皆是平等的存在，其内在都归之于"道"，即"道通为一"。

（1）"地籁""人籁""天籁"：地籁则众窍是已，人籁则比竹是已，天籁则吹万不同，而使其自己也，咸其自取。地籁是自然之声产生的物质前提，唯有每一个自然的窍的存在，方才为人籁与天籁的产生奠定基础；而人籁是人吹箫管所发出的声音，无主观的偏向；天籁则是万事万物自然而然的一场大合唱。在此，不管是地籁、人籁、天籁皆是声音顺其自性而自然而然地发出，方才成为美妙的音乐。因此，不管事物如何，在其按自性自然而然地发展，皆是一也。

（2）非彼无我，非我无所取：彼与我是相持对待的存在，没有彼便没有我，而没有我亦没有彼，两者相互依存，并在一定情况下相互转化，但是庄子更多的是强调彼与我既然是相互依存的存在，那么两者的存在是具有限定性的，而彼与我更是因道而成的存在，故可泯灭其差别而为一也。

（3）死生无变于己，而况利害之端乎：生与死是一对矛盾，物方生方死，事物在生成的过程中也在向死亡迈进，而人们死亡的过程又是新生的过程，正所谓"向死而生"，生与死只是人一个阶段的变化，对于人本身来说并无不同，在此也为魏晋时期道教对于生死的看法——修仙保真形成了理论基础。

二是齐之"物论"——物论者，人们对于事物的看法与认识。人们因环境、时间等外在条件的不同则必然会导致不同的思维方式，从而形成对于事物认识的不同方法，形成了对于事物的不同认识，而"齐"之一字便将人自身的限定性打破。在广度上，人们无法认知自己对于事物认识的完整性，因此才会拘泥于一孔之见，形成对于事物的千差万别的认识；在深度上，人们无法认知自己的认识是否正确，因为人们看待事物的相对性，是是非非，对于确定的是非标准人们各有一套，而人们既无法完全否定又无法完全肯定。因此打通人们对于事物的不同认识，是是非非本没有恒定的标准，事物本身是一个客观的事物，只是人们的价值偏向使其形成不同的认识。齐"物论"，便是庄子基于人们对于自己认识的不确定性，从而主张万事万物没有恒定的标准，顺其自然，无为而治，在此，表现了庄子认识到人们认识的有限性，但是他片面夸大了认识的相对性与不确定性，从而走上了相对主义与怀疑论的道路。

（1）物物非彼，物无非是。是非本身没有一个统一的客观标准，皆是人所认知而形成的对于事物评定的某一个标准，庄子以相对主义的思想主张各执是非一端，非真是非也，实则无是无非。

（2）胜则果是，败则果非？针对于是非本身没有什么标准，那么即使在辩论中获胜或获败，只是一个限定领域内的对与错，但是在根本问题上无胜无败，人们在自己的认识领域也无法存在绝对的真与假、正确与错误。庄子在人们的认识论上倒向了真理是无法认知的不可知论以及执着于事物的相对性，以相对破相对以求无待，从而论证齐万物与齐物论。

（3）无知则知，知则无知。儒家主张有知之知而有为于天下，而庄子则主张圣人正是因为执着于知，从而形成对于事物片面的认识，无法从事物的本真去认识事物，最终将失去对于事物本质认识的真知，并且他以"四种知"进而主张一种无知之知，不执着于知而顺其自然，乃为大知。

在此，庄子主张"齐物论"，不仅是实现齐"万物"，而且要实现齐"物我"。他以庄周梦蝶为凭借，讲述人与物的相互转化与融会贯通，将我融通于万物之中，实现我的自由转化，摆脱对于事物的利用，到达无我无物、逍遥无待的境界，即"天地与我并生，而万物与我为一"。

【经典背诵】

1. 夫吹万不同，而使其自己也，咸其自取，怒者其谁邪！
2. 物无非彼，物无非是。自彼则不见，自知则知之。故曰彼出于是，是亦因彼。彼是，方生之说也。
3. 天地与我并生，而万物与我为一。
4. 物固有所然，物固有所可；无物不然，无物不可。故为是举莛与楹、厉与西施、恢恑憰怪，道通为一。其分也，成也；其成也，毁也。凡物无成与毁，复通为一。
5. 昔者庄周梦为胡蝶，栩栩然胡蝶也，自喻适志与！不知周也。俄然觉，则蘧蘧然周也。不知周之梦为胡蝶与，胡蝶之梦为周与？周与胡蝶，则必有分矣。此之谓物化。
6. 夫大道不称，大辩不言，大仁不仁，大廉不嗛，大勇不忮。

【思考题】

论述庄子的"齐物论"主旨。

《管子》

【作品简介】

《管子》一书大致成书于春秋战国期间,战国时期广为流行,《韩非子·五蠹》篇中说:"藏商、管之法者家有之。"从传颂程度可见,《管子》一书在先秦的历史地位。现在的《管子》附有刘向的叙录。据叙录说,《管子》共有 564 篇,除去重复的 484 篇,实际上是 86 篇。刘向所编辑的就是 86 篇。现存的《管子》实际只有 76 篇,另外的 10 篇已经失传。《管子》一书经刘向整理虽然一直流传下来,但是在清代以前是不受重视的,传抄讹夺现象非常严重。清代中期,诸子之学复兴,学者们才较多地注释《管子》。

《管子》一书思想丰富,包揽各家,因此,对《管子》一书性质的判定就显得尤为重要。冯友兰在其《中国哲学史史料学》中讲道:"从形式上看,我们可以说,《管子》一书的思想体系就是管子或管子学派的思想体系,但《管子》所包括的不是一家的思想,而是许多家的思想。它虽然包括了许多家的思想,却又不能算是杂家的书。"为什么不能算是杂家的书,冯友兰在其书中继续提到"杂家只是把各家的长处都收集起来,凑在一起,成为一个完整的体系,而《管子》却不是这样"。《汉书·艺文志》将《管子》列入道家。《隋书·经籍志》以后对应书籍都将《管子》列为法家。张岱年在《管子新探·序》中说:"从《管子》书的总体看,列入法家是正确的,虽然《管子》书中也含有道家的思想。"从此书的思想内容可见,《管子》非一时之书,亦非一人书,《管子》一书应是稷下之学推崇管仲的学者们所作,他们依托管仲立论,故此书为管子学派的著作总集。

《管子》一书可以说是先秦最丰富的哲学思想著作。其主张按照道的规律行事,认为万物皆来源于"道";重视德礼教化,讲求仁义礼法,提倡爱民、兴民;主张发展农业生产,重视劳动的作用,反对浪费奢侈;坚持以法治国,强调法对社会的意义。管学思想体系的突出特点就是"以人为本",这个特点汇通管学政治思想、经济思想、军事思想始末。书中的理论和实践经验为后人留下了宝贵的文化遗产,特别是经济思想中关于农业生产的理论,对当今亦有较强的借鉴和指导意义。

【原典选读】

《内业》选读

凡物之精,此则为生。下生五谷,上为列星。流于天地之间,谓之鬼神;藏于胸中,谓之圣人。是故民气,杲①乎如登于天,杳②乎如入于渊,淖③乎如在于海,卒乎如在于己。是故此气也,不可止以力,而可安以德;不可呼以声,而可迎以音。敬守勿失,是谓成德,德成而智出,万物果得。

凡心之刑,自充自盈,自生自成。其所以失之,必以忧乐喜怒欲利。能去忧乐喜怒欲利,心乃反济。彼心之情,利安以宁,勿烦勿乱,和乃自成。折折乎如在于侧,忽忽乎如将不得,渺渺乎如穷无极。此稽不远,日用其德。

夫道者,所以充形也,而人不能固。其往不复,其来不舍。谋乎莫闻其音,卒乎乃在于心;冥冥乎不见其形,淫淫乎与我俱生。不见其形;不闻其声,而序其成,谓之道。凡道无所,善心安爱。心静气理,道乃可止。彼道不远,民得以产;彼道不离,民因以知。是故卒乎其如可与索,眇眇乎其如穷无所。彼道之情,恶音与声,修心静音,道乃可得。道也者,口之所不能言也,目之所不能视也,耳之所不能听也,所以修心而正形也;人之所失以死,所得以生也;事之所失以败,所得以成也。凡道,无根无茎,无叶无荣。万物以生,万物以成,命之曰道。

《心术》选读

心之在体,君之位也;九窍之有职,官之分也。心处其道,九窍循理。嗜欲充益,目不见色,耳不闻声。故曰:上离其道,下失其事。毋代马走,使尽其力;毋代鸟飞,使弊④其羽翼;毋先物动,以观其则。动则失位,静乃自得。

道不远而难极也,与人并处而难得也。虚其欲,神将入舍。扫除不洁,神乃留处。人皆欲智,而莫索其所以智乎。智乎,智乎!投之海外无自夺,求之者不得处

---

① 杲(gǎo):高明貌。
② 杳:远得看不见踪影。
③ 淖(nào):湿润貌。
④ 弊(bì):废弃。

之者。夫正人无求之也,故能虚无。虚无无形,谓之道;化育万物,谓之德;君臣父子,人间之事,谓之义;登降揖让,贵贱有等,亲疏之体,谓之礼;简物小未一道,杀僇禁诛,谓之法。大道可安而不可说。直人之言,不义不顾,不出于口,不见于色;四海之人,又孰知其则?

天曰虚,地曰静,乃不伐。洁其宫,开其门,去私毋言,神明若存。纷乎其若乱,静之而自治。强不能遍立,智不能尽谋。物固有形,形固有名,名当谓之圣人。故必知不言、无为之事,然后知道之纪。殊形异埶,不与万物异理,故可以为天下始。

【思想概要】

《管子》中的天道观。《管子·形势》云:"天不变其常,地不易其则,春秋冬夏不更其节,古今一也。""古今一也"不是说万事万物的具体形态没有变化,而是说事物背后的那个规律性的东西是"常"的。自远古以来,中国哲学讨论了关于阴阳、五行等天道观的问题,但是直到管子这种"天道""天常"的观念才得以明确地提出,这也从侧面说明了那个时代背景下,人们哲学的思维和理论水平具有了更好的概括性。管子的"天常"观点指的是天气、天象的规律性。《乘马》篇又讲到"春秋冬夏,阴阳之推移也;时之短长,阴阳之利用也"。管子进一步把这个不变的东西归结为阴阳,认为阴阳是最根本的普遍不变的东西。不仅如此,管子还用阴阳的对立统一作用来解释世界万物之所以是这样的原因,即阴阳是事物发展的根本动力的观点,这说明中国先人们的实践经验已经发展到了一定阶段,已经可以透过现象看本质了。这种"常"不是绝对的而是相对的,《乘马》篇又云:"然则阴阳正矣,虽不正,有余不可损,不足不可益也。"这说明了气象的非常性,即寒暑节气有提前和错后的现象,这都是正常的。在此基础上,管子得出结论,即"天也,莫之能损益也",这就是说"天"自身可以有损益,但人不可以损益"天"。这实际上阐明了"天"的客观性,它是不以人的意志为转移的,具有朴素唯物主义倾向。总的来说,管子所谓的"天"不是有意志的主宰之天,而是客观的自然之天、规律之天,这对荀子的"天行有常"产生了重要的影响。他在强调"天"的客观性的同时,不否定人的主体性,认为人可以"法天象地""法天合德",从中又可以看到老子"人法地,地法天,天法道,道法自然"的思想苗头。但是这里需要注意一个问题,管子是个现实的改革主义者,他为何要关注这些虚空玄远的天道观呢?《管子·形势》云:"欲王天下而失天之道,天下不可得王也。"由此可以看出,管子阐述天道观是为其政治理论提供形上的依据,从

"天之道"的高度来看"王天下",把现实政治问题提高到了哲学的层面。

"礼""法"相辅的治世观。春秋时期,随着土地改革而来的是经济基础的变革,西周的以礼为基本框架的上层建筑也发生着或快或慢的变更。这时候社会逐渐失去了维系世道人心的价值基础,这就迫切需要一种新的、符合时代特征的治世思想出现。管子深刻剖析了当时的社会背景,提出了"法治"的主张,强调"和民一众,不知法不可。"这也表明了其法家的基本立场,但是管子作为齐法家的代表人物,并不是只重法而否定礼的社会作用,他也正确地认识到"刑罚不足以畏其意,杀戮不足以服其心",所以提出了礼法并用的观点。他将"礼义廉耻"作为国之"四维",并认为"四维不张,国乃灭亡"。这种礼法相结合的观点亦是对传统礼法观点的发展,即由原来的"礼不下庶人,法不上大夫"到"刑罚不避大夫,赏罚不遗匹夫"。礼、法相符的治国理论下透显着义、利两种价值的结合。法以利为导向,礼以义为核心,这两种价值观念本是截然不同的方面,而管子避开了传统只重礼不知法或只重法不知礼的观念,强调礼法并用,正确处理了人的物质基础和道德自觉的矛盾,即"仓廪实而知礼节,衣食足而知荣辱"。

《管子》中的黄老道家哲学。《管子》中涉及黄老道家哲学的基本为《心术》上下、《白心》《内业》四篇,此皆为稷下学者所作,其本质在于以道论法。《心术》上云:"道在天地之间也,其大无外,其小无内。"坚持了老子的道论,把"道"作为天地万物的本原,并指出了道的普遍性。在此基础上为了论证抽象的道如何产生世界万物,《管子》中提出了"精气"的概念,对老子的道进行了新的解释。所谓的精气不是一般的气,而是气中最精微、最细小的部分。稷下学者把精气作为道的质料,认为万物的产生实际上是通过精气这种质料来完成的,即由精气构成了天地万物。稷下学者还进一步将道与精气融为一体,解释了"德"的观念——道在具体事物中的存在状态。《心术》上篇中说:"虚无无形谓之道,化育万物谓之德",由此可以看出,德是道与万物的一个中间环节。总体来说,道是一个整体,其中有细微的精气,此精气通过德的中介作用构成具体的万物,这样道与万物就统一起来了。"精气说"的理论意义在于,对道如何产生世界万物做了比较详细的说明,达到了一与多的统一;除此之外,由于精气是实际存在的,这就坚持了本原的物质性,打击了传统的泛神论观点。但是,它没有说明精气是如何产生的,亦具有理论局限性。

《管子》中的"心术"思想。"心术"是稷下黄老学派的一个重要概念,它源自老子的修道思想,又对老子的思想有所扬弃。"心术"即治心之术,在老子那里,心术专指对于宇宙万物之"道"的体贴和把握,其不包括"为学"的内容;而《管子·心术》篇中的心术继承了老子对"道"的把握,又增添了新的现实性的内容,即对世界万物的认识。《心术》篇云:"'人皆欲知而莫索之',其所(以)知,彼也;其所以知,此也。不修之此,焉能知彼?"这就是说"心术"包括两个具体的内容,一个是意识如何控制感官的活动,另一个是意识本身应该保持一个什么样的状态。在《心术》篇中还区别了意识活动的主体和客体——彼与此的关系,从而深化了老子的修道认识论。

【经典背诵】

1. 仓廪实则知礼节;衣食足则知荣辱。
2. 政之所兴,在顺民心;政之所废,在逆民心。
3. 观国者观君,观军者观将,观备者观野。
4. 霸王之所始也,以人为本。本理则国固,本乱则国危。
5. 功成者隳,名成者亏。日极则仄,月满则亏。
6. 圣君任法而不任智,任数而不任说,任公而不任私。

【思考题】

1. 简述《管子》中的"精气"说。
2. 阐述《管子》中黄老哲学对老子道论的发展。
3. 论述《心术》篇中的"心术"论。

《韩非子》

【作品简介】

《韩非子》一书在战国就已经在流传了,只不过当时只是单篇的文章,并没有现在编订成集的书目。根据传统观点,《问辩》《定法》《诡使》《六反》《五蠹》《显学》六篇是韩非所作,其他篇章皆是其后学所作。《韩非子》一书的形成大致是秦灭韩后到被李斯迫害之前,由秦朝的御史所整理编订。《韩非子》在一开始被称为《韩子》,直到宋代人们称韩愈为韩子,为了区别开来,故为《韩非子》。《韩非子》一书共55篇,按陈千钧先生的讲法,可将全书分为9类,即游说类、上书类、老学类、纪事类、君术类、辩难类、问学类、通论类和补辑类。这种分法遵循了原来的篇章结构,有利于把握全书本来面貌,但分类标准不一,有逻辑混乱之嫌。

韩非是法家的集大成者,但不是法家和法学的创始者。早在春秋时期就有齐法家与晋法家之分。早期的法家大多主张"法",如商鞅重法,申不害重术,慎到重势,他们都孤立地讨论法的问题,直到韩非才有了系统的论述——融合法、术、势综合施治。可以说,韩非在早期法家那里继承了"治世不一道,便国不法古"的社会历史观,认为现实的政治应该随着历史环境的演变而更替,而非是一味地、无条件地遵循上古的道德制度。可以看出法家是与时俱进、与世偕行的,他们在一定程度上看到了社会历史的发展和前进的必然性,提出的治国措施也有效地促进社会历史向着更好的层次前进。《史记》载:"韩非者,韩之诸公子也。喜刑名法术之学,而其归本于黄老。"由此可见,韩非的思想体系是很复杂的,郭登皞在其《韩非子政治思想研究》中亦说:"《韩非子》不仅集法家之大成,而且集先秦诸子之大成,它的思想渊源包括法家的法治、术治、耕战、疑古、性恶论;道家的自然无为、愚民说;儒家的正名、性恶;墨家的唯实、尚同等。"由此可见,仔细考察韩非思想之源流是很有必要的。

韩非之法家哲学顺应了历史的潮流,总结了先秦诸子各说,促进了奴隶史向封建史的转变。韩非哲学提供了封建君主专制下政治统治的理论基础,奠定了中央集权制的理论框架,后世统治者无不奉行"外儒内法"的统治原则,影响了整个封建时代甚至封建残余的时代。其在政治上的作用可以说结束了春秋战国时期百家争鸣的局面,这在客观上促进了思想的统一、民族的凝聚,是具有历史的意义的。但是,其片面地夸大了君主的权力和作用,虽然提倡法,但将法置于君主手中,不可避免地具有阶级的局限性。

【原典选读】

《问辩》选读

或问曰:"辩安生乎?"对曰:"生于上之不明也。"问者曰:"上之不明,因生辩也,何哉?"对曰:"明主之国,令者,言最贵者也,法者,事最适①者也。言无二贵,法不两适,故言行而不轨于法令者必禁。若其无法令而可以接诈应变、生利揣事者,上必采其言而责其实,言当则有大利,不当则有重罪,是以愚者畏罪而不敢言,智者无

---

① 适:通"适",适合之意。

以讼,此所以无辩之故也。乱世则不然,主有令而民以文学非之,官府有法民以私行矫之,人主顾渐其法令而尊学者之智行,此世之所以多文学也。夫言行者,以功用为之的彀①者也。夫砥砺杀矢而以妄发,其端未尝不中秋毫也;然而不可谓善射者,无常仪的也。设五寸之的,引十步之远,非羿、逢蒙不能必中者,有常仪的也。故有常则羿、逢蒙以五寸的为巧,无常则以妄发之中秋毫为拙。今听言观行,不以功用为之的彀,言虽至察,行虽至坚,则妄发之说也。是以乱世之听言也,以难知为察,以博文为辩;其观行也,以离群为贤,以犯上为抗。人主者说辩察之言,尊贤抗之行,故夫作法术之人,立取舍之行,别辞争之论,而莫为之正。是以儒服带剑者众,而耕战之士寡;坚白无厚之词章,而宪令之法息。故曰:"上不明则辩生焉。"

《五蠹》选读

今则不然。以其有功也爵之,而卑其士官也;以其耕作也赏之,而少其家业也;以其不收也外之,而高其轻世也;以其犯禁罪之,而多其有勇也。毁誉、赏罚之所加者,相与悖缪也,故法禁坏而民愈乱。今兄弟被侵,必攻者,廉也;知友被辱,随仇者,贞也;廉贞之行成,而君上之法犯矣。人主尊贞廉之行,而忘犯禁之罪,故民程于勇而吏不能胜也。不事力而衣食则谓之能,不战功而尊则谓之贤,贤能之行成,而兵弱,而地荒矣。人主说贤能之行,而忘兵弱地荒之祸,则私行立而公利灭。

儒以文乱法,侠以武犯禁,而人主兼礼之,此所以乱也。夫离法者罪,而诸先生以文学取;犯禁者诛,而群侠以私剑养。故法之所非,君之所取;吏之所诛,上之所养也。法、趣、上、下,四相反也,而无所定,虽有十黄帝,不能治也。故行仁义者非所誉,誉之则害功;习文学者非所用,用之则乱法。楚人有直躬,其父窃羊而谒之吏。令尹曰:"杀之。"以为直于君而曲于父,报而罪之。以是观之,夫君之直臣,父之暴子也。鲁人从君战,三战三北。仲尼问其故,对曰:"吾有老父,身死莫之养也。"仲尼以为孝,举而上之。以是观之,夫父之孝子,君之背臣也。故令尹诛而楚奸不上闻,仲尼赏而鲁民易降北。上下之利若是其异也,而人主兼举匹夫之行,而求致社稷之福,必不几②矣。

---

① 彀(gòu):张弩也,比喻射箭。

② 几:希望。

【思想概要】

韩非的政治学理论基础——"法、术、势"综合施治。《难三》篇曰:"法者,编著之图籍,设之于官府,而布之于百姓者也。"故"法"可分为两种,一种是成文法——编著之图籍;另一种是公布法——布之于百姓者也。可以说法是政治学体系的核心了,无法则国不行,社会不能安定,统治不能稳固。韩非针对当时道德滑落和人心不古的现实状态,深刻分析了道德约束和法治约束的利弊,认为君主要"缘法而治",此法治在一定意义上打破了以亲亲为基础的人治。法家"不别亲疏,不殊贵贱,一断于法"的观点,在客观上增强了人们的平等意识,为是非对错提供了比较客观的标准,不以人的亲疏、贵贱所转移,对现代的民主意识、平等意识具有重要的启发作用。"术"亦分两种——明术和暗术。《定法》篇说:"术者,因任而授官,循名而责实,操杀生之柄,课群臣之能也。"故明术就是依据能力任免官员和依据臣子的言行、职务来检验他的政绩和行为。这种明术秉承了"尚贤"的原则,又坚持了具体问题具体分析的原则因能授官,根据不同人的能力任用不同的职位。这种术是能看得见的,这一方面增强了选举的透明度,另一方面也有利于提高官员的工作效率和工作效绩。当然还有一种暗术。这暗术就是君主所掌握的治御群臣的一种权术、权谋,《难三》篇云:"术者,藏之于胸中,以偶众端而潜御群臣者也。"这足以见,这种不可示人之术是君主之所以有权威的基础前提,假使君主不能驾驭群臣则法度难行。这种暗术表明了君主与大臣之间的矛盾性,但是这种方法只强调君主的权力方面,故不可避免地片面夸张了君主的权力,从而导致专制。"势"是指君主对大臣的威慑力,是一种可以对大臣施加影响的支配力量。这种力量一方面来自君主的个人威信和魅力,另一方面则来自君主所掌握的术和对法的支配。因此,君主要善于"处势",即《八经》篇所讲:"君执柄以处势,故令行禁止。"从处势的效果来看,对实现法度,规整社会道德有一定的效用;但从处势的手段来看时,它又是极端的、偏激的。

法、术、势三者是相互配合、综合施治的。正如冯友兰在其《中国哲学史》中讲道:"韩非以为法术势三者,皆帝王之具。"故法、术、势之间是循环互补的关系。三者不仅具有统一的关系,还有矛盾的方面。韩非在倡导法的同时又重暗术和势,这就导致了法律的普遍性和帝王权术的特殊性之间的矛盾,即法律面前人人相对平等和将特权偏向君主的暗术、势的矛盾。

韩非之历史观。韩非在本质上就是一位改革家,因此他必然要坚持社会不断变化的观点。韩非坚持"世异则事异,事异则备变"的历史进化观点,认为治国措施要随着历史的发展而不断发生变化。韩非还进一步分析了各个时代的阶段特征,《五蠹》篇云:"上古竞于道德,中古逐于智谋,当今争于气力。"这种对阶段特征的把握虽然不完全符合史实,但认识到了各个时代的差异性,是有其积极意义的。他又在《更法》篇中说:"上世亲亲而爱私,中世尚贤而悦仁,下世贵贵而尊官。"这种对社会生活的分析亦是其变革的理论基础。总而言之,只要是韩非对当时现实政治趋势分析的理论依据,多根据此社会进化的历史观。

韩非之人性论。韩非从学于荀子,他不仅坚持了荀子的人性恶的看法,还进一步将性恶论发展为极端的利害论,认为人人都是自私的,"道之以德,齐之以礼"的态度不可取,故必须"道之以政,齐之以刑"。在此基础上,韩非对各种社会关系进行了利害的分析。在君民关系上,韩非把民众完全作为统治者谋求利益的工具,正是因为统治者的赏与罚才使得君民得以和谐;在君臣关系上,他将其概括为"主卖官爵,臣卖智力"的交易关系;在父子关系上,他认为父母养育子女只是为了老时被供养,父子双方根本没有亲亲之情,只是利益的存在。在这里,韩非彻底否定了血缘、仁爱的社会作用,排除道德的价值,把人与人之间的关系完全功利化了。这种通过经验的个案推及一般的道理是有逻辑局限性的,并且把人的本质和人际关系归结为利害关系本身就具有片面性。但是,应当承认韩非子以这种功利人性观为基础建构其政治理论体系的努力。

对"道""理"的新阐释。黄老道家"以道论法"但是在那时他们还缺少法治的实践经验,故韩非根据当时法治的实践需要对道家"道"和"理"进行了新的阐释。在韩非看来,"道"即"万物之所以然也",这就从老子"道"的本原义发展为"本体"义,即"道"是万物之所以这样的依据,"理"则是个别事物具体的规律。《解老》篇讲"万物各异理,而道尽稽万物之理",由此可见,道与理的关系即总规律与特殊规律之间的关系。韩非对道和理的阐释是把道和理作为治国措施的形上依据,认为道与理不是像老子说的不可琢磨,而是可以认识和掌握的,即"今道虽不可得闻见,圣人执其见功以处见其形",故人们可以"执道循理"。所以,人应当发挥自己的主观能动性,这就在一定程度上克服了老子哲学所产生的消极影响,为积极进取的改革提供精神动力。

【经典背诵】

1. 事在四方,要在中央。圣人执要,四方来效。(《扬权》)
2. 儒以文乱法,侠以武犯禁,而人主兼礼之,此所以乱也。(《五蠹》)
3. 刑过不避大臣,赏善不遗匹夫。(《有度》)
4. 宰相必起于州部,猛将必发于卒伍。(《显学》)
5. 糟糠不饱者不务梁肉,短褐不完者不待文绣。(《五蠹》)
6. 布帛寻常,庸人不释;铄金百溢,盗跖不掇。(《五蠹》)

【思考题】

1. 简述韩非之社会历史观。
2. 评述韩非之政治思想。
3. 比较老子的"道"与韩非的"道"。

《公孙龙子》

【作品简介】

《公孙龙子》据《汉书·艺文志》记载,一共有14篇,但是现存的只有6篇,即《迹府》《白马论》《坚白论》《指物论》《通变论》和《名实论》。《迹府》篇是公孙龙门人记录的关于公孙龙的生平;《白马论》主要论述共性和个性的问题;《坚白论》主要论述事物与事物的各要素之间关系的问题,"离坚白"的观点是公孙龙思想一大特色;《指物论》主要论述"指"与"物指"的问题;《通变论》主要论述一切皆变的观点;《名实论》则论述"名"与"实"的关系问题。

【原典选读】

白马非马,可乎?

曰:可。

曰:何哉?

曰:马者,所以命形也;白者,所以命色也。命色者非命形也。故曰:"白马非马"。

曰：有白马，不可谓无马也。不可谓无马者，非马也？有白马为有马，白之，非马何也？

曰：求马，黄、黑马皆可致；求白马，黄、黑马不可致。使白马乃马也，是所求一也。所求一者，白者不异马也，所求不异，如黄、黑马有可有不可，何也？可与不可，其相非明。如黄、黑马一也，而可以应有马，而不可以应有白马，是白马之非马，审矣！

曰：以马之有色为非马，天下非有无色之马也。天下无马可乎？

曰：马固有色，故有白马。使马无色，有马如已耳，安取白马？故白者非马也。白马者，马与白也。马与白，马也？故曰：白马为马也。

曰：马未与白为马，白未与马为白。合马与白，复名白马。是相与以不相与为名，未可。故曰：白马为马未可。

曰：以有白马为有马，谓有白马为有黄马，可乎？

曰：未可。

曰：以"有马为异有黄马"，是异黄马与马也；异黄马与马，是以黄马为非马。以黄马为非马，而以白马为有马，此飞者入池而棺椁异处，此天下之悖言乱辞也。

曰：以"不可谓无马者"，离白之谓也；不离者有白马不可谓有马也。故所以为有马者，独以马为有马耳，非以白马为有马。故其为有马也，不可以谓马马也。

曰：白者不定所白，忘之而可也。白马者，言白定所白也，定所白者，非白也。马者，无去取于色，故黄、黑皆所以应；白马者，有去取于色，黄、黑马皆以所色去，故唯白马独可以应耳。无去者非有去也，故曰："白马非马"。

【原典翻译】

问：可以说白马与马不同吗？

答：可以。

问：为什么？

答："马"是对物"形"方面的规定，"白马"则是对马"色"方面的规定，对"色"方面的规定与对"形"方面的规定性，自然是不同的。所以说，对不同的概念加以不同规定的结果，白马与马也是不同的。

问：有白马，不可以说是没有马。既然不可以说是没有马，那么白马不就是马了？既然有白马称为有马，那么为什么白色的马就不是马呢？

答：如果要求得到"马"，黄马、黑马都可以满足要求；如果要求得到"白马"，黄马、黑马就不能满足要求了。假使白马就是马，那么要求得到马与要求得到白马便完全一样了，如果所要求得到的是一样的话，那么白马与马自然就没有区别，但是，如果要求得到马与要求得到白马没有区别，那么，为什么黄马、黑马有时答应有马而不可以答应有白马呢？既然可以答应有马而不可以答应有白马。这就明显地说明要求得到"马"与要求得到"白马"是完全不同的。所以，同样一匹黄马或黑马可以答应有马，而不可以答应有白马。这就是说明原来"白马乃马"的假设是不能成立的。所以，"白马区别于马"，这是清楚不过的事理。

问：照您的意思看来，马有了颜色就不同于马了。可是世界上没有无颜色的马，那么，能说世界上有颜色的马都不算是马了吗？

答：马本来有颜色，所以有白马。假使马没有颜色，就只有"马"而已，怎能称它为白马？但是，规定马是白色的马就与"马"有区别了。所谓白马，是马限定于白色的，限定于白色的马自然与马是有区别的，所以说白马非马。

马，是不受"白"限定的马；白，是不受"马"限定的白。把白与马两个概念结合起来而相与限定，变成一个新的概念来称呼受了限定的概念，这当然是不可以的。所以，认为白马是马，是不对的。

照您看来，有白马就是有马，但是，能够说"有白马就是有黄马"了吗？

答：当然不可以那样说。

答（答难者再说）：既然承认了"有马区别于有黄马"，就是把黄马与马区别开来了，这就是说黄马非马了；既然把黄马与马区别开来，反而要把白马与马等同起来，这不就是叫飞鸟沉到水里飞翔而让棺与椁各在西东那样好笑吗？这是十足的逻辑混乱。

答：认为有白马不能说是没有马，这是不去考虑"白马"而就马形来说的。但是，"白马"却是与马相结合而不能分开的概念，因此，作为白马的概念不能称为马。所以，称为"马"的，仅仅是以马形而称为马，而不能以白马称为马。因此，称为马的概念，是不能作为任何一匹具体有色之马的概念的。

答：白色并不限定于哪一种事物的白，具体事物对"白"来说并不妨碍作为"白"的本质，因而可以忽略不计。白马只是限定于白色的马。限定于具体事物的白（如白马）是与抽象的、一般的"白"有区别的。同样的理由，"马"，是不限定于哪一种颜色的,所以,黄马、黑马都可以算数;白马,只限定于白色的马,黄马、黑马都因具有与"白马"不同的颜色而不能算数。所以仅仅只有白马才能算数。不加限定的概念与加以限定的概念是有区别的。所以说白马与马是有区别的。

【思想概要】

《白马论》是公孙龙的成名之作,在此论中他考察了马之名、白马之名,马之实、白马之实的关系,以客问主答的形式论述了本文的核心:白马非马。应当注意,这里的"非"是有异于、不完全同于之意,不可作完全不同于、全异于之意理解。此注意项贯穿于全文的始终,故不可不察也。全文分六个部分对论点——白马非马进行了论证。

第一部分,从命题的内涵上论述"白马非马"。《白马论》说:"马者,所以命形也;白者,所以命色也。命色者非命形也,故曰:'白马非马。'"这就是说"马"是对形的规定性,而"白"则是对颜色的规定性,称呼马的颜色不等于称呼马的形体,所以"白马非马"。在这里我们能够看到,"马"只有形体的规定性,而"白马"既有形体的规定性又有颜色的规定性,所以"马"与"白马"这两个概念的内涵是不同的,"马"的内涵明显比"白马"大,所以白马不是马。

第二部分,从命题的外延来论证"白马非马"。《白马论》讲:"求马,黄、黑马皆可致;求白马,黄、黑马不可致……是白马之非马,审矣!"这就是说,马的外延很广,因为它只有形体的规定性,所以求马可以忽略黑色和黄色而求得黑马和黄马。但是白马的外延很窄,它不仅具有形体的规定性还具有颜色的规定性,所以求白马不能忽略颜色的规定性,因此不可求得黄马和黑马。说马可以求得黄马和黑马,求白马不可求得黄马和黑马,所以公孙龙得出结论"白马非马"。公孙龙在这里揭示了种概念与属概念之间的差异,看到了它们的不同,这是合理的,但是他把这种不同放大化,只强调求马可得黄马和黑马,不说求马还能得到白马这是其理论缺陷之所在。

第三部分,从"指"与"物"的区别上论证"白马非马"。这是针对客人的质疑——如果有颜色的马不是马,而且天下没有无颜色的马,那么这样天下不就没有马了吗?——所做出的回应。在这里需要对"指"与"物"的关系做一简要解释。"指"就是隐藏在事物中的共相,它是一种抽象的存在;"物"亦可称为"指物",它就是世界上存在着的各式各样的殊相(客观事物),它是一种现实的存在。《白马论》中说:"马固有色,故有白马。使马无色,有马如已耳,安取白马?故白者非马也。

白马者,马与白也;马与白,非马也。故曰白马非马也。"在这里,公孙龙承认现实的马都有颜色,所以有白马。如果使马无色的话,那么马就是马,它作为一种抽象的共相可以独立存在。不仅马就是马,白亦就是白,这是从"指"的方面上讲的。公孙龙进一步讲,白马是白与马的结合,因此把两种属性(白+马)结合起来的事物(白马)是不同于单一抽象共相的东西(马)的,所以说白马不是马。

第四部分,从全称和特称的关系上论证"白马非马"。马、白马、黄马为全称,有马、有白马、有黄马为特称。《白马论》云:"'有马为异有黄马',是异黄马与马也;异黄马与马,是以黄为非马。以黄马为非马,而以白马为有马,此飞者入池而棺椁异处,此天下之悖言辞也。"这就是说有白马为马中的一个部分,是有马而不是全部的马,所以说有白马不等于有黄马,这就意味着有马不等于有黄马,所以黄马不等于马。既然黄马不等于马,那么白马亦不等于马。

第五部分,公孙龙进一步论证了"有白马不可谓有马"。客人所讲的"有白马不可谓无马"是离开颜色而讲的,我们不可以离开颜色讲白马无马。所以,不离开颜色讲的话,白马是"物指"方面讲的,而马是就"指"方面讲的,有白不一定是马,所以白不是马,假如白是马的话,那么白马就是马了,这当然是不符合逻辑的。

第六部分,从共相与殊相上论证"白马非马"。《白马论》云:"白者不定所白,忘之而可也。白马者,言白定所白也,定所白者,非白也。"这就是说马什么样的都可以有,而白马其有颜色的规定,所以白马之所指与马之所指实在是不相同。公孙龙还进一步论证,所谓白是无定的,即可以存在于一切事物,而白马的白则是有定的,即只能存在于马,所以普通意义上之白(无定)不同于白马之白(有定)。综合来看,白马不是马,明矣。

【经典背诵】

1. 马者,所以命形也;白者,所以命色也。命色者非命形也。故曰:"白马非马"。
2. 指也者,天下之所无也;物也者,天下之所有也。以天下之所有,为天下之所无,未可。

【思考题】

简要概括公孙龙对"白马非马"的论证。

第二部分　汉唐哲学

《淮南子》

【作品简介】

　　《淮南子》又称《淮南鸿烈》，是淮南王刘安及其门客编纂而成的。其实，此书一开始并不为此名称，在《淮南子·要略》篇中有"若刘氏之书……"，作者在这里自称"刘氏之书"或成一家之言。为什么会称为"淮南"呢？难道就因为他是淮南王？不是的，在刘安之前还有三个淮南王，分别是英布、刘喜和刘长，今之学者推测之所以在书名上冠之"淮南"二字，大概是因为在刘安为淮南王期间，完成了二十多种哲学、文学、科学著作，这在西汉以前的王侯中是没有的，因此为了彰显他的学术价值，取"淮南"国名作为书名。对于"鸿烈"二字，许慎注曰："鸿，大也。烈，功也。"东汉学者高诱在《淮南子注·叙》中提道："其义也著，其文也富，物事之类，无所不载，然其大较归之于道，号曰《鸿烈》。鸿，大也。烈，明也，以为大明道之言也。"由此可见，两位对"鸿烈"二字的理解不同，许慎认为是弘扬伟大功业之义，而高诱则认为是弘扬大道之义。

　　《淮南子》一书包含了丰富的哲学思想，但这本书的性质是道家还是杂家还需细细考察。首先，司马谈认为《淮南子》是黄老道家的集大成之作，他在《论六家要旨》中把西汉以前的学术思想分为六个派别，即儒、道、法、墨、名、阴阳，并各自给予了价值判断。但是我们应当注意其派别立场——他在本质上为黄老道家学派。他认为道家"其为术也，因阴阳之大顺，采儒、墨之善，撮名、法之要，与时迁移，应物变化，立俗施事，无所不宜，指约而易操，事少而功多"。他认为道家吸收各家之合理成分，顺应天地万物的大道规律，给予了道家思想最高的评价，所以在判别《淮南子》思想时不免有失偏颇。其次，东汉学者高诱在注解《淮南子》时说道："……然其大归之于道。"于是有人就说这是归之于道家,这是对高诱原意的误解。这里所说的道为大道,具有形上学意义,而非所谓的道家。故《淮南子》为道家学派之书的说法并不成立,《汉书·艺文志》把《淮南子》一书归为杂家是比较合理的。

《淮南子》一书思想体系丰富,涉及方面多样,是中华民族重要的精神财富。《淮南子》一书其创作宗旨用《淮南子·要略》篇的话讲就是"夫作为书论者,所以纪纲道德,经纬人事,上考之天,下揆之地,中通诸理",它在本质上就是由黄老道家的无为到积极有为转变的理论基础。其书是对先秦诸子学说的吸收和融汇,其包含着丰富的哲学思想。孙纪文在《淮南子研究》中将此书分为六派,认为《原道训》《俶真训》《精神训》《道应训》为老庄道家;《本经训》《主术训》《齐俗训》《氾论训》《诠言训》偏于黄老道家;《天文训》《坠形训》《时则训》《览冥训》为阴阳家;《缪称训》《人间训》《修务训》《泰族训》为儒家;《兵略训》为兵家;《说山训》《说林训》为纵横家。

【原典选读】

《原道训》选读

一

夫道者,覆天载地,廓四方,柝①八极;高不可际,深不可测;包裹天地,禀授无形;原流泉浡,冲而徐盈;混混滑滑,浊而徐②清。故植之而塞于天地,横之而弥于四海,施之无穷而无所朝夕;舒之冥于六合,卷之不盈于一握。约而能张,幽而能明;弱而能强,柔而能刚;横四维而含阴阳,纮宇宙而章三光;甚淖而滒③,甚纤而微;山以之高,渊以之深;兽以之走,鸟以之飞;日月以之明,星历以之行;麟以之游,凤以之翔。

二

夫太上之道,生万物而不有,成化像而弗宰。跂行喙息,蠉飞蠕动,待而后生,莫之知德;待之后死,莫之能怨。得以利者不能誉,用而败者不能非;收聚畜积而不加富,布施禀授而不益贫;旋县而不可究,纤微而不可勤;累之而不高,堕之而不下;

---

① 柝(tuò):古同"拓",开拓。
② 徐:慢慢。
③ 滒(gē):多汁的意思。

益之而不众,损之而不寡;斫①之而不薄,杀之而不残;凿之而不深,填之而不浅。忽兮怳兮,不可为象兮;怳兮忽兮,用不屈兮;幽兮冥兮,应无形兮;遂兮洞兮,不虚动兮;与刚柔卷舒兮,与阴阳俯仰兮。

《精神训》选读

夫精神者,所受于天也,而形体者,所禀于地也。故曰:"一生二,二生三,三生万物。"万物背阴而抱阳,冲气以为和。故曰:一月而膏,二月而肤,三月而胎,四月而肌,五月而筋,六月而骨,七月而成,八月而动,九月而躁,十月而生。形体以成,五藏乃形,是故肺主目,肾主鼻,胆主口,肝主耳,外为表而内为里,开闭张歙,各有经纪,故头之圆也象天,足之方也象地。天有四时、五行、九解、三百六十六日,人亦有四支、五藏、九窍、三百六十六节。天有风雨寒暑,人亦有取与喜怒。故胆为云,肺为气,肝为风,肾为雨,脾为雷,以与天地相参也,而心为之主。是故耳目者,日月也;血气者,风雨也。日中有踆乌,而月中有蟾蜍。日月失其行,薄蚀无光;风雨非其时,毁折生灾;五星失其行,州国受殃。

《天文训》选读

天坠未形,冯冯翼翼②,洞洞灟灟③,故曰太昭。道始生虚廓,虚廓生宇宙,宇宙生气。气有涯垠,清阳者薄靡而为天,重浊者凝滞而为地。清妙之合专易,重浊之凝竭难,故天先成而地后定。天地之袭精为阴阳,阴阳之专精为四时,四时之散精为万物。积阳之热气生火,火气之精者为日;积阴之寒气为水,水气之精者为月。日月之淫为精者为星辰。天受日月星辰,地受水潦尘埃。昔者共工与颛顼争为帝,怒而触不周之山,天柱折,地维绝。天倾西北,故日月星辰移焉;地不满东南,故水潦尘埃归焉。

【思想概要】

《淮南子》中的天道观。《原道训》篇云:"夫道者,覆天载地,廓四方,柝八极;高

---

① 斫:砍削。
② 冯冯翼翼:是指众盛的样子。
③ 洞洞灟灟(dòng dòng zhú zhú):比喻混沌无定形之貌。

不可际,深不可测;包裹天地,禀授无形。"由此可以看出,关于道的观点基本上还是延续了老子的道,即道是万物产生的本原,一切都是道中产生,道是普遍的,不可名说。但是《淮南子》中关于道的论述不仅仅这么简单,《天文训》中说"天地未形,冯冯翼翼,洞洞灟灟,故曰太昭。道始于虚廓,虚廓生宇宙,宇宙生气。"因此,宇宙未分之时的状态为太昭,道作为宇宙的最初状态它始于虚廓。从天道自然生成论上看,虚廓是气和宇宙之前的一个自然阶段,因此虚廓并不是无,并不是什么都没有;但是虚廓相对于具体的世界万物来说又是"无",它是一种自然属性的概括,人们看不见它。从这方面讲,这个虚廓是有与无的统一。

由本原论向本体论的发展趋势。在《俶真训》中作者借鉴了《庄子·齐物论》的话来表达对本原论的看法:"有始者,有未始有有始者,有未始有未始有有始者。"即如果宇宙有本原的话,那这个本原肯定还有其本原,因为事物不可能凭空产生。经过无限的追溯永远也找不到所谓的本原,所以作者阐述了道的本体意义,认为万事万物都是依据"道"。可以看出,道的本体论与上文叙述的道的本原论相冲突,这并不构成其理论的矛盾,因为我们知道《淮南子》并非出自一人,因此论述时兼采百家之说以成一家之言时难免有其欠妥当的地方,在这个问题上,我们不能过分地要求古人做超出他们生活的那个时代的生产力背景以外的事情。相反,我们应当看到其对老子道论的发展,看到其本体论转向的倾向,看到其对魏晋玄学本体论彻底转向的影响。

由无为向有为的转变。《淮南子》继承了黄老道家积极入世的精神,对原始道家的无为观念进行了新的阐释。在《修务训》中对"寂然无声,漠然不动;引之不来,推之不往"的道作了深刻的批判,认为无为并不是什么都不做,这种绝对的无为并不是《淮南子》的精神。正如《原道训》中所讲"所谓无为者,不先物为也;所谓无不为者,因物之所为",这就给寂然不动的道注入了人的主体因素,它既承认了人的主观能动性,又把世界的客观性作为发挥此能动性的基础,具有朴素唯物主义倾向。有为的特点是因循道之所在,只要是符合道就是无为。因此,我们要意识到人的行动只是顺应道而动,并非创造世界万物。此种转向亦适应了当时的社会环境,经过文帝和景帝的无为治生的政策,与民休养生息,当时的社会已经从战后的破坏中恢复了元气,已经积累了一定的社会经济基础,所以汉武帝时期则需要积极治理国家而不是仅仅顺应。

《淮南子》中的形神问题。首先,《淮南子》认为人的形和神都是有天地之气产生的,即《精神训》中所讲的"夫精神者,所受于天也;而形体者,所禀于地也"。作者从自然发生论上肯定了气统形神的作用,认为形、神、气三者是协调的,如果有一方面的失调就会影响其他方面。其次,《淮南子》中的形神关系是复杂的,一方面在《俶真训》中作者认为人可以"形苑而神壮",亦可"神尽而形有余",这就否定了形神二者相互联系的观点,强调二者的独立性。另一方面,《原道训》又说"故以神为主者,形从而利;以形为制者,神从而害",这就肯定了以神制形的观点,认为在形神关系中应以神为主导。应当注意,《淮南子》虽讲"以神为主",但这并不是唯心主义倾向,因为上文中已提到无论是神也好形也罢,都是由气统摄。

《淮南子》中的历史观。历史观是对于历史的看法,通常以对人类社会发展的认识来论证现世社会的权威性与合法性。《淮南子》将人类发展分为两个阶段,一个是上古时代,一个是三代以后。上古时代是道德最完备的时代。三代以后是世风日下、人心不古的时代。基于此,《淮南子》以道家的倾向批判了儒家的社会观。儒家认为今世社会是世风日下的时代,但是他要求用仁义道德来恢复到上古时代。《淮南子》认为正是由于仁义礼的人为设立才使得道德丧失,它强调要顺应人的自然本性,不应把仁义观念当作僵化的社会道德原则而破坏人的本来性质。除此之外,《淮南子》还吸收了法家的变革的精神,坚持与时俱进的主张,即《汜论训》中"苟利于民,不必法古;苟周于事,不必循旧"。

【经典背诵】

1. 心哀而歌不乐,心乐而哭不哀。
2. 乞火不若取燧,寄汲不若凿井。
3. 正身直行,众邪自息。
4. 马先驯而后求良,人先信而后求能。
5. 行一棋不足以见智,弹一弦不足以见悲。
6. 有大略者不可责以捷巧,有小智者不可任以大功。

【思考题】

1. 简述《淮南子》中的天道观。
2. 分析《淮南子》对道家思想的发展。

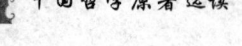

《法言》

【作品简介】

《法言》是汉学家扬雄晚年的著作,他生活在西汉由盛转衰的时代背景之下,社会危机主要表现为大地主阶级和中小地主阶级之间的矛盾。扬雄本人就代表着中小地主阶级的利益。因此,他需要为地主阶级制造一套新的统治理论,以维护社会统治。社会存在决定社会意识,基于这种政治现实,他仿效《论语》作了《法言》。

对于《法言》思想的判定。《法言》中大量的例子表明,扬雄不仅具有儒学倾向,亦有道家倾向,如《法言·问道》篇言:"老子之言道德,吾有取焉耳。"但是《问道》篇整体则是对儒家思想的维护。劳思光在《新编中国哲学史》中说:"扬雄表面上以儒家自居,但其立说则忽近于儒,忽近于道。"《法言》反映了扬雄的思想矛盾,即对传统儒学的向往和对未能彻底摆脱社会现状的矛盾。因此他不得不披着护卫孔子之道的外衣来宣传他的理论思想。深刻挖掘就会发现,这种方式是扬雄必然采用的,原因有二。第一,扬雄宣传其思想在本质上是为了维护封建专制统治,而经过董仲舒所形成的官方化儒学已经和封建制度融为一体,对儒学传统的维护在本质上就是对封建制度的维护。第二,扬雄所代表的阶级力量较弱,但是他又想表达自己的政治需求,这就不得不"托古陈说"以减少宣传的阻力。

《法言》之"法"原为"标准、准则"之意,在这里特指以儒家经典为核心而确立的立己达人、治国安邦之道。其发题内容有三:(1) 提倡以修身为本,立孔孟为儒学正宗。《学行》篇云:"学者,所以修性也,视、听、言、貌、思、性所有也。学则正,否则邪。"(2) 主张纯而不杂的儒学体系,摒弃儒学的政治功利性。《问神》篇云:"惟圣人为不杂。"(3) 崇尚圣人之说,进一步推崇儒学的独尊地位。《五百》篇云:"圣人之言远如天。"《问道》篇亦云:"圣人之言,似于水火……水,测之而益深,穷之而益远。"通过对《法言》思想的概述,我们可以看到扬雄对儒学的承上启下作用。第一,打破了经学传统的重师说而不重著的模式,通过对儒家"仁"为核心思想的论述,实现了与《论语》的对接。第二,其自觉维护儒学之正统地位的精神对后世唐宋儒家排道反佛、接续道统具有借鉴作用。第三,促进了儒学的内部变革,对董仲舒形成的儒学体系既有克服又有保留——克服了今文经学与神学目的论的结合,主张建立所谓的"纯儒学"体系。保留了尊崇儒学至尊地位的想法，旨在维护封建统治。

【原典选读】

或问"道"。曰："道也者，通也，无不通也。"或曰："可以适它与？"曰："适尧、舜、文王者为正道，非尧、舜、文王者为它道。君子正而不它。"或问"道"。曰："道若涂若川，车航混混，不舍昼夜。"或曰："焉得直道而由诸？"曰："涂虽曲而通诸夏则由诸，川虽曲而通诸海则由诸。"或曰："事虽曲而通诸圣则由诸乎？"道、德、仁、义、礼，譬诸身乎？夫道以导之，德以得之，仁以人之，义以宜之，礼以体之，天也。合则浑，离则散，一人而兼统四体者，其身全乎！或问"德表"。曰："莫知作，上作下。""请问礼莫知。"曰："行礼于彼，而民得于此，奚其知！"或曰："孰若无礼而德？"曰："礼，体也。人而无礼，焉以为德？"或问"天"。曰："吾于天与，见无为之为矣！"或问："雕刻众形者匪天与？"曰："以其不雕刻也。如物刻商雕之，焉得力而给诸？"老子之言道德，吾有取焉耳。及捶提仁义，绝灭礼学，吾无取焉耳。

吾焉开明哉？惟圣人为可以开明，它则苓。大哉圣人，言之至也。开之廓然见四海，闭之閛然不睹墙之里。

圣人之言似于水火。或问"水火"。曰："水，测之而益深，穷之而益远；火，用之而弥明，宿之而弥壮。"允治天下，不待礼文与五教，则吾以黄帝、尧、舜为疣赘。

或曰："太上无法而治，法非所以为治也。"曰："鸿荒之世，圣人恶之，是以法始乎伏牺而成乎尧，匪伏匪尧，礼义哨哨，圣人不取也。"或问："八荒之礼，礼也，乐也，孰是？"曰："殷之以中国。"或曰："孰为中国？"曰："五政之所加，七赋之所养，中于天地者为中国。过此而往者，人也哉？"圣人之治天下也，碍诸以礼乐，无则禽，异则貊。吾见诸子之小礼乐也，不见圣人之小礼乐也。

孰有书不由笔，言不由舌？吾见天常为帝王之笔舌也。

智也者，知也。夫智用不用，益不益，则不赘亏矣？深知器械、舟车、宫室之为，则礼由己。

或问"大声"。曰："非雷非霆，隐隐耾耾，久而愈盈，尸诸圣。"或问"道有因无因乎？"曰："可则因，否则革。"或问"无为"。曰："奚为哉！在昔虞、夏，袭尧之爵，行尧之道，法度彰，礼乐著，垂拱而视天下民之阜也，无为矣。绍桀之后，篡纣之余，法度废，礼乐亏，安坐而视天下民之死，无为乎？"或问："太古涂民耳目，惟其见也闻也，见则难蔽，闻则难塞。"曰："天之肇降生民，使其目见耳闻，是以视之礼，听之乐。

如视不礼,听不乐,虽有民,焉得而涂诸。"或问"新敝"。曰:"新则袭之,敝则益损之。"或问:"太古德怀不礼怀,婴儿慕,驹犊从,焉以礼?"曰:"婴、犊乎!婴、犊母怀不父怀。母怀,爱也;父怀,敬也。独母而不父,未若父母之懿也。"狙诈之家曰:"狙诈之计,不战而屈人兵,尧舜也。"曰:"不战而屈人兵,尧舜也;沾项渐襟,尧舜乎。衒玉而贾石者,其狙诈乎?"或问:"狙诈与亡孰愈?"曰:"亡愈。"或曰:"子将六师则谁使?"曰:"御得其道,则天下狙诈咸作使。御失其道,则天下狙诈咸作敌。故有天下者,审其御而已矣!"或问:"威震诸侯,须于征与狙诈之力也,如其亡?"曰:"威震诸侯,须于狙诈可也。未若威震诸侯,而不须狙诈也。"或曰:"无狙诈,将何以征乎?"曰:"纵不得不征,不有《司马法》乎?何必狙诈乎!"申、韩之术,不仁之至矣,若何牛羊之用人也?若牛羊用人,则狐狸、蝼蚓不腰腊也与?或曰:"刀不利,笔不铦,而独加诸砥,不亦可乎?"曰:"人砥,则秦尚矣!"或曰:"刑名非道邪?何自然也?"曰:"何必刑名,围棋、击剑、反目、眩形,亦皆自然也。由其大者作正道,由其小者作奸道。"或曰:"申、韩之法非法与?"曰:"法者,谓唐、虞、成周之法也。如申、韩!如申、韩!"庄周、申、韩不乖寡圣人而渐诸篇,则颜氏之子、闵氏之孙其如台。

或曰:"庄周有取乎?"曰:"少欲。""邹衍有取乎?"曰:"自持。至周罔君臣之义,衍无知于天地之间,虽邻不觌也。"

【思想概要】

《问道》篇的旨要在于阐述儒家的基本理论,同时对先秦诸子思想做进一步总结。这种总结不是所谓的纯粹学术性的层面,而是扬雄带着一种先入为主的思想——儒学立场——批判地看待诸子各家,但是在客观上毕竟是批判性的——辩证地分析诸子的优劣,而非简单否定式的——绝对地认为诸子的思想是错误的。《问道》篇共26段,我们将其分为5个部分,下面依次介绍。

第一部分,论述了儒家之道与为道之方法。《问道》言:"道也者,通也,无不通也。"儒家之道为尧舜之道,即由上古圣人尧舜经文王、周公传至孔子这一整个儒家道统,而且诸子必须以此道为标准,除此之外即为"它道"——歪门邪道。在此,扬雄提出了真理标准的问题——儒家之道,他还进一步提出了寻求真理的方法。《问道》篇云:"涂虽曲而通诸夏则由诸,川虽曲而通诸海则由诸。"学习不可以求捷径,必须通过艰难曲折的道路积累,勤于研究"六经"才能通向圣贤之道。

第二部分,重点论述了道家与儒家思想之异同,此不同如下。(1)道家只提倡道、德而排斥儒家之仁义,认为仁义是道德沦丧的主要原因。道家认为仁义只是维护社会政治统治的工具,不了解儒家把仁义作为人的本质规定性。在儒家看来仁义不仅不是对人的限制,而且是顺应了人的特性,是符合人发展规律的,因此亦是合天道的。正如《问道》言:"仁以人之,义以宜之,礼以体之,天也。合则浑,离则散,一人而兼统四体者,其身全乎!"除此之外,道家还在道和德的意义上与儒家有分歧,道家的道德是形上性的,儒家的道德为形下性的,即伦理意义上的。(2) 道家认为礼是"忠信之薄而乱之首也"。扬雄站在儒家立场为礼正名。首先,礼是德的前提。《问道》曰:"礼,体也。人而无礼,焉以为德?"礼对人的行为制约作用是形成人与人有道德的保证。其次,礼是人的本质规定性。《问道》云:"五政之所加,七赋之所养,中于天地者为中国。过此而往者,人也哉?"这就是说,"五政""七赋"皆是礼的具体表现,人如果没有礼,就失去了人之为人的条件,正所谓"不学礼,无以立"。最后,礼具有社会规范作用。《问道》曰:"圣人之治天下也,碍诸以礼乐,无则禽,异则貊。"必须发挥"以礼治天下"的作用,否则与禽兽无异。(3) 对无为看法之不同。在扬雄看来,道家主张的无为是在任何时候都不去刻意作为,只有这样才能顺应天道自然运行的规律。在扬雄看来,道家把无为作了绝对的理解。因此,他坚持有为与无为的统一,《问道》曰:"在昔虞、夏,袭尧之爵,行尧之道,法度彰,礼乐著,垂拱而视天下民之阜也,无为矣。绍桀之后,篡纣之余,法度废,礼乐亏,安坐而视天下民之死,无为乎?"在善的时代要无为,在恶的时代要积极有为,坚持两者的统一才能真正做到"合天然"。(4) 道家主张"绝圣去智",认为正是圣人之知扰乱了人民的视听,使社会人民欲望膨胀,人民生活水平随之而降。扬雄则认为圣人之知的存在使得人类知识得以延续,《问道》云:"圣人之言似于水火。或问'水火'。曰:'水,测之而益深,穷之而益远;火,用之而弥明,宿之而弥壮。'"圣人之知是仰之弥高,钻之弥坚的,对于文化的传承具有重要意义。当然这一判断是不公允的,儒家亦讲"唯上智与下愚不移",认为智愚是不可转化的,就陷入偏见了。

第三部分,扬雄指出为世人所标举的"不战而屈人之兵",其实是兵家诡诈之道,貌似尧舜以德服人之道无二,实际相差甚远。兵家不可能认识到儒家以仁为核心、以礼为辅助的伦理体系。儒家在于使人由发自内心的道德良知而行动,兵家在于用外在的权威使人屈服。

第四部分,主要论述了法家之道非正道。首先,法家不别亲疏,不殊贵贱,一断于法,这就把儒家的仁义道德抛在一旁,取而代之的是薄情寡义之法,用扬雄的话来讲就是"不仁之至"也。其次,法家之道不是根本之道,他们只抓住了自然之小用,未抓住自然之大体,"由其大者作正道,由其小者作奸道"。最后,法家主张之法不同于尧舜之法,二者发挥作用的机制不同。尧舜之道强调内在道德的自我约束,而申、韩之法注重外在的强制力对人的控制作用。

第五部分,辩证取舍庄子和邹子之说。庄子强调淡泊名利,不追求外在欲望;邹衍有自持之力是值得肯定的,但是庄子忽略君臣之义,邹衍知天道不察人事,这就走远了。正所谓汪注《法言》曰:"周明于生死之理,而昧于君臣之义;衍能窥天地之奥,而不知人事之变,皆扬子所不取也。"

【经典背诵】

1. 道有因有循,有革有化。因而循之,与道神之。革而化之,与时宜之。
2. 言轻则招忧,行轻则招辜,貌轻则招辱,好轻则招淫。
3. 无验而言之谓妄。
4. 大寒而后索衣裘,不亦晚乎。

【思考题】

1. 概述《法言》产生的背景。
2. 论述《问道》篇中扬雄对道家的批判。

《春秋繁露》

【作品简介】

《春秋繁露》有17卷,82篇,是后人辑录董仲舒遗文而成书,书名为辑录者所加。由于书中篇名和《汉书·艺文志》及本传所载不尽相同,后人疑其不尽出自董仲舒一人之手。神学唯心哲学思想,是本书的精神实质,宣扬天人合一、天人感应的神学目的论,全面论证了天不变道亦不变的形而上学思想。大力宣扬三纲五常的封建道德观,为封建等级制度和伦常关系的合法性制造舆论。《春秋繁露》以哲学上的神学蒙昧主义为基础,为政治上的封建专制主义提供论证,提出了一套较为完备的思想体系,尽管以后各个王朝的哲学形态有所改变,但这一思想一直在我国封建社会中占统治地位。

《春秋繁露》是对《春秋》大义的引申和发挥,该书推崇公羊学,发挥"春秋大一统"的思想宗旨,阐述了以阴阳五行为框架,以天人感应为核心的神学目的论。并以此为中心阐述了"性三品"的人性观,"王道之三纲可求于天"的政治伦理以及"三统"循环的历史观,为中央集权的统治提供了理论基础,同时确立了儒学的正统地位,成为两千多年来封建统治的理论根基。

应当注意,在《春秋繁露》中董仲舒虽然以儒学为核心思想但是并不排斥其他各家的合理因素。董仲舒的神学目的论可以说在百家争鸣之后第一次综合各家的思想,综合施策。其糅合了道、法、阴阳五行的思想,对于哲学本身是一种整合与发展,有利于提高中华文明兼收并蓄和海纳百川的开放性。

【原典选读】

《春秋繁露·深察名号》

治天下之端,在审辨大。辨大之端,在深察名号。名者,大理之首章①也。录其首章之意,以窥其中之事,则是非可知,逆顺自著②,其几通于天地矣。是非之正,取之逆顺,逆顺之正,取之名号,名号之正,取之天地,天地为名号之大义也。古之圣人,謞③而效天地谓之号,鸣而施命谓之名。名之为言,鸣与命④也,号之为言,謞而效也。謞而效天地者为号,鸣而命者为名。名号异声而同本,皆鸣号而达天意者也。天不言,使人发其意;弗为,使人行其中。名则圣人所发天意,不可不深观也。受命之君,天意之所予也。故号为天子者,宜视天如父,事天以孝道也。号为诸侯⑤者,宜谨视所候奉之天子也。号为大夫者,宜厚其忠信,敦⑥其礼义,使善大于匹夫之义,足以化也。士者,事也;民者,瞑也。士不及化,可使守事从上而已。五号自赞⑦,各有分。分中委曲,曲有名。名众于号,号其大全⑧。名也者,名其别

---

① 首章:文章、著述的开头部分,指其核心部分。
② 著:显示,显现。
③ 謞(hè):盛烈的样子。
④ 命:命名,意义。
⑤ 侯:义同"候"。候:顺从。诸侯就是顺从天子。
⑥ 敦:厚道、厚实。
⑦ 赞:称说,称叫。
⑧ 大全:指大概,大范围。

离分散也。号凡而略,名详而目。目者,遍辨其事也;凡者,独举其大也。享鬼神者号,一曰祭。祭之散名,春曰祠,夏曰礿,秋曰尝,冬曰烝。猎禽兽者号,一曰田。田之散名,春苗①,秋蒐②,冬狩,夏狝③。无有不皆中天意者。物莫不有凡号,号莫不有散名,如是。是故事各顺于名,名各顺于天。天人之际,合而为一。同而通理,动而相益,顺而相受,谓之德道。《诗》曰④:"维号斯言,有伦有迹。"此之谓也。

深察王号之大意,其中有五科:皇科、方科、匡科、黄科、往科。合此五科,以一言谓之王。王者皇也,王者方也,王者匡也,王者黄⑤也,王者往也。是故王意不普大而皇,则道不能正直而方;道不能正直而方,则德不能匡铉周遍,德不能匡铉周遍,则美不能黄;美不能黄,则四方不能往;四方不能往,则不全于王。故曰:天覆无外,地载兼爱,风行令而一其威,雨布施而均其德。王术之谓也。

深察君号之大意,其中亦有五科:元科、原科、权科、温科、群科。合此五科,以一言谓之君。君者元也,君者原也,君者权也,君者温也,君者群也。是故君意不比于元,则动而失本;动而失本,则所为不立;所为不立,则不效于原;不效于原,则自委舍;自委舍,则化不行;化不行,则用权于变;用权于变,则失中适之宜;失中适之宜,则道不平,德不温;道不平,德不温,则众不亲安;众不亲安,则离散不群;离散不群,则不全于君。

名生于真,非其真,弗以为名。名者,圣人之所以真物也。名之为言真也。故凡百讥有黮黮⑥者,各反其真,则黮黮者还昭昭耳。欲审曲直,莫如引绳;欲审是非,莫如引名。名之审于是非也,犹绳之审于曲直也。诘其名实,观其离合,则是非之情不可以相谰⑦已。今世闇于性,言之者不同,胡不试反性之名。性之名非生⑧与?如其生之自然之资谓之性。性者质也。诘性之质于善之名,能中之与?既不能中矣,而尚谓之质善,何哉?性之名不得离质。离质如毛,则非性已,不可不察

---

① 苗:义同"毛",指动物春季正是繁殖期,幼仔有待哺育,狩猎时不要杀害幼仔、怀孕的牲畜。
② 蒐:搜索。
③ 狝:杀戮。本文中的四时狩猎称谓与《公羊传》不同,《传》言:"春曰蒐,夏曰苗,秋曰狝,冬曰狩。"这种说法较为合适。录此作为参考。
④ 《诗》曰:诗见《小雅·正月》。
⑤ 黄:古人认为黄色为中和美色,它反映出自然之性。
⑥ 黮黮(dǎn dǎn):深黑色。这里指昏暗不清。
⑦ 谰(lán):诬陷,诬赖。
⑧ 生:同"性"。

也。《春秋》辨物之理,以正其名。名物如其真,不失秋毫之末。故名贾石,则后其五,言退鹢,则先其六。圣人之谨于正名如此。君子于其言,无所苟而已,五石、六鹢之辞是也。桱①众恶于内,弗使得发于外者,心也。故心之为名桱也。人之受气苟无恶者,心何桱哉?吾以心之名,得人之诚。人之诚,有贪有仁。仁贪之气,两在于身。身之名,取诸天。天两有阴阳之施,身亦两有贪仁之性。天有阴禁,身有情欲桱,与天道一也。是以阴之行不得干春夏,而月之魄常厌②于日光。占全占伤,天之禁阴如此,安得不损其欲而辍其情以应天。天所禁而身禁之,故曰身犹天也。禁天所禁,非禁天也。必知天性不乘于教,终不能桱。察实以为名,无教之时,性何遽若是。故性比于禾,善比于米。米出禾中,而禾未可全为米也。善出性中,而性未可全为善也。善与米,人之所继天而成于外,非在天所为之内也。天之所为,有所至而止。止之内谓之天性,止之外谓之人事。事在性外,而性不得不成德。民之号,取之瞑也。使性而已善,则何故以瞑为号?以贾者言③,弗扶将,则颠陷④猖狂,安能善?性有似目,目卧幽而瞑,待觉而后见。当其未觉,可谓有见质,而不可谓见。今万民之性,有其质而未能觉,譬如瞑者待觉,教之然后善。当其未觉,可谓有善质,而未可谓善,与目之瞑⑤而觉,一概之比也。静心徐察之,其言可见矣。性而瞑之未觉,天所为也。效天所为,为之起号,故谓之民。民之为言,固犹瞑也,随其名号以入其理,则得之矣。是正名号者于天地,天地之所生,谓之性情。性情相与为一瞑。情亦性也。谓性已善,奈其情何?故圣人莫谓性善,累其名也。身之有性情也,若天之有阴阳也。言人之质而无其情,犹言天之阳而无其阴也。穷论者,无时受也。名性,不以上,不以下,以其中名之。性如茧如卵。卵待覆而成雏,茧待缫而为丝,性待教而为善。此之谓真天。天生民性有善质,而未能善,于是为之立王以善之,此天意也。民受未能善之性于天,而退受成性之教于王。王承天意,以成民之性为任者也。今案其真质,而谓民性已善者,是失天意而去王任也。万民之性苟已善,则王者受命尚何任也?其设名不正,故弃重任而违大命⑥,非法言也。《春

---

① 桱(rèn):同"桀",软弱的样子。
② 厌:同"压",掩盖。
③ 以贾者言:应作"以瞑言者"。
④ 颠陷:指跌倒,颠倒。
⑤ 瞑:同"眠"。
⑥ 违大命:应作"违天命","大"为"天"的误字。

秋》之辞，内事之待外者，从外言之。今万民之性，待外教然后能善，善当与教，不当与性。与性，则多累而不精，自成功而无贤圣，此世长者之所误出也，非《春秋》为辞之术也。不法之言、无验之说，君子之所外，何以为哉？或曰：性有善端，心有善质，尚安非善？应之曰：非也。茧有丝而茧非丝也，卵有雏而卵非雏也。比类率然①，有②何疑焉？

天生民有六经③，言性者不当异。然其或曰性也善④，或曰性未善，则所谓善者，各异意也。性有善端，动之爱父母⑤，善于禽兽，则谓之善。此孟子之善。循三纲五纪⑥，通八端⑦之理，忠信而博爱，敦厚而好礼，乃可谓善。此圣人之善也。是故孔子曰⑧："善人吾不得而见之，得见有常者斯可矣。"由是观之，圣人之所谓善，未易当也，非善于禽兽则谓之善也。使动其端善于禽兽则可谓之善，善奚为弗见也？夫善于禽兽之未得为善也，犹知于草木而不得名知。乃民之性善于禽兽而不得名善，知之名乃取之圣。圣人之所命，天下以为正。正朝夕者视北辰，正嫌疑者视圣人。圣人以为无王之世，不教之民，莫能当善。善之难当如此，而谓万民之性皆能当之，过矣。质于禽兽之性，则万民之性善矣；质于人道之善，则民性弗及也。万民之性善于禽兽者许之，圣人之所谓善者勿许。吾质之命性者异孟子。孟子下质于禽兽之所为，故曰性已善；吾上质于圣人之所为，故谓性未善。善过性，圣人过善。《春秋》大元，故谨于正名。名非所始，如之何谓未善已善⑨也。

【思想概要】

深察者，即深入考察；名号者，篇称"谑而效天地者为号，鸣而命者为名"，两者都是概念名称，在逻辑上具有种属关系。"深察名号"的意思可理解为：深入考察具

---

① 率然：容易的样子。
② 有：同"又"。
③ 六经：应作"大经"，大的原则。"六"为"大"字之误。
④ 性也善：应作"性已善"。"也"字为"已"字之误。
⑤ 动之爱父母，应作"童之爱父母"，"动"为"童"字之误。
⑥ 三纲五纪：《白虎通•纲纪篇》中"三纲者何？谓君臣、父子、夫妇也。六纪者，谓诸父、兄弟、族人、诸舅、师长、朋友也"。又说"君为臣纲，父为子纲，夫为妻纲"，这就是三纲。"诸父有善，诸舅有义，族人有序，昆弟有亲，师长有尊，朋友有旧"，这是六纪。"五纪"当比六纪少一，具体不详。
⑦ 八端：具体不详。孟子有仁、义、礼、智四端。
⑧ 孔子曰：语见《论语•述而》。
⑨ 未善已善："未善"为衍文，应删。

有种属关系的概念。但是"深察名号"的真实用意为不同身份的人要符合于不同的道德要求(这里名号作不同要求解)。开篇称:"治天下之端,在审辨大。辨之大端,在深察名号。"又云:"受命之君,天意之所予也。故号为天子者,宜事天如父……号为诸侯者,宜谨视所侯奉之天子也。"这便是深察名号的意义。深察名号在本质上讲是对先秦正名理论的深化,正所谓君君、臣臣、父父、子子每一社会角色应努力承担他应当承担的责任和义务,在先秦儒家看来,这是出于内心高度的道德责任感。这种道德性对人的制约虽然在效果上非比一般但是却不够稳定,没有普遍的有效性,即强制性。所以,到了西汉,董仲舒把这种正名的理论和天意联系在了一起,使得人间的道德行为有了形而上的保障,这样正名便有了天道的依据,自然对人们的行为就会有普遍的有效性。

"天人感应"的天道观。董仲舒的天道观是与统治者的政治需要密切相关的,所以对天道的论述不仅表述为一种自然观,是对世界本质的认识,更重要的是为社会政治、伦理道德思想提供背后的形上依据。为了论证政权统治的合法性,汉武帝向董仲舒提出了问题:"三代受命,其符安在?灾异之变,何缘而起?"董仲舒针对此问题做了两方面的阐释:一是对汉代政权合法性的论证——这是站在统治者的立场上讲;二是皇权至高无上,如何对皇权加以限制,这是站在儒者的立场上讲。这表现出了儒者作为"王者之师"的独立性,即儒者不仅需要借助皇权来确立儒家的正统地位,亦要对皇权禁止限制保持其学派自主性。董仲舒首先承认的是天的自然性,《五行相生》篇讲道:"天地之气,合而为一,分为阴阳,判为四时,列为五行。"这是说阴阳、五行构成了天道的变化,因此天是万物产生的总根源。这种阴阳五行的天道模式是对先秦阴阳家的继承,但是董仲舒绝不止步于此。他进一步提道:"天者,百神之大君也。"(《郊语》篇)又讲道"人之受命于天也,取仁于天而仁也。"这就把阴阳五行转化为形上的道德实体,这是一切人间道德价值的根源和基础。这就是"天人感应"的基本思路。《人副天数》中说:"小节三百六十节,副日数也;大节十二分,副月数也;内有五脏,副五行也。"这就说明天与人在数量结构上和精神气质上有对应关系,简言之"天人相类,天人同构"。因此,他进一步提出了"天人感应"的主张,《为人者天》中云:"人之形体,化天数而成;人之血气,化天志而仁;人之德行,化天理而义。"这就构建了天人感应的理论模式,其本质就是把自然与人事相联系,为人事的活动提供天道的基础。

"君权神授"和"天不变,道亦不变"的政治历史观。基于"天人感应"的理论模式，董仲舒完成了对天子政权的合法性的论述。《为人者天》云："'唯天子受命于天。'天下受命于天子。"又云："天之所大奉使之王者，非有人力所能致而自致者，此受命之符也。"这样董仲舒就通过君权神授的理论为世俗王权的合法性提供了终极性的依据。同时，董仲舒又提出了"谴告说"以警醒君主不要为所欲为。《天人三策》云："国家将有失道之败，而天乃先出灾害以谴告之，不知自省，又出怪异以警告，尚不知变，而伤败乃至。"这样就对君主的权力进行了限制——君主其德足以安民者，天与之；君主其恶足以害民者，天夺之。董仲舒还进一步神化了儒家的鼻祖——孔子，说其是黑帝之子，并且认为"惟圣人能属万物于一而系之'元'也"（《重政》），这样儒者就掌控了对灾异的解释权，所以王者受天制约在本质上是受圣人制约。这样就形成了天、君、师三个权力相互制约的架构。由此可见，儒者对皇权的依附只是手段，实现其儒学正统才是大儒们的真实意图。这种依附与独立的双重性继承了西周以来的天命观，并在天与君中间插入了圣人，试图实现圣人对君主的制约，达到君师分离和势道分离，为内圣外王的模式开辟了新的道路。董仲舒又通过政治历史观的固化来论述政权的合法性。他主要继承了阴阳五行的传统来解释朝代的更替，即三统说。他认为历史的发展就是黑、白、赤三统的交替，新的王朝代替旧的王朝必须对前代进行改制，正所谓"改正朔""易服色"。但是王朝改制并不代表改变一切，《楚庄王》云："若夫大纲，人伦道理，政治教化，习俗文义尽如故，亦何改哉！故王者有改制之名，无易道之实。"由此可见，改制只是改变外在的制度，而社会的根本之道——儒家所倡导的上古三代的王道（以周礼为核心的一整套社会伦理、道德规范）——是不会变的。当然，这种"道亦不变"的观点也从根本意义上使得制约天子的机制减弱了。

"性三品"的人性论。人性问题一直是儒家关注的重点，董仲舒批评了先秦孟、荀对人性的阐述，提出如果人性都是善的那么恶从哪里产生，如果人性都是恶的那么道德伦理又是怎么产生的疑问，并对人性的概念作了一界定。他认为"生之自然之资，谓之性，性者，质也"。（《深察名号》）在董仲舒看来，人性就是人们生来就有的，天有阴阳，故人性有善恶。性有善恶两端，但性不等于善，性与善的关系如同禾与米的关系，禾出米但禾并不是米。基于此，董仲舒进一步提出了"性三品"说，将人的性分为三类：上品的圣人之性——圣人的性是至善的，不需教化；中品的中民之性——中民之性有善有恶，但是可以被教化为善的；下品的斗筲之性——斗筲之性是至恶的不可以被教化。这种人性论回答了人性如果不是善的，那么圣人是怎么出现的问题,在一定意义上克服了先秦儒家人性论的弊端,继承了孔子的"唯上智与下愚不移"之义,既为统治者对百姓的教化提供了理论依据,又解释了社会上各种人性现象,具有一定的积极意义。但是这种对人性的看法把人的向善能力归结为统治者的教化功劳,否定了个人努力的作用,因此又是片面的。

儒家道德伦理实践方面的重要问题。义与利、志与功的关系问题是儒家哲学的重要组成部分,它涉及的是儒家的道德伦理的践履。从先秦以来,以仁为核心的伦理体系不断丰富,董仲舒具体探讨了儒学伦理的几个问题。比如,道德行为的动机和达到的效果之间的关系、道德行为本身和物质利益之间的关系,前者是志与功的关系,后者是义与利的关系。《春秋繁露·玉杯》中讲道:"《春秋》之论事,莫重乎志……志哀而居约,则君子予之'知丧'。故曰:'非虚加之,重志之谓也。'"由此可见,董仲舒反对以道德实践的效果和作用来评价具体的道德行为,而是着重强调道德行为的出发点。在此,董仲舒坚持了儒家的传统观点,是对孟子"人皆有不忍人之心"的接续,认为过分强调效果不免会陷入功利主义的窠臼。除此之外,董仲舒还提出了"正其谊不谋其利,明其道不计其功"的观点,这与志功关系其实是一体两面、不可分割的。

【经典背诵】

1. 治身者以积精为宝,治国者以积贤为道。
2. 性者,天质之朴也;善者,王教之化也。
3. 欲审曲直,莫如引绳,欲审是非,莫如引名。
4. 君子不隐其短,不知则问,不能则学。

【思考题】

1. 简述董仲舒对人性的看法。
2. 阐述《春秋繁露》中的神学目的论,并做出评价。

《论六家要旨》

【作品简介】

《论六家要旨》的作者是司马谈,司马谈在汉武帝时任太史令,世称"太史公"。他所处的年代基本上是政治、经济比较和谐,社会比较稳定,各方面逐渐走向统一的时期。《论六家要旨》主要是将先秦诸子百家划分、归类为六家,即阴阳、儒、墨、名、法和道家,并比较客观地叙述了各自的优点和缺点。他突出地站在道家的立场上整合六家,指出了道家适合作为统治者的治国理论基础的理由——指约易操,事少功多。但是在汉武帝时期,这种站在道家立场的时代已经结束,这种无为的思维模式和政治架构无法适应汉武帝加强集权的需要——无论是政治上还是思想上。这种思想本身的价值没能转化为汉武帝的价值,价值需要物的属性和人的需要,在这方面,这种无为思想并不缺少本身的价值而是缺少被统治者认可的需要。这种价值主要表现在汉初社会经济凋敝,人民有倒悬之苦。这种时代需要统治者的"无为"治世思想来恢复生产,休养生息。

司马谈在《论六家要旨》中对先秦诸子各派的分类开启了"派别""家"的先河。正如梁启超在其《司马谈〈论六家要旨〉书后》中说到"庄荀以下论列诸子,皆对一人或其学风相同之二三人以立言"。由此可见,无论是庄子还是荀子,都是对学说相同的几个人划分为一派,并没有自觉地形成"家"的谱系,这表明了在司马谈以前没有人比较系统地对先秦诸子进行系统、整体的学术分类。

《论六家要旨》一文共7段,第一段总体说明天下的思想不同但究其本质是同一的,即"务为治者也",并且简要地对先秦六家做了说明,表明了其道家的立场。后面的6段是对第一段的分析和拓展,每一家对应一个段落,其在道家所用篇幅最长,叙述最详。《论六家要旨》总结了先秦各家政治学术的特征,分析其各自长短,既能给当时的统治者提供治国理政的经验,又能促进学术的体系化和体制化。

【原典选读】

《易大传》:"天下一致而百虑①,同归而殊途。"夫阴阳、儒、墨、名、法、道德,此务为治者也,直所从言之异路,有省②不省耳。尝窃观阴阳之术,大祥而众忌讳,使人拘而多所畏;然其序③四时之大顺,不可失也。儒者博而寡要,劳而少功,是以其事难尽从;然其序君臣父子之礼,列夫妇长幼之别,不可易也。墨者俭而难遵,是以其事不可遍循,然其强本节用,不可废也。法家严而少恩④;然其正君臣上下之分,不可改矣。名家使人俭而善失真,然其正名实,不可不察也。道家使人精神专一,动合无形,赡足万物。其为术也,因阴阳之大顺,采儒墨之善,撮名法之要,与时迁移,应物变化,立俗施事,无所不宜,指约而易操,事少而功多。儒者则不然。以为人主天下之仪表也,主倡而臣和,主先而臣随。如此则主劳而臣逸。至于大道之要,去健美,绌聪明,释此而任术。夫神大用则竭,形大劳则敝,形神骚动,欲与天地长久,非所闻也。

夫阴阳四时、八位、十二度、二十四节各有教令,顺之者昌,逆之者不死则亡,未必然也,故曰:"使人拘而多畏。"夫春生夏长,秋收冬藏,此天道之大经也,弗顺则无以为天下纲纪,故曰:"四时之大顺不可失也。"

夫儒者以《六艺》为法。《六艺》经传以千万数,累世不能通其学,当年不能究其礼,故曰:"博而寡要,劳而少功。"若夫列君臣父子之礼,序夫妇长幼之别,虽百家弗能易也。

墨者亦尚尧舜道,言其德行曰:"堂高三尺,土阶三等,茅茨不剪,采椽不刮。食土簋,啜土刑,粝梁之食,藜藿之羹。夏日葛衣,冬日鹿裘。"其送死,桐棺三寸,举音不尽其哀。教丧礼,必以此为万民之率。使天下法若此,则尊卑无别也。夫世异时移,事业不必同,故曰"俭而难遵"。要曰强本节用,则人给家足之道也。此墨子之所长,虽百家弗能废也。

法家不别亲疏,不殊贵贱,一断于法,则亲亲尊尊之恩绝矣。可以行一时之计,而不可长用也,故曰"严而少恩"。若尊主卑臣,明分职不得相逾越,虽百家弗能

---

① 虑:想法。
② 省:省察。
③ 序:与……合序。
④ 恩:慈恩。

改也。

名家苛察缴绕①，使人不得反其意，专决于名而失人情，故曰："使人俭而善失真。"若夫控名责实，参伍不失，此不可不察也。

道家无为，又曰无不为。其实易行，其辞难知。其术以虚无为本，以因循为用。无成势，无常形，故能究万物之情。不为物先，不为物后，故能为万物主。有法无法，因时为业，有度无度，因物与合。故曰："圣人不朽，时变是守。虚者道之常也，因者君之纲也。"群臣并至，使各自明也。其实中其声者谓之端，实不中其声者谓之窾。窾言不听，奸乃不生，贤不肖自分，白黑乃形。在所欲用耳，何事不成。乃合大道，混混冥冥。光耀天下，复反无名。凡人所生者神也，所托者形也。神大用则竭，形大劳则敝，形神离则死。死者不可复生，离者不可复反，故圣人重之。由是观之，神者生之本也，形者生之具也。不先定其神（形），而曰："我有以治天下"，何由哉？

【思想概要】

《论六家要旨》一书内容的详解。司马谈论阴阳家时，认为阴阳家的许多政令的存在不都是必然的，有些内容有胡乱比附之嫌，故曰"使人拘而多所畏"——让人拘束不自在而且使人错误地产生惶恐。但是司马谈的评价是辩证的，他认为阴阳家主张天道的规律性并且要求人们按照天道之大经行动是合理的，故"四时之大顺，不可失也"。司马谈这里说的阴阳家并不单单指邹衍讲"五德终始说"的一系，而是包括讲阴阳之道的人。因为我们知道阴阳概念的提出早在《周易》就有了，正所谓"《易》以道阴阳"。

对儒家，司马谈认为儒家以"六艺"为法，而"六艺"又传载数年，因此学者学习起来非常困难，而且许多学者学许多年也不一定能把儒家倡导的那些学说研究透彻。儒者还对统治者提出了很多要求，如孟荀之民本思想，以民为贵，这严重损害了君主的利益，又"以为人主天下之仪表也，主倡而臣和，主先而臣随"加强了君主的劳动量，单单就其效果来看亦没有什么明显的功用。统治者如果按儒家所讲的去做就会劳形而伤神，故曰："形神骚动，欲与天地长久，非所闻也。"在另一方面，司马谈又肯定了儒家对君臣、父子、夫妇之别的确立，认为这种以血缘宗法为核心的尊卑长幼之间的绝对的伦理规定是"百家弗能易"的。

---

① 苛察缴绕：指苛刻烦琐，显示精明。

对墨家,司马谈认为墨家提倡过分的节俭,不仅把不需要的礼仪节掉了,还把应该需要的、人之常情的礼仪也节掉了,因此,这种不符合人伦之义的规定实在是难以遵从的。而且墨家"兼以易别"忽视了社会上本应有的上下尊卑之序,"使天下法若此,则尊卑无别也"。司马谈认为,时代不同了,故"事业不必同"。但是,他肯定了墨家努力发展生产的主张,这是不可废的。

对法家,他指出其"不别亲疏,不殊贵贱,一断于法,则亲亲尊尊之恩绝矣"的本质,从道德仁义的角度去批判法家的无情,并且认为这种强制性的治国理论只能行一时之效,不可长久。司马谈对各家的批判主要是从"不省"的角度入手,但是对法家,司马谈并没有,大概是因为道法"同源而异流"吧。法家通过法纪确定人与人之间的职分是司马谈所肯定的。

对名家,他认为"名家苛察缴绕,使人不得反其意",名家喜欢玩概念游戏,没有什么实质性的思想,通过诡辩还会让人丧失对事物的客观判断能力,认非为是、认是作非的现象层出不穷,他把这都归结为辩者的过错。但是控名择实要求人们在其位谋其政的主张是值得表扬的。

最后,司马谈全面论述了道家是如何适合作为统治的理论基础以及贯通其他五家之思想的。第一,道家倡导无为,又能达到无不为的效果。这种主张"指约而易操,事少而功多",可以减少君主的烦劳,使君主达到事半功倍的效用。第二,因循世道,与时俱进。司马谈认为一个思想能够流传下去最重要的是与时俱进,道家"因阴阳之大顺,采儒墨之善,撮名法之要",故能"与时迁移,应物变化。立俗施事,无所不宜"。第三,任道可以使人精神合一。道家之术以虚无为本,以因循为用。无成势,无常形,故能究万物之情。这里司马谈借用了形神范畴来论述道家可以使人精神焕发、思想舒畅的优势,这亦是符合大道规律的。这里的道家不一定是先秦老庄道家,更多的是已经政治化的黄老道家。

无论司马谈怎么突出各家思想之不同,言其要则是"同归而殊途",各家思想要旨就是"务为治者也",它们都有较强的政治需要,都渴望各家的政治学说能被统治者所采纳。所以司马谈认为只有道家能统一先秦各派,融汇各家学说,故向统治者力荐之。司马谈论述了六家思想,为什么单单凸显儒家与道家的对比?这是由其政治环境决定的。司马谈是在"仕于建元元封之间,愍学者之不达其意而师悖"的情况下作的《论六家要旨》,他面对的是由汉初黄老道家向董仲舒提倡的儒家思想的转变的矛盾。他站在道家的立场不赞成汉武帝接受"罢黜百家,独尊儒术"的主张。另外,司马谈托黄老道家玄远的意旨,隐约其词地反对儒者独占鳌头,主张"百家争鸣"的学术并进才是大道理。他以道家的"与时迁移,应物变化"为依据反对儒家"天不变,道亦不变"的统治。但是,《论六家要旨》中司马谈过度夸大了黄老的作用。

【经典背诵】

以上原典选编中即为《论六家要旨》全文,全文字字珠玑且篇幅不长,故不再摘录,而需全文背诵。

【思考题】

1. 简述《论六家要旨》中对各家思想的评价。
2. 论述《论六家要旨》一书的性质。

《论衡》

【作品简介】

《论衡》一书为东汉异端哲学家王充所作,涉及多维度的哲学问题,为后世的哲学研究提供了讨论的素材。《论衡》成书的背景与当时社会政治环境、学术氛围以及王充个人的性格特点不可分。自西汉董仲舒提倡"天人感应"的神学目的论以来,这种谶纬神学就一直笼罩着政治学术思想的天空。王充出身寒门,世代以农桑为业,目睹豪门子弟控制下的政治统治的腐败增强了他的反抗意识。他对于统治者利用谶纬神学、"天人感应"等理论腐化人民的心灵,愚昧大众的做法深恶痛绝,本着"疾虚妄"的批判精神,将对现实的不满映射到《论衡》一书之中。《论衡》就是要确立一个反对神学目的论的理性批判法则,以"铨轻重之言,立真伪之平"进而改变"实事不见用""虚妄之言胜真美"的现实状况,这亦是"论衡"的题中要义。

《论衡》的成书问题历来众说纷纭。胡适在《王充的论衡》中讲道:"《论衡》著作的时期很可研究……据此可见《论衡》不是一个时代做的。大概这书黜起在永平初年……"现代学者邵毅平对此持疑,他坚持《论衡·自纪》篇中的看法,认为"《论衡》造于永平末,定于建初年耳"。对此,邵毅平对《讲瑞》篇中"此论草于永平之初"进行了深刻的考究,他认为永平之初不是所谓的元年或二年、三年左右,而应更往后推;另外《讲瑞》篇中的"此论"不是指《论衡》而是特指《讲瑞》篇。于是他在《论衡研究》中说:"《论衡》的作年本来是不成问题的,即应作于永平末至建初末的十余年间。但是,由于人们对《讲瑞》篇末附记的性质和意义有了一些误解,所以就在承认《论衡》主要作于永平末建初中的同时,把《论衡》作年的上下限各往前后推了若干年。"

《论衡》中的《齐世》《宣汉》《恢国》《验符》《须颂》和《佚闻》这六篇是颂汉的,在全书中有相当强的独立性。其出现是迫于明帝和章帝的政治压力,因此,六篇是当时歌颂功德之风的产物。不仅如此,"功利主义的文章观,厚今薄古的历史观,随事立说的思想方法和有意立异的价值观,都对颂汉六文的出现起了推动作用"。《论衡》一书在以后的流传过程中是非常坎坷的,后人对其贬褒不一。黄晖先生在《论衡校释·自序》中对《论衡》的评价史进行了总结,"从汉到现在,大家对这部书的认识可分作三期:(1) 从汉到唐都认为是一代伟著。(2) 宋代带着道学的习气,认为《论衡》是一部离经叛道之书。(3) 明清取其辩博,但对于《问孔》《刺孟》仍沿宋人成见,说他是非圣无法,此时期毁誉参半"。

【原典选读】

《自然》选读

天地合气,万物自生,犹夫妇合气,子自生矣。万物之生,含血之类,知饥知寒。见五谷可食,取而食之;见丝麻可衣,取而衣之。或说以为天生五谷以食人,生丝麻以衣人。此谓天为人作农夫桑女之徒也,不合自然,故其义疑,未可从也。试依道家论之。

天者,普①施气万物之中,谷愈饥而丝麻救寒,故人食谷、衣丝麻也。夫天之不故生五谷丝麻以衣食人,由其有灾变不欲以谴告人也。物自生,而人衣食之;气自变,而人畏惧之。以若说论之,厌于人心矣。如天瑞为故,自然焉在?无为何居?何以知天之自然也?以天无口目也。案有为者,口目之类也。口欲食而目欲视,有嗜欲于内,发之于外,口目求之,得以为利欲之为也。今无口目之欲,于物无所求索,夫何为乎?何以知天无口目也?以地知之。地以土为体,土本无口目。无地,

---

① 普:普遍,全部。

夫妇也,地体无口目,亦知天无口目也。使天体乎? 宜与地同。使天气乎? 气若云烟。云烟之属,安得口目?

或曰:"凡动行之类,皆本有为。有欲故动,动则有为。今天动行与人相似,安得无为?"曰:天之动行也,施气也,体动气乃出,物乃生矣。由人动气也,体动气乃出,子亦生也。夫人之施气也,非欲以生子,气施而子自①生矣。天动不欲以生物,而物自生,此则自然也。施气不欲为物,而物自为,此则无为也。谓天自然无为者何? 气也,恬淡无欲,无为无事者也,老聃得以寿矣。老聃禀之于天,使天无此气,老聃安所禀受此性? 师无其说而弟子独言者,未之有也。或复于桓公,公曰:"以告仲父。"左右曰:"一则仲父,二则仲父,为君乃易乎!"桓公曰:"吾未得仲父,故难;已得仲父,何为不易?"夫桓公得仲父,任之以事,委之以政,不复与知。皇天以至优之德与王政,而谴告②之,则天德不若桓公,而霸君之操过上帝也。

《实知》选读

儒者论圣人,以为前知千岁,后知万世,有独见之明,独听之聪,事来则名,不学自知,不问自晓,故称圣,则神矣。若蓍、龟之知吉凶,蓍草称神,龟称灵矣。贤者才下不能及,智劣不能料,故谓之贤。夫名异则实殊,质同则称钧,以圣名论之,知圣人卓绝,与贤殊也。

孔子将死,遗谶书,曰:"不知何一男子,自谓秦始皇,上我之堂,踞我之床,颠倒我衣裳,至沙丘而亡。"其后,秦王兼吞天下,号始皇,巡狩至鲁,观孔子宅,乃至沙丘,道病而崩。又曰:"董仲舒,乱我书。"其后,江都相董仲舒论思《春秋》,造著传记。又书曰:"亡秦者,胡也。"其后,二世胡亥竟亡天下。用三者论之,圣人后知万世之效也。孔子生不知其父,若母匿之,吹律自知殷宋大夫子氏之世也。不案《图》《书》,不闻人言,吹律精思,自知其世,圣人前知千岁之验也。

曰:此皆虚也。

案神怪之言,皆在谶记,所表皆效《图》《书》。"亡秦者胡",《河图》之文也。孔子条畅增益,以表神怪;或后人诈记,以明效验。高皇帝封吴王,送之,拊其背曰:"汉后五十年,东南有反者,岂汝邪?"到景帝时,濞与七国通谋反汉。建此言者,或

---

① 自:自然而然。
② 谴告:特指上天对人世间的警告和谴责。

时观气见象,处其有反,不知主名;高祖见濞之勇,则谓之是。原此以论,孔子见始皇、仲舒,或时但言"将有观我之宅""乱我之书"者,后人见始皇入其宅,仲舒读其书,则增益其辞,著其主名。如孔子神而空见始皇、仲舒,则其自为殷后子氏之世,亦当默而知之,无为吹律以自定也。孔子不吹律,不能立其姓;及其见始皇,睹仲舒,亦复以吹律之类矣。案始皇本事,始皇不至鲁,安得上孔子之堂,踞孔子之床,颠倒孔子之衣裳乎? 始皇三十七年十月癸丑出游,至云梦,望祀虞舜于九嶷。浮江下,观藉柯,度梅渚,过丹阳,至钱唐,临浙江,涛恶,乃西百二十里从陕中度,上会稽,祭大禹,立石刊颂,望于南海。还过,从江乘。旁海上,北至琅邪。自琅邪北至劳、成山,因至之罘,遂并海,西至平原津而病,崩于沙丘平台。既不至鲁,谶记何见而云始皇至鲁? 至鲁未可知,其言孔子曰"不知何一男子"之言,亦未可用。"不知何一男子"之言不可用,则言"董仲舒,乱我书"亦复不可信也。行事,文记谲①常人言耳,非天地之书,则皆缘前因古,有所据状。如无闻见,则无所状。凡圣人见祸福也,亦揆端推类,原始见终,从闾巷论朝堂,由昭昭察冥冥。谶书秘文,远见未然,空虚暗昧,豫睹未有,达闻暂见,卓谲怪神,若非庸口所能言。

【思想概要】

《论衡》一书的主要哲学精神就是"疾虚妄",这种精神贯穿于他的元气自然论、认识论、人性论、历史论以及对谶纬的批判中。疾虚妄就是反对当时社会虚假不真实的谶纬风气,他从经验论的角度批判了鬼神等世俗迷信,还原了天的自然属性,给予唯心主义先验论巨大的冲击。

天道自然的元气论。首先,王充认为,天地都是由元气构成的,所谓的元气就是天地间最细微的物质元素。元气分为阴气和阳气,二者的相辅相成、相互作用构成世界万物。其次,他认为万物和人类都是由元气凝聚而成的,物坏人死后复归元气。这是一个自然的过程,这一过程不以人的意志为转移,物有坏时,人有死时,而元气则无始无终、不生不灭。由此看来,王充论述了天和人的物质性。天的本质就是"自然无为",即《谴告》篇所说"夫天道,自然也,无为"。他进一步解释道何为"自然无为",《自然》篇说:"天动不欲以生物,而物自生,此则自然也。施气不欲为物,而物自为,此则无为也。"由此可见,所谓的自然就是天创造万物不是有目的的,是

---

① 谲:绕着弯说话。

自然发生的过程。所谓的无为就是气在构成万物时,构成什么样的物以及以何种方式构成万物是客观的。

对谶纬神学、天人感应论和世俗迷信的批判。第一,王充还原了天的自然属性,否定神学目的论下有意志、有人格、能够主宰人间之事的宗教之天。第二,他否定了天人同构的说法,强调"天与人异体",反对把自然现象拟人化。他从经验主义的立场论述道,人是有口目的、能吃能见,天是没有口目的,天如果有口目就会有目的地追求某些东西,但是天道无为,不可能有私欲,所以人有感觉器官,天却没有。如此天人是异体的,而非同构的。第三,他否定了天人感应的理论。谶纬迷信主张天人相感相通,人的情感是可以影响天气寒温的。在王充看来这是十分荒唐的,他说:"当人君喜怒之时,胸中之气未必更寒温也。"这就是说人喜怒时连胸中之气都改变不了,怎么能改变天气呢?把人的喜怒与天气的寒暖相联系只是一种荒唐的比附,二者并无必然的联系。第四,反对灾异谴告之说。所谓灾异是指君主为政失道时,天会用地震、洪水、干旱等自然现象来谴告君主,把灾异看成是天的意志的表现。王充认为天如果是有意志、能谴告君主过失的话,那为什么要选择昏庸无能之君,何不选择像尧舜那样的贤君担任君主之位呢?

强调"实知""知实""效验"的认识论。"实"就是客观实际发生和存在的事实,"实知"就是要求从客观实际出发去认识事物,涉及认识的来源和途径问题。"知实"则是主张以实际存在的事物为认识的对象,不可把虚妄的东西作为认识的对象,并以此作为判断失误的标准,涉及认识的对象和检验认识的标准问题。根据实知的原则,他批判了人生而知之的观点,认为人都是学而知之,强调圣人和凡人的区别不是与生俱来的,而是在于后天学习的多少和快慢。这就否定了今文经学家们对圣人的神化作用。王充进一步指出了判断是非对错的标准就是直接经验,《薄葬》篇云:"事莫明于有效,论莫定于有证。空言虚妄,虽得道心,人犹不信。"这就是说人的认识必须把"有效""有证"作为判断的依据,不能被证明的就是虚假的。但是王充也充分地认识到感觉经验是有效的,需要理性认识。他在《薄葬》篇提到"夫以耳目论,则以虚象为言;虚象效,则以实事为非"。感觉经验只能认识到事物的表象,还不能究其本质,故《薄葬》篇又云:"是非者不徒耳目,必开心意。"这就坚持了由感性认识上升到理性认识的正确路线。

对"性""命"的论述。王充的人性论是建立在元气论的基础之上的。他认为,人在出生时禀受的元气有厚有薄,有多有少,因此人性亦有善有恶。在此基础上他批判了以前各家关于人性的说法,认为孟子说性善只是指上等人,荀子说性恶只是指下等人,扬雄人性善恶混杂是指中等人,这些都没能够全面地概括人性。对命之问题,他也坚持了"气禀"一说,认为命也是人出生时就被决定的。他将命分为"触值之命"和"寿夭之命",即人力无法预料的、必然会发生的意外事故和寿命长短之事。在此基础上,他还探讨了"性"与"命"的关系,他认为性与命虽受"气禀",但是各不相同的,性善之人未必有福,性恶之人未必有祸。他又认为,无论是性和命都是先天就具备的,是不可以人事勉强的。这就具有唯心主义的倾向,没有将自然观上的朴素唯物主义倾向贯彻到社会历史观,具有历史的局限性。

【经典背诵】

1. 誉人不增其美。
2. 精诚所至,金石为开。
3. 衰世好信鬼,愚人好求福。
4. 牛刀可以割鸡,鸡刀难以屠牛。
5. 事莫明于有效,论莫定于有证。
6. 足不强则迹不远,锋不铦则割不深。

【思考题】

1. 简述王充的天道自然观(元气论)。
2. 论述王充哲学对谶纬神学的批判。
3. 谈谈王充哲学"疾虚妄"的发展线索。

《周易略例》

【作品简介】

《周易略例》是魏晋玄学家王弼所作,共有七篇文章。《明象》论卦辞、卦象与卦意之间的关系,《明爻通变》论爻本身的含义和作用,《明卦适变通爻》论卦与爻的关系,《明象》主要是对卦的论述,《辩位》论述他对"同功异位"的独到见解,《略例下》杂论各种体例,《卦略》列举了十一卦的卦义,是全文的总序。他的创作目的是一扫汉儒对周易的牵强附会以及胡乱比附,通过对周易本身体例和卦爻的研究把其中的象数思想改造为阐发义理的工具。关于《周易注》与《周易略例》之间的关系,《周易注》是王弼玄学体系的经典依据,他以卦义为中心展开对玄学的论述。《周易略例》则是《周易注》的辅助性材料,《周易注》中的卦义就是通过《周易略例》确定下来的。从这方面讲,《周易略例》是《周易注》的义理基础。

　　《周易略例》的内容特色就是在解释《周易》象数时加入了老庄的思想,其侧重点是对认识论思想的阐述,例如言意问题、形式与内容的问题等等。这种认识论思想是对王弼本体论思想的反映,本体论上"以无为本"的原则决定了认识论上的"得意忘象"。当然,对于"言意"问题的探讨并不是空穴来风,而是有其所由之宗。被称为"三玄"之一的《周易》讲到"圣人立象以尽意,设卦以尽情伪"。《庄子·天运》篇亦讲道:"夫六经,先王之陈迹也,岂其所以迹哉!今子之所言,犹迹也。夫迹,履之所出,而迹岂履哉!"这就是说六经皆是圣人之"迹"而不是"所以迹","迹"象征着语言,"所以迹"象征着语言背后的深刻意义。由此看来,言意关系在先秦就已经存在,魏晋时代对言意关系的讨论是有理论资源的。

　　《周易略例》是一部解释儒家经典的玄学著作,具有重大的历史意义和哲学意义。王弼思想主体虽然是老庄之道,但不免会受到势力庞大的儒学的影响。因此,在解释《周易》时虽然是以玄学为主体倾向,但是仍保留了大量的儒学观念,在客观上促进了儒学的再次兴起。王弼一扫汉儒在解释《周易》象数思想时的迷信等神秘主义倾向,还原了《周易》象数本来的面目,而且把象数看作是对义理阐发的铺垫,当然是以其中的义理为主。自此,对于《周易》的研究就有了义理派和象数派的划分,这对于后世学者研究《周易》提供了思路和方法。王弼对《周易》的历史贡献是很大的,但是他在解释《周易》时坚持"以无为本"的原则,走向了唯心主义。

【原典选读】

《明象》

　　夫象者,出意者也。言者,明象者也。尽意莫若象,尽象莫若言。言生于象,故可寻言以观象;象生于意,故可寻象以观意。意以象尽,象以言著。故言者,所以明象,得象而忘言;象者,所以存意,得意而忘象。犹蹄者所以在兔,得兔而忘蹄；筌①者所以在鱼，得鱼而忘筌也。然则，言者，象之蹄也；象者，意之筌也。是故，存言者，非得象者也；存象者，非得意者也。象生于意而存象焉，则所存者乃非其象也；言生于象而存言焉，则所存者乃非其言也。然则，忘象者，乃得意者也；忘言者，乃得象者也。得意在忘象，得象在忘言。故立象以尽意，而象可忘也；重画以尽情，而画可忘也。

是故触类可为其象，合义可为其征。义苟在健，何必马乎？类苟在顺，何必牛乎？爻苟合顺，何必坤乃为牛？义苟应健，何必乾乃为马？而或者定马于乾，案文责卦，有马无乾，则伪说滋漫，难可纪②矣。互体不足，遂及卦变；变又不足，推致五行。一失其原，巧愈弥甚。纵复或值，而义无所取。盖存象忘意之由也。忘象以求其意，义斯见矣。

【思想概要】

《明象》篇具体介绍了言、象、意之间的关系，以及在此基础上形成的"得意忘言"的认识论法则。本篇共分为两段，其思想大致如下：

第一段主要阐述了三个方面的内容。第一，《明象》云："夫象者，出意者也。言者，明象者也。尽意莫若象，尽象莫若言。言生于象，故可寻言以观象。象生于意，故可寻象以观意。""言"在这里是指卦辞和爻辞，可以引申为用以表达思想的语言；"象"在这里特指卦象，可以引申为对事物的图形抽象，它是言的依据，是意的载体；"意"在这里特指卦义，可以引申为事物背后的本质和意义。言、象、意三者不是相互独立的关系，它们是认识过程的不同阶段，三者是相统一的。这种对三者关系统一性的认识是探讨言意关系的基础，因为只有承认他们有关系，才能继续讨论它们之间有什么样的关系。

第二，《明象》云："意以象尽，象以言著。"王弼把言作为认识象的基础，把象作为达到意的基础，肯定了言和象对象和意的表达作用。这坚持了反映论的基本原理，不否定意对言的依托作用，是合理的。

第三，《明象》又云："故言者所以明象，得象而忘言。象者所以存意，得意而忘象。犹蹄者所以在兔，得兔而忘蹄；筌者所以在鱼，得鱼而忘筌也。"这就进一步论

---

① 筌：指捕鱼的竹器。
② 纪：纲纪，法度。

述了三者的关系,言和象虽有其作用,但是这种作用对于达到事物的本质来说又是有局限性的,只通过语言和图形并不能把握事物背后深刻的道理。因此,必须"得意忘言",抛弃事物的表层意义,摆脱言、象对事物义理的局限,深入到本质层面。《明象》云:"象生于意而存象焉,则所存者乃非其象也。言生于象而存言焉,则所存者乃非其言也。"言和象存在的本质就是发现事物背后的规律和道理,假如不能忘言、忘象,那么就会失去其"达意"的作用,亦即没有存在的价值了。

从上文分析我们可以看出,王弼对言意关系的认识在本质上就是对形式与内容关系的认识。他不否定言的作用,但是反对把言作为认识的最终目的和归宿,提倡达意之义。这是对古代认识论的深化,客观上提出了认识手段与认识目的之间的矛盾。但是他把忘言、舍象作为达意的必要条件,这就过分夸大了手段与目的之间的矛盾,不免有脱离需要外壳而直接追求独立之意的嫌疑。这种"得意忘象"的哲学认识论对文学艺术上"言近旨远""以有限的语言表达无限的思想"的精神特旨产生深远影响。对于言意关系的认识是魏晋玄学争论的一个焦点。有的玄学家(例如荀粲)忽视了言的作用,将言与意绝对对立起来,这就走向了极端。无论怎么说,认识论上的言意关系是本体论的深刻反映。正是王弼"崇本举末"的本体论原则——以"无"为本,但不否定"有"的作用——才使得对言意关系的认识较其他极端的玄学家来说还算比较中道。

第二段主要论述了王弼对汉儒解易的批判。汉儒主要沿着像数学的方向专门研究《周易》的卦象,而且将其与谶纬迷信联系在一起,过分执着于象数而无阐发深刻义理之兴趣。《明象》云:"义苟在健,何必马乎?类苟在顺,何必牛乎?爻苟合顺,何必坤乃为牛?义苟应健,何必乾乃为马?"传统观点认为,马以刚健著称,故以马来代表乾卦;牛以温顺著称,故以牛代表坤卦。汉儒则把马与乾、牛与坤的关系绝对化,将其绝对地对应起来,认为有马必有乾,有牛必有坤。这种观点显然是错误的,马未必代表乾,比如坤卦卦辞就说"利牝马之贞"这就用马象征坤卦。王弼进一步指出导致这种错误的原因,《明象》曰:"案文责卦,有马无乾,则伪说滋漫,难可纪矣……盖存象忘意之由也。"在王弼看来,这种"存象忘意"就是本末倒置,对于一个卦的理解必须掌握其主要意义,而不是苛求于对象形的探索。王弼这一批判的意义是重大的,它继承了易传的传统,开创了义理学派,成为魏晋易学的主流研究方向,对易学甚至对中国传统哲学具有不可估量的作用。正如顾炎武所讲:"王弼之注虽涉于玄虚,然已一扫《易》学之榛芜,而开大路矣。"

【经典背诵】

1. 夫象者,出意者也;言者,明象者也。尽意莫若象,尽象莫若言。(《明象》)

2. 故言者,所以明象,得象而忘言;象者,所以存意,得意而忘象。犹蹄者所以在兔,得兔而忘蹄;筌者所以在鱼,得鱼而忘筌也。然则,言者,象之蹄也;象者,意之筌也。(《明象》)

3. 物无妄然,必由其理。统之有宗,会之有元,故繁而不乱,众而不惑。(《明象》)

【思考题】

1. 简述《明象》篇中的言意关系。
2. 阐述《明象》篇中对汉儒解《易》的评价。

《崇有论》

【作品简介】

裴頠(wěi),字逸民,河东闻喜(今山西闻喜)人。祖父裴潜,魏尚书令;其父裴秀,字季彦,晋朝名臣,创制朝仪,广陈刑政,封巨鹿郡公;其叔父裴楷,时人称之为"玉人"。裴頠生于公元267年,与惠帝皇后贾南风为表亲,自少知名,成年后娶王戎女。据《晋书》,裴頠"弘雅有远识,博学稽古,自少知名"。政治上,论述世勋,赐爵高阳亭侯,后不满于贾后与司马伦乱政,于公元300年被杀。文化上,奏修国学,刻石写经;辞论丰博,时人称裴頠为言谈之林薮;患世俗放荡,不尊儒术,风教陵迟,乃著《崇有论》,载于《晋书·裴頠传》。

世值竹林玄风,裴頠因反对王戎等人虚诞清谈,不唯治国兴邦为务,而视无为治世为清高,崇老之学未能明白老子学说"以无化有而宝生存宜"的要旨,阮籍、嵇康之辈皆认为老子著"道",于是倡导"无"的氤氲相荡、不可言明的奇妙之境,延伸至社会生活则以极端的方式来冲破礼制约束,不顾伦理纲常而释放自我的欲望,使得情欲相荡而不明其性,只为无限的自由,而不明老子本身主张回归自性而足其相当之情,以存生养之意,乃著《崇有论》以述有乃无之理,以现实的存在为前提,讲述万事万物相互联系与发展,形成了世界生机活力的运转过程;转至社会,阐述了儒家有为之治,以治当时不正之风,回归纲常礼教,使得各当其位,以整乱世篡位混乱之风,以达修身齐家治国平天下之境也。此篇乃魏晋尚无之风起而以有为本批判之。

裴頠的《崇有论》充分体现了唯物主义的色彩。自汉代王充提出"物偶自生",以事物的存在为前提,到如今裴頠主张世界万物的"有"是最终的道,强调物质在先,并且通过事物的差异性阐述事物的联系与发展,具有唯物主义联系发展观的表现;同时资择其宜,教导我们要按照事物本身的客观规律行事,因地制宜,才能实现事物的发展,具有现实意义。

【原典选读】

一

夫总混群体,宗极之道也。方以族异,庶类之品也。形象著分,有生之体也。化感错综,理迹之原也。夫品而为族,则所禀者偏,偏无自足,故凭乎外资。是以生而可寻,所谓理也。理之所体,所谓有也。有之所须,所谓资也。资有攸①合,所谓宜也。择乎厥宜,所谓情也。识智既授,虽出处异业,默语殊涂,所以宝生存宜,其情一也。

众理并而无害②,故贵贱形焉。失得由乎所接,故吉凶兆焉。是以贤人君子,知欲不可绝而交物有会,观乎往复,稽中定务。惟夫用天之道,分地之利;躬其力任,劳而后飨③;居以仁顺,守以恭俭;率以忠信,行以敬让;志无盈求,事无过用,乃可济乎!故大建厥极④,绥理群生⑤,训物垂范,于是乎在,斯则圣人为政之由也。

若乃淫抗⑥陵肆,则危害萌矣。故欲衍则速患,情佚(yì)则怨博,擅恣则兴攻,专利则延寇,可谓以厚生而失生者也。悠悠之徒,骇乎若兹之衅,而寻艰争所缘。察夫偏质有弊,而睹简损之善,遂阐贵无之议,而建贱有之论。贱有则必外形,外形

---

① 攸(yōu)合:所符合。
② 众理并而无害:并,一起。强调理之间相互协调、相互补充。据《中庸》"万物并育而不相害,道并行而不相悖。"
③ 飨:音xiǎng,同"享",享受。
④ 大建厥极:大力地建立最高的政治准则。
⑤ 绥理群生:安抚治理百姓。绥(suí),安抚。
⑥ 抗:同"亢",过分。

则必遗制,遗制则必忽防,忽防则必忘礼。礼制弗存,则无以为政矣。

众之从上,犹水之居器也。故兆庶①之情,信于所习;习则心服其业,业服则谓之理然。是以君人必慎所教,班其政刑一切之务,分宅百姓,各授四职,能令禀命之者不肃而安,忽然忘异,莫有迁志。况于据在三之尊②,怀所隆之情,敦以为训者哉!斯乃昏明所阶,不可不审。

二

人之既生,以保生为全,全之所阶,以顺感为务。若味近以亏业,则沉溺之衅兴;怀末以忘本,则天理之真灭。故动之所交,存亡之会也。夫有非有,于无非无;于无非无,于有非有③。是以申纵播之累,而著贵无之文。将以绝所非之盈谬,存大善之中节,收流遁于既过,反澄正于胸怀。宜其以无为辞,而旨在全有,故其辞曰"以为文不足"④。若斯则是所寄之涂,一方之言也。若谓至理信以无为宗,则偏而害当矣。

三

夫至无者,无以能生;故始生者,自生也。自生而必体有,则有遗而生亏矣。生以有为己分,则虚无是有之所谓遗者也。故养既化之有,非无用之所能全也;理既有之众,非无为之所能循也。心非事也,而制事必由于心,然不可以制事以非事,谓心之无也。匠非器也,而治器必须于匠,然不可以制器以非器,谓匠非有也。是以欲收重泉之鳞⑤,非偃息之所能获也;陨高墉之禽⑥,非静拱之所能捷也;审投弦饵之用,非无知之所能览也。由此而观,济有者皆有也,虚无奚益于已有之群生哉!

【思想概要】

裴頠的宇宙观——万事万物的整体性以"道"为出发点,通过不同事物自身的

---

① 兆庶:兆,一万亿为兆。兆庶:广大百姓。
② 在三之尊:居于三公的高位。三:三公,即司马、司徒、司空三种职官。
③ 夫有非有,于无非无;于无非无,于有非有:执著于过分的有,厚生以害生,非适宜之有;主张无欲,亦乃因之于有之体,故非无;因此,明无欲非无与厚生亦非有也。
④ 以为文不足:《老子》十九章"此三者以为文不足",主张以"绝圣弃智、绝仁弃义、绝巧弃力"作为思想的原则是不足够的。
⑤ 重泉之鳞:深水里的鱼。
⑥ 陨高墉之禽:陨(yǔn),同"允",射落。高墉(yōng):高墙。

属性划分为不同的事物,阐释事物的差异性,有形有象的形体构成事物基本的存在,保证了万物自身的独立性,各具特殊性的事物之间相互联系,在发展的过程中表现出各自的"理",或者可以说是客观规律,物物各有其理,为宋明理学中朱子"月印万川"之理蕴含于事物中做出铺垫,只不过朱子的"理"是世界万物根本的理,一理因气而形成万理,孕育于万事万物之中。在此讲述了万事万物的本原是什么以及事物的属性;同时,以"有"的存在为前提,但"有"具有限定性,在其现实性的表现上为有限、限定以及差异的存在,而其自身差异性的过程中蕴含自身选择的适宜性,自身差异的存在需要借助"资"促其生长;在其"资"之选择上又循"宜"之道,而"宜"之道本之于"情"的作用,最终的作用是实现事物遵循本身的适宜的客观规律得以生长和延续,从而事物在其生存过程中借助"资""宜""情"之循环作用,深阐万物联系的生命活力以及一切以"有"为本,进以明白"宝生存宜"才是情之本。

"众理并而无害,故贵贱形焉。"其宇宙观以万物的差异性为前提,方乃循宜以生,此言生之偶然性造就了未来的遵循道路,因为事物自身的客观规律的确定,使得事物保证了发展的方向性以及最终界限,存在宿命论的特点;延伸至社会政治层面,"众之从上,犹水之居器也。"在人们生下来的过程中就已经暗含了自身位于贵或贱的位置,即统治与服从的天性已经规定好。君主统治百姓的方法便是让他们"信于所习,心服其业",各安天分,即使百姓存在疑惑的时候,裴頠也已经将其局限在"天分"之中,不会有任何冲破的可能,这是孔子正名思想的强化,表现了裴頠对于社会政治的思想——宿命性的各安天分、循理为事、强化的正名主义的封建等级制度;表现在圣人观上,"故大建厥极,绥理群生,训物垂范,于是乎在,斯则圣人为政之由也",圣人的天分也被注定,圣人的作用是使得每个人遵循自身的道理行事,遵循现实的规范,实际上更是遵循"宜"之用,实现每个人宜其位,行其事,规其矩,按部就班地生活,具有一定的机械性。

在"有"运用上,作为生命的"有"为宝生而循其宜,明白自己寻求的方向与程度:一方面,若因欲之体贴而过度占有,则会导致"厚生以失生也";另一方面,则直接阐明贵无论产生的原因:因盈欲而使得"有"有所损,则趋向另一极端,消除"有"的存在,以"无"作为本,则无欲无求,不必考虑它的任何有限性,但是裴頠言老子之以"无"为本是为保生之用,若只言无的存在,而消除有,则是老子所言"以为文不足",那么在事物与社会层面消除了一切的能动性以及存在的意义,即"贱有则必外形,外形则必遗制,遗制则必忽防,忽防则必忘礼"。消解了"礼"的作用,使社会混沌一体,没有秩序,导致魏晋时期官员以不务正事为清高风气的盛行。因此,裴頠在强调万物的天分自然限定的同时,又给予了万物自主性、独立性,各自依据自身的特点,选择自己适宜的"外资",表现了过犹不及的"中庸"之道,遵循适度原则。

第二部分与第三部分分别是"宜"两个方面的发展性。一个方面,表现为"有"的规定性,体现在裴頠的封建等级制度的社会构想中,表现了裴頠作为儒家的维护者,强调纲常名教的正统性以及整顿魏晋时期的无为之风的有为思想,具有一定的斗争色彩,表现了"为其道,舍其身"的儒士之风;另一方面,表现为天分之下的自主性,体现在裴頠提倡事物的自我运转发展。延伸至社会领域,各自有其位,但充分发挥自我的能力与自我颓废的选择自主性。两者的矛盾促成了事物的发展,充分体现裴頠在"有"的宇宙观的构建下万事万物的生命力。

在有与无的关系上,有是事物的本体,有的存在是自身产生、运转与发展的过程,即"自生"也;无则处于附属的位置,无只不过是有的遗失,这样"有"就处于"主"之位,而"无"就处于"次"之位,表现裴頠以有为本的宇宙观以及对待"无"的附属态度。延伸至认识论上,既以有为存在的根本,人与事物皆是真实的存在,人以其心明事物之理,从而实现人通过感官认识事物的规律,把握事物规律来为己之用,择己之所宜,促进自身的发展,即"心非事也,而制事必由于心,然不可以制事以非事也,谓心为无也"。从而阐明人与物都是在"有"的前提下,强调主体与客体的存在,人识其理以宜其所用之道,既表现为人的认知能力的有限,又表现为人要认识事物的客观规律与自身的规律的现实性。在此,裴頠的观点还只是一种事物与人的相宜而未发展为人的主观创造,表现了他的天分的规定性的制约。

相应地,在以"有"构建的宇宙观下,产生了内在的"有"的概念的矛盾——在其作为"总混群体,至极之道"的宇宙观,"有"是作为抽象的概念,还是作为万事万物之无数"有"的总和;同样,在认识论上,"有"是表示事物的现象还是事物的本质本身,人们能否正确地把握事物的客观规律,与马克思主义哲学中对于思维与存在是否具有同一性的问题产生了同样的深思。

【经典背诵】

1. 夫总混群体,宗极之道也。方以族异,庶类之品也。形象著分,有生之体也。化感错综,理迹之原也。

2. 众之从上,犹水之居器也。

3. 夫有非有，于无非无；于无非无，于有非有。

4. 夫至无者，无以能生；故始生者，自生也。自生而必体有，则有遗而生亏矣。生以有为己分，则虚无是有之所谓遗者也。

5. 心非事也，而制事必由于心，然不可以制事以非事，谓心之无也。匠非器也，而治器必须于匠，然不可以制器以非器，谓匠非有也。

【思考题】

1. 如何理解"济有者皆有也"？
2. 贵无论与崇有论有何联系？

《肇论》

【作品简介】

《肇论》为东晋佛学家僧肇所作。僧肇早年研究老庄，爱好虚空玄远之学，后来有机会一睹《维摩诘经》，欢喜顶受，披寻玩昧。他师事来华传授大乘空宗般若学的鸠摩罗什，于是对般若中道观有了较深的领悟，世人称其为"解空第一"。《肇论》主要有五个部分，即《宗本义》《物不迁论》《不真空论》《般若无知论》《涅槃无名论》。《宗本义》是简述性的文章，是对大乘中观的通述，在全书起着统领作用。但是现代很多学者认为此章非僧肇本人所著。其理由如下：第一，僧祐编著的《出三藏记集》和慧皎编著的《高僧传》中记载的《肇论》没有宗本义。第二，宗本义中出现了两次"本无"。"本无"是梵语的意译，其师鸠摩罗什则把他翻译成"真如"，故僧肇不可能不沿用其师之语；而且，在其他的"四论"中，"本无"一次也没有出现过。第三，从文风上看，僧肇的文章非常流畅，而宗本义却十分晦涩难懂，这根本不符合僧肇的手笔。综合上述三点，我们可以认为"宗本义"为伪作。《物不迁论》提出了"四不迁"，企图证明世界的运动是不真实的，这是从作用层上讲。其旨在证明佛教提出的因果不灭和修行成佛。这在本质上说明了世界是怎么样的问题。《不真空论》着重阐述了大乘般若中道思想，认为万物皆是因缘和合而成，事物本身空无自性，故世界的本质为空。但是就其曾经因缘相成过，所以又是不空，即非空非有。这说明了世界的本质是什么的问题。《般若无知论》介绍了"般若"是一种不知之知，虽无知无相，却能洞察万物。《涅槃无名论》可以看作是对整个《肇论》的总结，是其思想的归纳。

《肇论》系统地介绍了大乘般若空宗的中道思想，以"缘起性空"为起点，阐述了不真不空的中道思想，并通过对物不迁的论述，论证了佛教的因缘不灭以及众生可以通过修道成佛从而达到涅槃的最高境界，最后还指出了达到这种涅槃之境的方法——般若之智。《肇论》是对中国佛学的进一步深化，它克服了六家七宗以玄学比拟佛学的理论缺陷，第一次用中国化的术语解释了般若学的中道思想，为佛学的中国化奠定了基础。

【原典选读】

《肇论·不真空论》

夫至虚无生者，盖是般若玄鉴①之妙趣，有物之宗极者也。自非圣明特达，何能契②神于有无之间哉？是以至人通神心于无穷，穷所不能滞，极耳目于视听，声色所不能制者，岂不以其即万物之自虚，故物不能累③其神明者也？是以圣人乘真心而理顺，则无滞而不通；审一气以观化，故所遇而顺适。无滞而不通，故能混杂致淳；所遇而顺适，故则触物而一，如此，则万象虽殊，而不能自异。不能自异，故知象非真象；象非真象，故则虽象而非象。然则物我同根，是非一气，潜微幽隐，殆非群情之所尽。

故顷而谈论，至于虚宗，每有不同。夫以不同而适同，有何物而可同哉？故众论竞作而性莫同焉。何则？心无者，无心于万物，万物未尝无。此得在于神静，失在于物虚。即色者，明色不自色，故虽色而非色也。夫言色者，但当色即色，岂待色色而后为色哉？此直语色不自色，未领色之非色也。本无者，情尚于无多，触言以宾无。故非有，有即无；非无，无即无。寻夫立文之本旨者，直以非有非真有，非无非真无耳。何必非有无此有，非无无彼无？此直好无之谈，岂谓顺通事实，即物之情哉？夫以物物于物，则所物而可物；以物物非物，故虽物而非物。是以物不即名而就实，名不即物而履真。然则真谛独静于名教之外，岂曰文言之能辩哉？然不能

---

① 玄鉴：犹明镜，喻高明的见解。
② 契：相合，相投。
③ 累：使疲劳，使劳累。

杜默，聊复厝言以拟之。

试论之曰：《摩诃衍论》云"诸法亦非有相，亦非无相。"《中论》云："诸法不有不无者，第一真谛也。"寻夫不有不无者，岂谓涤除万物，杜塞视听，寂寥虚豁，然后为真谛者乎？诚以即物顺通，故物莫之逆；即伪即真，故性莫之易。性莫之易，故虽无而有；物莫之逆，故虽有而无。虽有而无，所谓非有；虽无而有，所谓非无。如此，则非无物也，物非真物。物非真物，故于何而可物？故经云："色之性空，非色败空。"以明夫圣人之于物也，即万物之自虚，岂待宰割以求通哉？是以寝疾有不真之谈，《超日》有即虚之称。然则三藏殊文，统之者一也。故《放光》云："第一真谛无成无得；世俗谛故，便有成有得。"夫有得即是无得之伪号，无得即是有得之真名。真名，故虽真而非有；伪号，故虽伪而非无。是以言真未尝有，言伪未尝无。二言未始一，二理未始殊。故经云："真谛俗谛，谓有异耶？"答曰："无异也。"此经直辩真谛以明非有，俗谛以明非无。岂以谛二而二于物哉？然则万物果有其所以不有，有其所以不无。有其所以不有，故虽有而非有，有其所以不无，故虽无而非无。虽无而非无，无者不绝虚；虽有而非有，有者非真有。若有不即真，无不夷迹，然则有无称异，其致一也。

故童子叹曰："说法不有亦不无，以因缘故诸法生。"《璎珞经》云："转法轮者，亦非有转，亦非无转，是谓转无所转。"此乃众经之微言也。何者？谓物无邪，则邪见非惑；谓物有邪，则常见为得。以物非无，故邪见为惑；以物非有，故常见不得。然则非有非无者，信真谛之谈也。故《道行》云："心亦不有亦不无。"《中观》云："物从因缘故不有，缘起故不无。"寻理即其然矣。所以然者，夫有若真有，有自常有，岂待缘而后有哉？譬彼真无，无自常无，岂待缘而后无也？若有不能自有，待缘而后有者，故知有非真有。有非真有，虽有不可谓之有矣。不无者，夫无则湛然不动，可谓之无。万物若无，则不应起，起则非无。以明缘起，故不无也。故《摩诃衍论》云："一切诸法，一切因缘，故应有；一切诸法，一切因缘，故不应有；一切无法，一切因缘，故应有；一切有法，一切因缘，故不应有。"寻此有无之言，岂直反论而已哉？若应有，即是有，不应言无；若应无，即是无，不应言有。言有是为假有，以明非无，借无以辩非有。此事一称二，其文有似不同。苟领其所同，则无异而不同。然则万法果有其所以不有，不可得而有；有其所以不无，不可得而无。何则？欲言其有，有非真生；欲言其无，事象既形。象形不即无，非真非实有。然则不真空义，显于兹矣。故《放光》云："诸法假号不真。"譬如幻化人，非无幻化人，幻化人非真人也。

第二部分 汉唐哲学

夫以名求物,物无当名之实。以物求名,名无得物之功。物无当名之实,非物也;名无得物之功,非名也。是以名不当实,实不当名。名实无当,万物安在?故《中观》云:"物无彼此。"而人以此为此,以彼为彼。彼亦以此为彼,以彼为此。此彼莫定乎一名,而惑者怀必然之志。然则彼此初非有,惑者初非无。既悟彼此之非有,有何物而可有哉?故知万物非真,假号久矣。是以《成具》立强名之文,园林托指马之况。如此,则深远之言,于何而不在?是以圣人乘千化而不变,履万惑而常通者,以其即万物之自虚,不假虚而虚物也。故经云:"甚奇世尊,不动真际,为诸法立处。"非离真而立处,立处即真也。然则道远乎哉?触事而真。圣远乎哉?体之即神!

【思想概要】

在《不真空论》中,僧肇对般若空观进行了深刻的阐释,其核心观点为"即万物之自虚"的"不真空论"。不真空论的理论出发点即是"诸法假号不真"。《放光》云:"'诸法假号不真。'譬如幻化人,非无幻化人,幻化人非真人也。"这就讲了什么是"不真",并不是说这个事物没有,而是说它不是真的存在,是假有。《不真空论》有两层意义或者说两层境界:第一层境界为承认世界的实有性是不可以的,承认世界的虚无性是合理的;第二层境界为执着于世界的实有性和执着于世界的虚无性都是不可以的,要坚持空和有的统一,这层境界才是般若空观的真谛,即事物非空非有,非有非无。故《不真空论》曰:"欲言其有,有非真生;欲言其无,事象既形。象形不即无,非真非实有。"这就是说,如果世界是有的话,有不是真的,是假有,故空;如果说世界是虚幻的话,但是大千世界又呈现出五彩缤纷的姿态,故非空。所以,不真空一义是非空非有的统一,不可执着于任何一方面。因此,《不真空论》其实是在讲体用关系的统一。万法虽非真,但是万物已然成相并且可以观相虚来体现本体之真,这就是即用显体,正所谓"缘生无性,立处皆真"。这种体用一如的观点起着承上启下的作用,它是对魏晋玄学有无之辩的整合——有与无的统一,又是对宋明理学体用一源的开启——形上之道与形下之器的相即相用。总的来说事物的本性就是空——有与无的统一。

《不真空论》指出:"是以圣人乘千化而不变,履万惑而常通者,以其即万物之自虚,不假虚而虚物也。"这就是般若空观的基本思想,说明世界万物因其不真故为空,而不是认为万物之前有虚空存在,或者在万物之外设置一个虚无的本体,或者不承认万物的假有而另外设立虚无之意。僧肇站在大乘空宗的立场上对六家七宗的主要派别——本无宗、心无宗和即色宗,进行了批判。

《不真空论》中讲道:"心无者,无心于万物,万物未尝无。此得在于神静,失在于物虚。"这就是讲心无宗只空心而不空万物,只把心看成是不真实的、虚幻的,没有意识到世界上存在的事物亦是空的。由此可以看出心无宗的空并不彻底。说空是就事物本身而言,心无宗的空在物之外又设了一个心,认为它是空的就陷入了"不识万物之假有而另外设立虚无之意"之障。又云:"即色者,明色不自色,故虽色而非色也。夫言色者,但当色即色,岂待色色而后为色哉? 此直语色不自色,未领色之非色也。"此是说,即色宗强调宇宙万法都是因缘和合而成,事物都是依靠别的条件而存在的,其自身不能存在,故事物为假有,所以现实世界是空的,即"色不自色,虽色而空"。这种空是分析空,即经过对事物的分破透析而说它是空的。却不知道事物本身就是空的,即"未领色之非色也"。此是对支道林即色之义的批判,冯友兰在其《中国哲学史》中又提到一义——关内即色义。澄观在《中观疏记》中说到,"此师(关内)意云:细色和合,而成粗色。若为空时,但空粗色,不空细色"。这就是说,粗色是由细色构成的,世界是空的,只是空这个由世界之基本元素(细色)构成的事物(粗色),至于这个世界的基本元素则是实有的。冯友兰把这个细色认为是西方科学之电子、原子,其实亦可以把细色理解为因缘。在僧肇看来不仅这个具体事物(粗色)需要空掉,这个因缘(细色)亦需要空掉。即色宗陷入"不知万物本性即为空"的魔障。《不真空论》又云:"本无者,情尚于无多,触言以宾无。故非有,有即无;非无,无亦无。寻夫立文之本旨者,直以非有非真有,非无非真无耳。何必非有无此有,非无无彼无? 此直好无之谈,岂谓顺通事实,即物之情哉?"这就是说,本无宗把一切都归于无,有是无,无亦是无。这只达到了僧肇之第一层境界,未达到非有非无的统一,因此被僧肇批为"好无之谈"。此本无之意即陷入"在事物本身之外设立一个虚无的存在,使一切都归之于此"。

【经典背诵】

1. "诸法假号不真。"譬如幻化人,非无幻化人,幻化人非真人也。

2. 然则旋岚偃岳而常静,江河竞注而不流,野马飘鼓而不动,日月历天而不周。复何怪哉?

3. 是以圣人虚其心而实其照,终日知而未尝知也。故能默耀韬光,虚心玄鉴,

闭智塞聪,而独觉冥冥者矣。

4. 涅盘之道,盖是三乘之所归。方等之渊府,渺漭希夷,绝视听之域;幽致虚玄,殆非群情之所测。

【思考题】

1. 简述"不真空"之含义以及两层意义。
2. 论述僧肇对心无宗、本无宗、即色宗的批判。

《神灭论》

【作品简介】

《神灭论》是南朝梁范缜的代表作。其创作目的就是对当时盛行的佛学思想进行义理层次上的深刻批判。当时佛学的理论倡导"因果报应论、神不灭论、六道轮回论",而这些理论的基础又是"神不灭论"。在范缜看来,要想给予佛学以致命的打击,必须从根本出发,从源头上解决问题,这样一来,神灭论应运而生。神灭论的主要内容是论证人死后精神不可以独立存在,贯穿全文的主线是范缜站在儒家的立场论证"形神相即,不得相离"的观点,故其本质为形神关系的讨论。

关于形神关系的探讨古已有之。先秦荀子明确地讲"形具而神生",具有道家倾向的《淮南子》则主张"以神制形",汉代桓谭将形神关系比喻为"烛火",南北之慧远利用"烛火之喻"的理论缺陷提出了"薪火之喻",为佛家辩护。为了维护儒家的道统,范缜的"神灭论"横空出世。

佛门弟子从形神相异的观点出发,认为人死后灵魂会继续存在,因此,人不仅要注重现世的修行,更应注重死后的灵魂安置问题。为此,在佛学理论的倡导下,人们不仅活在当下更活在未来——六道轮回的真切映射。尽管儒佛在基本观点上存在冲突和摩擦,但也仅仅是就其门派立场上讲,从整个宇宙和世界的高度来看,儒佛的最终目的还是劝人向善,注重社会的和谐有序。

范缜的"神灭论"一出,便震惊朝野,齐竟陵王萧子良笃信佛教,便组织群臣和僧众与范缜的神灭论进行辩论。范缜坚持儒家护道意识,不畏权贵,不阿俗见,表现出了顽强的战斗精神。范缜关于形神的思想是对先秦、西汉自然观的思想总结,

141

克服了古代形神理论的缺陷(形神粗精一气),从而将形神关系的论述推向高峰。《神灭论》在行文上具有两大特点:第一,在论述方式上采取魏晋玄学的客问主答的形式,而且是自问自答;第二,对佛教的批判主要是在义理层次,有较深的理论见解,正所谓"析义如锯攻木"。以后以儒家正统自居的卫道者们批判佛教大多从社会层面作浅显分析,未有较深的理论探索。

【原典选读】

或问予云:"神灭,何以知其灭也?"答曰:"神即形也,形即神也。是以形存则神存,形谢则神灭也。"

问曰:"形者无知之称,神者有知之名,知与无知,即事有异,神之与形,理不容一,形神相即,非所闻也。"答曰:"形者神之质,神者形之用,是则形称其质,神言其用,形之与神,不得相异也。"

问曰:"神故非质,形故非用,不得为异,其义安在?"答曰:"名殊而体一也。"

问曰:"名既已殊,体何得一?"答曰:"神之于质,犹利之于刃;形之于用,犹刃之于利。利之名非刃也,刃之名非利也。然而舍利无刃,舍刃无利。未闻刃没而利存,岂容形亡而神在?"

问曰:"刃之与利,或如来说;形之与神,其义不然。何以言之?木之质无知也,人之质有知也。人既有如木之质,而有异木之知,岂非木有其一,人有其二邪?"答曰:"异哉言乎!人若有如木之质以为形,又有异木之知以为神,则可如来论也。今人之质,质有知也;木之质,质无知也。人之质,非木质也;木之质,非人质也。安在有如木之质而复有异木之知哉?"

问曰:"人之质所以异木质者,以其有知耳。人而无知,与木何异?"答曰:"人无无知之质,犹木无有知之形。"

问曰:"死者之形骸,岂非无知之质邪?"答曰:"是无知之质也。"

问曰:"若然者,人果有如木之质,而有异木之知矣。"答曰:"死者有如木之质,而无异木之知;生者有异木之知,而无如木之质也。"

问曰:"死者之骨骼,非生者之形骸邪?"答曰:"生形之非死形,死形之非生形,区已革矣。安有生人之形骸而有死人之骨骼哉?"

问曰:"若生者之形骸非死者之骨骼,非死者之骨骼则应不由生者之形骸;不由生者之形骸,则此骨骼从何而至此邪?"答曰:"是生者之形骸变为死者之骨骼也。"

问曰:"生者之形骸虽变为死者之骨骼,岂不因生而有死,则知死体犹生体也。"答曰:"如因荣木变为枯木,枯木之质宁是荣木之体?"

问曰:"荣体变为枯体,枯体即是荣体;丝体变为缕体,缕体即是丝体,有何别焉?"答曰:"若枯即是荣,荣即是枯,则应荣时凋零,枯时结实也。又荣木不应变为枯木,以荣即枯,无所复变也。又荣枯是一,何不先枯后荣?要先荣后枯,何也?丝缕之义,亦同此破。"

问曰:"生形之谢,便应豁然都尽,何故方受死形,绵历未已邪?"答曰:"生灭之体,要有其次故也。夫欻①而生者必欻而灭,渐而生者必渐而灭。欻而生者,飘骤是也;渐而生者,动植是也。有欻有渐,物之理也。"

问曰:"形即是神者,手等亦是神邪?"答曰:"皆是神②之分也。"

问曰:"若皆是神之分,神既能虑,手等亦应能虑也?"答曰:"手等亦应能有痛痒之知,而无是非之虑。"

问曰:"知之与虑,为一为异?"答曰:"知即是虑,浅则为知,深则为虑。"

问曰:"若尔,应有二虑。虑既有二,神有二乎?"答曰:"人体惟一,神何得二?"

问曰:"若不得二,安有痛痒之知,复有是非之虑?"答曰:"如手足虽异,总为一人;是非痛痒虽复有异,亦总为一神矣。"

问曰:"是非之虑,不关手足,当关何处?"答曰:"是非之虑,心器所主。"

问曰:"心器是五藏之心,非邪?"答曰:"是也。"

问曰:"五藏有何殊别,而心独有是非之虑乎?"答曰:"七窍亦复何殊,而司用不均?"

问曰:"虑思无方,何以知是心器所主?"答曰:"五藏各有所司无有能虑者,是以知心为虑本。"

问曰:"何不寄在眼等分中?"答曰:"若虑可寄于眼分,眼何故不寄于耳分邪?"

问曰:"虑体无本,故可寄之于眼分;眼自有本,故不假寄于佗分也。"答曰:"眼何故有本而虑无本?苟无本于我形,而可遍寄于异地,亦可张甲之情寄王乙之躯,李丙之性托赵丁之体。然乎哉?不然也。"

问曰:"圣人形犹凡人之形,而有凡圣之殊,故知形神异矣。"答曰:"不然。金之

---

① 欻(xū):忽然,迅速。
② 神:精神。

精者能昭，秽者不能昭，有能昭之精金，宁有不昭之秽质。又岂有圣人之神而寄凡人之器，亦无凡人之神而托圣人之体。是以八采重瞳，勋华之容；龙颜马口，轩皞之状，此形表之异也。比干之心，七窍并列角；伯约之胆，其大若拳，此心器之殊也。是以知圣人定分，每绝常区，非惟道革群生，乃亦形超万有。凡圣均体，所未敢安。"

问曰："子云圣人之形必异于凡，敢问阳货类仲尼，项籍似虞舜。舜、项、孔、阳，智革形同，其故何邪？"答曰："珉似玉而非玉，鸡类凤而非凤，物诚有之，人故宜尔。项、阳貌似而非实似，心器不均，虽貌无益也。"

问曰："凡圣之殊，形器不一可也。圣人员极，理无有二，而丘旦殊姿，汤文异状。神不俟色，于此益明矣。"答曰："圣同于心器，形不必同也。犹马殊毛而齐逸，玉异色而均美。是以晋棘、荆和，等价连城，骅骝、騄骊，俱致千里。"

问曰："形神不二，既闻之矣；形谢神灭，理固宜然。敢问《经》云：'为之宗庙，以鬼飨之。'何谓也？"答曰："圣人之教然也，所以弭孝子之心，而厉偷薄之意。'神而明之'，此之谓矣。"

问曰："伯有被甲，彭生豕见，坟索著其事，宁是设教而已邪？"答曰："妖怪茫茫，或存或亡。强死者众，不皆为鬼，彭生伯有何独能然？乍为人豕，未必齐郑之公子也。"

问曰："《易》称'故知鬼神之情状，与天地相似而不违。'又曰'载鬼一车。'其义云何？"答曰："有禽焉，有兽焉，飞走之别也；有人焉，有鬼焉，幽明之别也。人灭而为鬼，鬼灭而为人，则未之知也。"

问曰："知此神灭，有何利用邪？"答曰："浮屠害政，桑门蠹俗，风惊雾起，驰荡不休。吾哀其弊，思拯其溺。夫竭财以赴僧，破产以趋佛，而不恤亲戚，不怜穷匮者何邪？良由厚我之情深，济物之意浅。是以圭撮涉于贫友，吝情动于颜色；千钟委于富僧，欢意畅于容发。岂不以僧有多余之期，友无遗秉之报，务施阙于周急，归德必于有己。又惑以茫昧之言，惧以阿鼻之苦，诱以虚诞之辞，欣以兜率之乐。故舍逢掖，袭横衣，废俎豆，列瓶钵，家家弃其亲爱，人人绝其嗣续。致使兵挫于行间，吏空于官府，粟罄于惰游，货殚于泥木。所以奸宄弗胜，颂声尚拥，惟此之故也，其流莫已，其病无垠。若知陶甄①禀于自然，森罗均于独化，忽焉自有，怳尔而无，来也不御，去也不追，乘夫天理，各安其性。小人甘其垄亩，君子保其恬素，耕而食，食不可

---

① 陶甄：比喻陶冶、教化。

穷也;蚕而衣,衣不可尽也;下有余以奉其上,上无为以待其下。可以全生,可以养亲,可以为己,可以为人,可以匡国,可以霸君,用此道也。"

【思想概要】

《神灭论》全文大致分为5个部分,问曰是代表反面意见,答曰则代表作者本人的意见。对各个部分内容的概述如下:

第一部分——形神相即,不得相离。《神灭论》云:"神即形也,形即神也……形之与神,不得相异也。"在这里应当注意"即"字的含义,"即"在这里并不是与另一物完全相同、一物就是另一物,而是强调一物与另一物有内在的同一性,我们大致可以将其翻译为"接近,蕴含"。这就是说形与神都是相互接近、相互蕴含的,它们不可分离独自存在。承认这一点是范缜继续探讨神灭论的基础——神灭的前提是承认形神有同一性。

第二部分——形质神用,形谢神灭。这部分重点说明了在形神关系中,形是占主导的,形是神的基础,神是形的派生。首先,范缜把形神关系比喻为"刀刃和刀锋"之间的关系,提出了形言其质、神言其用的命题,即"神之于质,犹利之于刃;形之于用,犹刃之于利,利之名非刃也,刃之名非利也。然而舍利无刃,舍刃无利,未闻刃没而利存,岂容形亡而神在"。这样,范缜便克服了有理论漏洞的"烛火之喻",因为刀锋不会像火能传于另一个蜡烛一样,可以传于另一个刀。其次,特定的质决定特定的用。僧侣们正是不知道此观点,所以提出了"木之质无知也,人之质有知也,人既有如木之质,而有异木之知,岂非木有其一,人有其二邪?"他们想通过人之质与木之质同,而人有知木无知来说明形神的可异性。范缜看来,人的质和用都是统一的,一说人之质就已经包括有神之用,一说木之质就已经意味着不可能包括只有人才具备的神,僧侣能犯错的原因正是将质用割裂开来。在这一过程中我们可以看到神为人之所特有,正如范缜所言"人无无知之质,犹木无有知之形",这就为神作了限定,以此来破斥佛教众生皆有佛性之观点(万物有灵之说)。再次,释氏门徒们为了进一步说明人之质与木之质相同,企图通过死人之质与木之质相同来论述,即"死者之形骸,岂非无知之质邪?……若然者,人果有如木之质,而有异木之知矣"。双方又就人生之质是否为死人之质展开了讨论。释氏门徒通过丝体与缕体的一致性来与范缜荣体与枯体的相异性争锋,故释氏徒们说:"荣体变为枯体,枯体即是荣体;丝体变为缕体,缕体即是丝体,有何别焉?"范缜极力反对,要是荣枯一体那便可先有枯树后有荣树,但事实却不是这样。最终范缜得出结论,丝缕能同时存在,而荣枯却不可以同时存在。最后,《神灭论》中载,"问曰:'生形之谢,便应豁然都尽,何故方受死形,绵历未已邪?'答曰:'生灭之体,要有其次故也。夫欻而生者必欻而灭,渐而生者必渐而灭。欻而生者,飘骤是也;渐而生者,动植是也。有欻有渐,物之理也。'"这就阐述了世界万物不都是方生方死的,范缜的观点承认了世界的过程性,具有反对相对主义和诡辩论的伟大意义。总而言之,释氏徒认为人之质同于木之质。在范缜看来,是割裂了生人与死人之间的区别,片面地将生人之质与死人之质统一起来。

第三部分——是非之虑,心器所主。《神灭论》言:"知即是虑,浅则为知,深则为虑……如手足虽异,总为一人;是非痛痒虽复有异,亦总为一神矣。"范缜认为,人之手足有痛痒之知,人之心器有是非之虑,无论是知还是虑都是神的不同认识层次,它们在本质上是统一的整体,不可把知与虑绝对地对立起来,这就好像手脚和心器都是人身体的一部分一样。在这个过程中,范缜还认为"是非之虑不关手足但为心器所主",这就坚持了物质器官对精神思虑的决定作用,具有唯物主义倾向。但是,把人的思虑仅仅归结为心器这一具体的物质形态,这就具有朴素性和形而上学性。

第四部分——关于鬼神之态度。释氏之徒为了进一步难为范缜,便引用古代圣贤关于鬼存在的观点(如:为之宗庙,以鬼飨之)来批驳他。他回答说,圣人说鬼神存在是为了教化百姓,使其产生敬畏之心以学仁知礼是也。范缜套用了墨子关于鬼神的套路,即鬼神为实用性价值的存在,而非真信仰它也。

第五部分——神灭论之目的分析。在此部分中,作者通过阐述兴佛教之弊以光儒学之利这个社会层面说明了神灭论的目的。大体来讲,佛教不利于农业生产,断绝夫妻之义、父母之恩,避世不进取,一味地让人忍受现实的痛苦应当抛弃;劝诫统治者应当顺应天理,使民何安其性,各适其用,这样便能匡正一国,君临天下。

神灭论是古代反宗教信仰的最高峰,是对自先秦以来无神论思想的总结,亦是对宋明理学家卫道的精神引领。虽然亦有理论的局限(圣凡不同体,这就有凡人不可为圣之嫌),但这种缺陷是相对的,它的革命性——敢于在佛教盛行的时代逆流而上——是绝对的,因此在中国哲学史上具有不可磨灭的伟大意义。

【经典背诵】

1. 神即形也,形即神也。是以形存则神存,形谢则神灭也。
2. 形者神之质,神者形之用,是则形称其质,神言其用,形之与神,不得相异也。
3. 神之于质,犹利之于刃,形之于用,犹刃之于利,利之名非刃也,刃之名非利也。然而舍利无刃,舍刃无利。未闻刃没而利存,岂容形亡而神在?
4. 乘夫天理,各安其性。小人甘其垄亩,君子保其恬素,耕而食,食不可穷也,蚕而衣,衣不可尽也,下有余以奉其上,上无为以待其下,可以全生,可以养亲,可以为己,可以为人,可以匡国,可以霸君,用此道也。

【思考题】

1. 简述神灭论中关于形质神用的观点。
2. 概述神灭论的理论缺陷。

《坛经》

【作品简介】

《坛经》是中土禅宗的"宗经",是代表此宗思想的经典。禅宗一般"不立文字",只作一些口头的讲演,《坛经》是慧能弟子法海对其师进行的言论整理。其成书背景是唐高宗时,慧能应韶州刺史的邀请在大梵寺坛上讲法,其弟子法海记录在册,即为《坛经》,其原名为《南宗顿教最上大乘摩诃般若波罗蜜经,六祖慧能大师于韶州大梵寺施法坛讲》。六祖坛经一开始就有多种版本流行,在众多的版本中,许多学者研究表明真正独立的本子至少有四种:(1) 唐代"敦煌本"(法海本,敦煌者本)《南宗顿教最上大乘摩诃般若波罗蜜经,六祖慧能大师于韶州大梵寺施法坛讲》,约一万两千字,由法海集记。(2) 晚唐"惠昕本"(宋本,兴圣寺本)《六祖坛经》,约一万四千字,由惠昕改编而成。(3) 北宋"契嵩本"(曹溪原本,明藏本)《六祖大师法宝坛经曹溪原本》,约两万一千字,由宋朝契嵩改编。(4) 元代"宗宝本"(流通本)《六祖大师法宝坛经》,约两万一千字,由元朝宗宝改编整理。现在流通的为"宗宝本",其保留了"敦煌原本"遗漏的慧能关于净土的相关内容,具有语言流畅,通俗易懂的特点。

《坛经》的基本内容大致分为三部分。第一,慧能自述生平。第二,慧能开坛受戒说波罗蜜。第三,慧能一生对弟子的训诫以及临终嘱托。在《坛经》中,主要论述了三个问题:佛性问题——成佛的依据、可能;悟性问题——成佛的方式;心性问题——成佛的功夫。佛性问题是《坛经》首先要解决的,因为是否能够成佛是一切成佛理论的前提和基础。禅宗强调"众生皆有佛性",包括断灭一切善法,不攀一切善缘的"一阐提"亦有成佛的可能。悟性问题是禅宗最大的特色,一改先前每时每刻的修行,今世不成来世再修的烦琐功夫,主张"一悟顿入如来地"。心性问题是最终的归宿,一切问题都应回到这个终点。这是功夫论的范畴,禅宗主张"明心见性"即可成佛,提供了人向佛晋级的道路和途径。

《坛经》是南禅宗革命成果的体现,其具有卓越的哲学价值和意义。其主张"众生皆可成佛",扩大了成佛的范围和主体,符合中国当时人口众多的实际,具有稳定社会秩序的作用。宣传"顿悟成佛""一悟即入佛地"的理论,打破了传统的渐悟,简化了成佛的道路,为人能快速成佛提供了方便之道。主张"诸佛妙理,非关文字",打破了人的常规思维,摆脱了文字对思维的束缚。追求"知与行"的结合,将理论与实际联系在一起,为成佛提供了正确的方法。主张"即心是佛""明心见性",将遥远的成佛境界拉回人间,使其生活化,挑水砍柴的过程就是成佛的过程,标志着佛学真正中国化。

在此,有必要对禅宗的传承谱系作一简要概括。广义上讲禅宗分为西天谱系和中土谱系,西天谱系初祖即佛祖座下大弟子摩诃迦叶,第二十八祖即菩提达摩。菩提达摩亦是中土初祖。中土谱系,初祖为达摩,二祖为慧可,三祖僧璨,四祖道信,五祖弘忍。弘忍之后,禅宗分化为南北,北禅六祖为神秀,南禅六祖为慧能。日后北禅宗逐渐没落,慧能禅兴盛。其座下五大弟子,即青原行思、南岳怀让、菏泽神会、南阳慧忠、永嘉玄觉。其中青原、怀让二系发展最为旺盛。青原又派生出曹洞、云门、法眼三宗,南岳又发展出临济、沩仰二宗。至宋朝,临济之下又发展出杨歧方会和黄龙慧南二派。禅宗基本的传承谱系就是如此。

【原典选读】

《般若品》选读

善知识①，世人终日口念般若，不识自性般若，犹如说食不饱，口但说空，万劫不得见性②，终无有益。善知识，摩诃般若波罗蜜是梵语，此言大智慧到彼岸。此须心行，不在口念，口念心不行，如幻如化，如露如电。口念心行，则心口相应。本性是佛，离性无别佛。

何名摩诃？摩诃是大，心量广大，犹如虚空，无有边畔，亦无方圆大小，亦非青黄赤白，亦无上下长短，亦无瞋无喜，无是无非，无善无恶，无有头尾，诸佛刹土，尽同虚空。世人妙性本空，无有一法可得。自性真空，亦复如是。

善知识，莫闻吾说空，便即著空。第一莫著空。若空心静坐，即著无记空。善知识，世界虚空，能含万物色像，日月星宿，山河大地，泉源溪涧，草木丛林，恶人善人，恶法善法，天堂地狱，一切大海，须弥诸山，总在空中，世人性空，亦复如是。

善知识，自性能含万法是大，万法在诸人性中，若见一切人恶之与善，尽皆不取不舍，亦不染著，心如虚空名之为大。故曰摩诃。

善知识，迷人口说，智者心行。又有迷人，空心静坐，百无所思，自称为大，此一辈人，不可与语，为邪见故。

善知识，心量广大，遍周法界。用了即了了分明，应用便知一切，一切即一，一即一切，去来自由，心体无滞，即是般若。

善知识，一切般若智，皆从自性而生，不从外入，莫错用意，名为真性自用。一真一切真，心量大事，不行小道。口莫终日说空，心中不修此行，恰似凡人，自称国王，终不可得，非吾弟子。

善知识，何名般若？般若者，唐言智慧也。一切处所，一切时中，念念不愚，常行智慧，即是般若行。一念愚，即般若绝；一念智，即般若生。世人愚迷，不见般若，口说般若，心中常愚，常自言我修般若，念念说空，不识真空。般若无形相，智慧心即是，若作如是解，即名般若智。

何名波罗蜜？此是西国语，唐言到彼岸，解义离生灭。著境生灭起，如水有波

---

① 善知识：指正直而有德行，能教导正道之好人。
② 性：指心性，内心本我的性情。

浪,即名于此岸;离境无生灭,如水常通流,即名为彼岸,故号波罗蜜。

【思想概要】

慧能"自性"之说。《坛经·般若品》说:"(自性)心量广大,犹如虚空,无有边畔,亦无方分圆大小,亦非青黄赤白,亦无上下长短,亦无嗔无喜,无是无非,无善无恶,无有头尾……"这就是讲"自性"是没有任何规定性和限制性的,它了无痕迹,含一切法。它不仅是宇宙的始基,亦是众生的本性、本心。原始佛教所讲的"自性"与此处之"自性"不是一个意义。原始佛教讲事物空无自性之"自性"是指个体的实有性、存在性;而慧能之自性则是主体自足的本性。《坛经》曰:"自性常清净。日月常明,只为云覆盖,上明下暗,不能了见日月星辰,忽遇惠风吹散卷尽云雾,万象参罗,一时皆现。"这就是说"自性"本善,人人都有可能成为善人,都有成佛之可能,正所谓"众生皆有佛性"。恶只是因为人的"自性"被蒙蔽了无法发挥出来,而非本性为恶。需用"善知识"来启发众生。《护法品》言:"自性能含万法,名含藏识。"又云:"心生种种法生,心灭种种法灭。"这就把自性作为万物的本体,是万物存在与毁灭的最终依据。这种"自性"能含藏法的作用亦是受到了唯识宗如来藏思想的影响。总而言之,自性既是世界的本体,同时又是佛性(人之善性),了解佛性的普遍性——人人皆有,不分南北——是成佛理论的基础。

知道了人人都能成佛以后,需要把佛性的可能性转变为成佛的必然性,即如何成佛的问题。《般若品》说:"迷心外见,修行觅佛,未悟自性,即是小根。若开悟顿教,不执外修,但于自心常起正见,烦恼尘劳,常不能染,即是见性。"这说明佛性就在我们心中,它不是高尚玄远、虚无缥缈的抽象体,而是我们的真如之心。我们把握它只能用顿悟的方式,即"一悟顿入如来地",若执着外部世界的成见,向外寻找所谓的佛,那就是小根,是徒劳的。我心中自有佛,莫向心外求,这表明了禅宗的修道原则——修道的过程不是要追求外在的真理,而是除去遮蔽佛性的"云雾",明心见性。这一顿悟是南禅宗区别于北宗神秀之所在,是南宗之根本特色。这种顿悟之说简化了人成佛的步骤,减少了成佛的复杂性,主张"一念相应,便成正觉""悟即是佛,不悟即众生",相比于原来要经过几世轮回方能成佛来说更具有现实意义。对以后阳明心学的发展产生重要影响,如王阳明亦倡导"即心是佛",故其指责迷心外见的人说:"抛却自家无尽藏,沿门持钵效贫儿。"

修行的"三无"法门。所谓"三无"即是无念、无相、无住。这里所说的无并不是什么都没有，并不是灭色为空，刻意地制造一个"空"的世界，而是不著之意。这种"不著"之意贯穿于"三无"中分别是：心行于万相之中，处于繁华的大千世界，但是仍不为之所动，亦不为之所累，但保"自体清净"，即于相而离相。心在万念之中，心行一切善念、恶念，却不为之所染，此"念"有两方面的含义，包括意念和经验活动。即于念而离念。于诸法而不受其惑，不执着于一处。总而言之，"三无"即不执着于一切事物，得之我幸，失之亦我幸。秉承中道实相的原则处理大千世界的是是非非。这种"三无"法门从总体上讲都与修持功夫相联系，其本质和取向都是一样的，但就其各自方面来讲又存在着不同。"无相"侧重于物质方面，"无念"侧重于精神方面，"无住"则起着统领作用。此法门之旨意即是破除一切偏见，斥责一切妄念，以保持心境的圆融无滞、通达无碍。

"定慧不二"的具体修道方法。"定"即禅定，"慧"即禅悟，《定慧品》云："定慧一体，不是二；定是慧体，慧是定用。即慧之时定在慧，即定之时慧在定。若识此义，即是定慧等学。"定慧是修持过程中两种不可或缺的方法，两者是相辅相成的，其关系如车之双轮，鸟之两翼。《定慧品》又说："迷人著法相，执一行三昧，直言常坐不动，妄不起心，即是一行三昧。作此解者，即同无情，确实障道因缘。"由此可见，执着于禅定（定）亦是不可的，因此禅宗虽主张"定慧不二"，但是亦以"慧"为主"定"为辅。

禅学的杂论。所谓的杂论就是指不成体系的其他思想。在言意关系上，禅宗主张"诸佛妙理，非关文字"，倡导人们不要陷入"文字障"。针对复杂义理，禅学又主张"运水担柴，无非妙道"，强调禅就在我们身边，拉近了禅与人的距离，增大了成佛之可能。在与世俗的态度上，主张"任性逍遥，随缘放旷"，追求闲适恬淡的生活。

【经典背诵】

1. 一刹那间，妄念俱灭，若识自性，一悟即至佛地。
2. 愚者问于智者，智者与愚人说法。愚者忽然悟解心开，即与智人无别。
3. 心地含诸种，普雨悉皆萌。顿悟华情已，菩提果自成。

【思考题】

论述《坛经》中所包含的佛法大义。（要求：有条理性、逻辑性，不可单纯罗列知识点）

《封建论》

【作品简介】

柳宗元,字子厚,生于公元773年(唐代宗大历八年),卒于公元819年(唐宪宗元和十四年),少年聪警绝众,尤精《西汉》《诗》《骚》,原籍河东解州(今山西省永济县),世人称其为"柳河东",后经过永贞革新,失败后贬谪到柳州(今广西),因此被称为"柳柳州"。

柳宗元是一名文学家,和韩愈并称为"韩柳",是古文运动的倡导者之一,其文学主张"文以载道"。在贬官至柳州后,他常读佛经,唯政治不得抒其志,甚孤矣,故托言意志,写下"千山鸟飞绝,万径人踪灭"。严羽言其"唐人唯柳子厚深得骚学";而朱子虽批判柳宗元统合儒释,然亦称其"今日要做好文章者,但读史、汉、韩、柳而不能者,便请砍去老僧头去"。(《朱子语类》)柳宗元也是一位政治家,出生在世代做官的地主家庭,曾言"人咸言吾宗宜硕大,有积德焉。在高宗时,并居尚书省二十二人。遭诸武,以故衰耗。武氏败,犹不能兴。为尚书吏者,间十数岁乃一人"(《送濛序》),21岁中进士,26岁第博学鸿词科,后官至礼部员外郎,为改宦官当政之治,积极参与"永贞革新",失败后贬至永州,后因阐述"势"之理而不随上天意志之思,贬至柳州,因治理柳州有效,当地百姓为其修建"罗池庙",称其为"罗池神"。宋高宗赵构后加封其为"文惠昭灵侯"。柳宗元亦是一名哲学家,具有丰富的唯物主义思想、独特的社会历史观以及无神论,表现在他的著作中《天说》《天对》《封建论》等。屈原曾作《天问》阐释对于天的意志的怀疑,而柳宗元作《天对》相答之:"天地,大果蓏也;元气,大痈痔也;阴阳,大草木也"。阐释世界的元气一元论,并且提出天与人交相胜的观点,体现了柳宗元的唯物主义思想,以及对于自然的天与人关系的看法。

《封建论》乃是柳宗元面对唐王朝已衰落的局面,土地兼并非常严重,均田制和租庸调税制已无法推行,而德宗时推行的"两税法",造成藩镇州县多剥削农民,增加人民负担。故通过《封建论》以"势"之力阐述封建制到郡县制发展的必然性,以及主张郡县制的优点,批判当时君主以天意而证明统治的合理性的君权神授观点,具有丰富的无神论以及先进的社会历史观。

【原典选读】

　　天地果无初乎？吾不得而知之也。生人果有初乎？吾不得而知之也。然则孰为近①？曰：有初为近。孰明之？由封建②而明之也。彼封建者，更③古圣王尧、舜、禹、汤、文、武而莫能去之。盖非不欲去之也，势不可也。势之来，其生人之初乎？不初，无以有封建。封建，非圣人意也。

　　彼其初与万物皆生，草木榛榛④，鹿豕狉狉⑤，人不能搏噬⑥，而且无毛羽，莫克自奉自卫。荀卿有言：必将假物以为用者也。夫假物者必争，争而不已，必就其能断曲直者而听命焉。其智而明者，所伏必众，告之以直⑦而不改，必痛之而后畏，由是君长刑政生焉。故近者聚而为群，群之分，其争必大，大而后有兵有德。又有大者，众群之长又就而听命焉，以安其属。于是有诸侯之列，则其争又有大者焉。德又大者，诸侯之列又就而听命焉，以安其封。于是有方伯、连帅之类，则其争又有大者焉。德又大者，方伯、连帅之类，又就而听命焉，以安其人，然后天下会于一。是故有里胥而后有县大夫，有县大夫而后有诸侯，有诸侯而后有方伯、连帅，有方伯、连帅而后有天子。自天子至于里胥，其德在人者，死必求其嗣而奉之。故封建非圣人意也，势也。

　　夫尧、舜、禹、汤之事远矣，及有周而甚详。周有天下，裂土田而瓜分之，设五等，邦群后。布履星罗，四周于天下，轮运而辐集⑧；合为朝觐会同，离为守臣扞⑨城。然而降于夷王，害礼伤尊，下堂而迎觐者。历于宣王，挟中兴复古之德，雄南征北伐之威，卒不能定鲁侯之嗣。陵夷⑩迄于幽、厉，王室东徙，而自列为诸侯。厥

---

① 孰为近：哪一种说法近于情理？
② 封建：分封制，指"封国土、建诸侯"的奴隶制时代的分封制。
③ 更：音 gēng，同"梗"，经历。
④ 榛榛：音 zhēn，野草树木杂乱丛生的样子。
⑤ 鹿豕狉狉：豕，音 shǐ，猪。狉狉，音 pī，兽类成群奔走的样子。
⑥ 搏噬：用爪牙来搏斗。
⑦ 告之以直而不改：用正确的道理告诉相争的人却不改其行。
⑧ 轮运而辐集：比喻周初实行分封制的时候，天下听从周天子的命令，而诸侯无不朝拜周天子，实现像车轮一样，以周天子为核心的四周诸侯的结合。
⑨ 扞：音 hàn，捍卫。
⑩ 陵夷：由陵到夷，是一个由高到低的过程，比喻国家由盛转衰。

后,问鼎之轻重者有之,射王中肩者有之,伐凡伯、诛苌弘者有之①,天下乖戾,无君君之心。余以为周之丧久矣,徒建空名于公侯之上耳!得非诸侯之盛强,末大不掉之咎欤?遂判为十二,合为七国,威分于陪臣之邦,国殄于后封之秦,则周之败端,其在乎此矣。

秦有天下,裂都会而为之郡邑,废侯卫而为之守宰,据天下之雄图,都六合之上游,摄制四海,运于掌握之内,此其所以为得也。不数载而天下大坏,其有由矣。亟(qì)役万人,暴其威刑,竭其货贿,负锄梃谪戍之徒②,圜(huán)视而合从,大呼而成群,时则有叛人而无叛吏,人怨于下而吏畏于上,天下相合,杀守劫令而并起。咎在人怨,非郡邑之制失也。

汉有天下,矫秦之枉,徇周之制,剖海内而立宗子,封功臣。数年之间,奔命扶伤之不暇,困平城,病流矢,陵迟不救者三代③。后乃谋臣献画,而离削自守矣④。然而封建之始,郡邑居半,时则有叛国而无叛郡,秦制之得,亦以明矣。继汉而帝者,虽百代可知也。

唐兴,制州邑,立守宰,此其所以为宜也。然犹桀猾时起,虐害方域者,失不在于州而在于兵,时则有叛将而无叛州。州县之设,固不可革也。

或者曰:"封建者,必私其土,子其人,适其俗,修其理,施化易也。守宰者,苟其心,思迁其秩而已,何能理乎?"余又非之。周之事迹,断可见矣:列侯骄盈,黩货事戎,大凡乱国多,理国寡,侯伯不得变其政,天子不得变其君,私土子人者,百不有一。失在于制,不在于政,周事然也。秦之事迹,亦断可见矣。有理人之制,而不委郡邑,是矣;有理人之臣,而不使守宰,是矣。郡邑不得正其制,守宰不得行其理。酷刑苦役,而万人侧目。失在于政,不在于制,秦事然也。汉兴,天子之政行于郡,不行于国,制其守宰,不制其侯王。侯王虽乱,不可变也,国人虽病,不可除也;及夫

---

① 问鼎之轻重:据《左传·宣公三年》载"楚子伐陆浑之戎,遂至于洛,观兵于周疆。定王使王孙满劳楚子。楚子问鼎之大小轻重"。楚王问鼎,意在代周。射王中肩:据《左传·桓公五年》"王以诸侯伐郑,郑伯御之。后王大败,祝聃射王中肩"。伐凡伯:周桓王令凡伯于鲁,未至而为之掳。诛苌弘:据《国语·周语》"是岁也,魏献子合诸侯之大夫于狄泉,遂田于大陆,焚而死。及范、中行之难,苌弘与之,晋人以为讨,二十八年,杀苌弘。及定王,刘氏亡"。

② 负锄梃谪戍之徒:负,担负;梃,音 tǐng,木棍;谪,音 zhé,流放;戍,防守。

③ 困平城:汉高祖七年,韩王信背叛汉朝投降匈奴,刘邦亲自率军队讨伐,追到平城,被匈奴围困达七日。病流矢:汉高祖十一年,淮南王黥布作乱,刘邦前往镇压,被流矢射伤。

④ 谋臣献画:汉文帝时的贾谊、景帝时的晁错、武帝时的主父偃等,都曾提及削弱与分散诸侯王的势力的措施而且都被采纳。

大逆不道,然后掩捕而迁之,勒兵而夷之耳。大逆未彰,奸利浚(jùn)财,怙(hù)势作威,大刻于民者,无如之何,及夫郡邑,可谓理且安矣。何以言之?且汉知孟舒于田叔,得魏尚于冯唐,闻黄霸之明审,睹汲黯之简靖①,拜之可也,复其位可也,卧而委之以辑一方可也。有罪得以黜,有能得以赏。朝拜而不道,夕斥之矣;夕受而不法,朝斥之矣。设使汉室尽城邑而侯王之,纵令其乱人,戚之而已。孟舒、魏尚之术莫得而施,黄霸、汲黯之化,莫得而行;明谴而导之,拜受而退已违矣;下令而削之,缔交合从之谋,周于同列,则相顾裂眦,勃然而起;幸而不起,则削其半,削其半,民犹瘁矣,曷若举而移之以全其人乎?汉事然也。今国家尽制郡邑,连置守宰,其不可变也固矣。善制兵,谨择守,则理平矣。

或者又曰:"夏、商、周、汉封建而延,秦郡邑而促。尤非所谓知理者也。魏之承汉也,封爵犹建;晋之承魏也,因循不革;而二姓陵替,不闻延祚②。今矫而变之,垂二百祀,大业弥固,何系于诸侯哉?"

或者又以为:"殷、周,圣王也,而不革其制,固不当复议也。"是大不然。夫殷、周之不革者,是不得已也。盖以诸侯归殷者三千焉,资以黜夏,汤不得而废;归周者八百焉,资以胜殷,武王不得而易。徇之以为安,仍之以为俗,汤、武之所不得已也。夫不得已,非公之大者也,私其力于己也,私其卫于子孙也。秦之所以革之者,其为制,公之大者也;其情,私也,私其一己之威也,私其尽臣畜于我也。然而公天下之端自秦始。

夫天下之道,理安,斯得人者也。使贤者居上,不肖者居下,而后可以理安。今夫封建者,继世而理;继世而理者,上果贤乎?下果不肖乎?则生人之理乱未可知也。将欲利其社稷,以一其人之视听,则又有世大夫世食禄邑,以尽其封略,圣贤生于其时,亦无以立于天下,封建者为之也。岂圣人之制使至于是乎?吾固曰:"非圣人之意也,势也。"

---

① 知孟舒于田叔:据《史记·田叔传》载,汉文帝召田叔,问何为长者,田叔以孟舒荐之。得魏尚于冯唐:据《史记·冯唐传》魏尚以人头差六,而被贬谪,冯唐辨明其功过,为之用。黄霸,汉宣帝时为颍川太守,处理事情明察仔细,晚年官至丞相、封侯。汲黯,汉武帝时,为东海郡太守,为政主张"清静无为",治理有成效,得到朝廷的赞赏。

② 二姓陵替,不闻延祚:二姓,三国时魏的曹氏和晋的司马氏;陵替,衰落;祚,音zuò,帝位。曹魏只传五帝四十六年而亡,司马氏的西晋只传四帝五十二年而亡。说明统治微弱。

【思想概要】

本篇柳宗元以"封建非圣人意也,势也"为核心,通过周朝分封制的建立,到秦汉时期郡县制的应用,以历史的脉络讲述在每一时期制度的存在是合力的作用,是势的作用,否认了作为圣人出现的独特的意义,给予了圣人在其中发挥的推动力作用。同时讲述"制"与"政"的关系,即"客观的外在力量"与"人为的国家治理"的关系,进而阐述了他对于社会历史发展的看法——国家社会的更替是必然的,而每一时期的社会制度的存在是"势"的作用,历史的必然趋势是客观的,不以人的意志为转移;只不过在某一时期的一个国家的治理情况则关乎国家统治的长短,强调重视圣人的治理作用以及作为君主要为政以德,保证社会秩序的稳定,实现民富国强;对于国家的更替以一种客观的"势"的作用,否定了自古以来以君权神授为主的统治的合理性建立,具有外在的强制力,同时在国家的治理方面又给予了人自由性,保证了人的治理的生命力。

他主张天地万物与人同时产生,而世界万物各有自己的保护本领,相对于动物而言,人则显得弱小,没有外在的保护力,只能"假物以为用"来保证自我的生存。人与人之间并不是和谐的关系,是存在斗争的,假借的外物可能发生冲突,进而产生矛盾,因此在发展一段时间后,会出现智明的人发挥征服的作用,使众多人为了自我生存而和平相处,进而产生了早期的部落群体,这样便有了位置的差别,产生了人为的秩序。但是群与群之间也必然存在不同,统治延伸的范围也不断地扩大,逐渐形成最终的"群":通过"兵"实现统治的服从,通过"德"实现精神的提升,进而逐渐构建了完整的里胥、县大夫、诸侯、方伯、连帅与天子的秩序,在其内部以德来联系彼此。在此与霍布斯讲述的"一切人与一切人的战争"进而为实现人们和平的生存的需要,而自觉地将所有权利让渡给君主,进而构建社会契约,形成静态的专制制度相似。但是柳宗元的社会结构的构建过程以及社会的形成体现了丰富的唯物主义思想,以动态的方式,实现社会的构建,社会中的人并没有强调将权利让渡,只是将每个人归属到一个位置,而内在的统治以德来维系,以各自义务与责任的履行为中介,实现社会秩序的稳定。社会的推进是一种外在时势的影响,并不是作为人的作用,人只是在其中起到顺随的作用,充分表现了柳宗元尊重与遵循客观规律、否定圣人的英雄史观的作用,但是也表现了"人的限制"以及没有认识到所谓的"势"其实根源于社会生产力的作用,所以他的社会历史观更是一种唯心主义。在解释统治者的政权的合理性上，自夏商周的天命观的发展，将天作为意志的存在，同时也逐渐实现人事的相关作用的结合，到秦汉时期董仲舒利用君权神授的有神论，皆是以外在的一种不可抗拒的力量。柳宗元在《封建论》中，肯定了外在时势的作用，但是并不是将"势"理解为神或有人格意识的天的命令，只是将天作为一种自然之天，解释外在世界物质的发展。他认为对于"神"的理解，是人无法解释也无法抗拒而不得不屈从的迷信、无知，反映了其无神论思想。因此，他对于天的理解，就形成了他的宇宙观——元气一元论与社会历史观——"势"，冲破了蒙昧无知状态的桎梏。

他对于制度与人为治理的关系方面的阐释，体现了他的认识论——一切客观的事物是不以人的意志为转移的，但是人们在利用它的时候，不可避免地带有了人的目的，使其有所偏颇。体现在他的政治方面，主张虽然时势的变化是必然的，但是人为的作用会加快或者减缓国家的发展。制度的存在只是"适宜"。形势发生变化，那么人的运用必然存在变化，正如分封制到郡县制的更替也存在必然性，强调了制度的发展存在自身的规律，但是对于当时对应的周王朝与秦王朝的统治者的意愿产生了矛盾，各自的统治者必然会为自身的利益，保证自身的统治，出自私心，而制度的使用产生了公心的作用。因此，在一定程度上反映时势的强势性，表现了时势不为人的意志所改变，体现了柳宗元对于主客体的认识，客观事物不以人的意志为转移，只有顺从规律，才能实现国家的发展；在政治上则是顺应时势，以德治国，才能实现国家统治的延长。同时，他对分封制衰落的必然性进行了论证。分封制必然地造成了诸侯力量的扩大，从而使得周天子的统治衰落，逐渐消亡；而在郡县制的论证上则主张郡县制是以公心而立，秦王朝的灭亡是人事的作用，非制度之坏也。因此，一方面看待历史时，要顺应它自身的客观规律，认识事物发展是必然的，要有革新意识；另一方面，在治理国家的过程中，注重人事的作用，为政以德。

【经典背诵】

1. 故封建非圣人之意也，势也。

2. 大凡乱国多，理国寡，侯伯不得变其政，天子不得变其君，私土子人者，百不有一。失在于制，不在于政，周事然也。

3. 郡邑不得正其制，守宰不得行其理。酷刑苦役，而万人侧目。失在于政，不在于制，秦事然也。

【思考题】

1. 柳宗元对于"封建非圣人意也,势也"如何阐释的以及蕴含的哲学思想。
2. 解释柳宗元对于政治上"制"与"政"的看法。

《天论》

【作品简介】

  刘禹锡,字梦得,生于公元772年(唐代宗大历七年),卒于公元842年(唐武宗会昌二年)。自述为中山太极(今属河北定县)人,后定居河南省洛阳,"世为儒而士",是当时著名的文学家、政治家、唯物主义哲学家。

  刘禹锡文以点墨,诗赋绝佳,与柳宗元并称为"刘柳",与韦应物、白居易合称为"三杰",又与白居易并称为"刘白",且自有"诗豪"之称,其诗放达豪迈,其深信道教,故其主张"片言可以明百意,坐驰可以役万景",为其玄妙之境;同时,他还志趣豪迈,愿为政以治世,家世代累官,习孔孟治世之道,怀治国平天下之志。其政治之路,和柳宗元极为相合:于唐德宗贞元九年,与柳宗元同榜进士及第,后又同登博学鸿词科后又迁为监察御史,与韩愈、柳宗元共在御史台任职,由于与柳宗元提倡改革与韩愈相反,而为王叔文看重,共同进行"永贞改革",后失败后贬谪至朗州司马。元和九年十二月,改贬为播州刺史,幸得裴度、柳宗元帮助,改为连州刺史。宝历二年奉调回洛阳,任职东部尚书省,后历官苏州、汝州、同州刺史,最终于会昌元年,加检校礼部尚书衔,故世称"刘宾客""刘尚书"。

  刘禹锡的哲学思想浓厚,表现了丰富的唯物主义思想以及无神论思想,作《天论》补充柳宗元的《天说》,"极柳子之辩""究天人之际",批判韩愈对于天有意志和人格性的观点,通过探究"天人关系",讲述天是自然的天,没有人格性、意志性,世界是以气为主的宇宙观,以及人能够把握客观规律,发挥主观能动性;在天人关系上,吸收荀子的"天人相分,制天命而用之"的思想,提出天与人之间交相胜,还相用的辩证法思想,天没有意志战胜人类,而人类是有目的地战胜天,表现了人的斗争性,反映了刘禹锡的革命精神。

【原典选读】

上

世之言天者二道焉。拘于昭昭者①，则曰："天与人实影响，祸必以罪降，福必以善徕(lái)，穷厄而呼必可闻，隐痛而祈必可答，如有物的(dí)然以宰者。"故阴骘之说②胜焉。泥于冥冥者③，则曰："天与人实刺异，霆震于畜木，未尝在罪；春滋乎堇(jǐn)、荼(tú)，未尝择善；跖蹻④焉而遂，孔颜焉而厄，是茫乎无有宰者。"故自然之说胜焉。余友河东解人柳子厚作《天说》以折韩退之之言，文信美矣，盖有激而云，非所以尽天人之际。故余作《天论》以极其辩云。

大凡入形器者，皆有能有不能。天，有形之大者也；人，动物之尤者也。天之能，人固不能也；人之能，天亦有所不能也。故余曰：天与人交相胜耳。其说曰：天之道在生植，其用在强弱；人之道在法制，其用在是非。阳而阜生，阴而肃杀；水火伤物，木坚余利；壮而武健，老而耗眊⑤，气雄相君，力雄相长：天之能也。阳而蓺树，阴而揫敛⑥；防害用濡，禁焚用洒⑦；斩材窾坚，液矿硎铓⑧，义制强讦⑨，礼分长幼；右贤尚功，建极闲邪：人之能也。

人能胜乎天者，法也。法大行，则是为公是，非为公非，天下之人蹈道必赏，违之必罚。当其赏，虽三旌之贵，万钟之禄，处之咸曰宜。何也？为善而然也。当其罚，虽族属之夷，刀锯之惨，处之咸曰宜。何也？为恶而然也。故其人曰："天何预乃人事耶？唯告虔报本、肆类授时之礼，曰天而已矣。福兮可以善取，祸兮可以恶召，奚预乎天耶？法小弛则是非驳，赏不必尽善，罚不必尽恶。或贤而尊显，时以不肖参焉；或过而僇⑩辱，时以不辜参焉。"故其人曰："彼宜然而信然，理也；彼不当然

---

① 拘于昭昭者：主张天是有意志的人。
② 阴骘：音zhì，安定。上天暗中安定人民。
③ 泥于冥冥者：主张天是无意识、自然之天的人。
④ 跖蹻：跖，音zhí，柳下跖；蹻，音qiāo，庄蹻。两人都是有名的大盗。
⑤ 耗眊：眊，音mào，目不明；耗，衰退。
⑥ 阳而蓺树，阴而揫敛：蓺，音yì；蓺树，种植。揫，音jiū，收敛、收藏。
⑦ 防害用濡，禁焚用洒：防害，防御旱灾。濡，音rú，浸湿，引申为河水。禁焚，扑灭火灾。洒，浇水。
⑧ 斩材窾坚，液矿硎铓：窾，音kuǎn，挖空；斩材窾坚，砍伐木材、挖空坚硬的东西加工成各种器物。硎，音xíng，磨刀石；铓，音máng，刀锋；液矿硎铓，是矿物变成液体，将其磨砺成金属器具。
⑨ 讦：音jié，本意是揭发别人的隐私，这里指的是强讦并用，意指强悍。
⑩ 僇：音lù，同"戮"，刑杀。

而固然,岂理邪? 天也。福或可以诈取,而祸或可以苟免。"人道驳,故天命之说亦驳焉。法大弛,则是非易位,赏恒在佞(nìng),而罚恒在直,义不足以制其强,刑不足以胜其非,人之能胜天之实尽丧矣。夫实已丧而名徒存,彼昧者方挈挈①然提无实之名,欲抗乎言天者,斯数穷矣。故曰:天之所能者,生万物也;人之所能者,治万物也。法大行,则其人曰:"天何预人邪? 我蹈道而已。"法大弛,则其人曰:"道竟何为邪? 任人而已。"法小弛,则天人之论驳焉。今以一己之穷通而欲质天之有无,惑矣! 余曰:天恒执其所能以临乎下,非有预乎治乱云尔;人恒执其所能以仰乎天,非有预乎寒暑云尔。生乎治者人道明,咸知其所自,故德与怨不归乎天;生乎乱者人道昧,不可知,故由人者举归乎天。非天预乎人尔。

中

或曰:子之言天与人交相胜,其理微,庸使户晓,盍取诸譬焉。刘子曰:若知旅乎? 夫旅者,群适乎莽苍②,求休乎茂木,饮乎水泉,必强有力者先焉,否则虽圣且贤莫能竞也。斯非天胜乎? 群次乎邑郛,求荫于华榱,饱于饩牢③,必圣且贤者先焉;否则虽强有力莫能竞也,斯非人胜乎? 苟道乎虞、芮,虽莽苍犹郛邑然;苟由乎匡、宋,虽郛邑犹莽苍然。④是一日之途,天与人交相胜矣。吾固曰:是非存焉,虽在野,人理胜也;是非亡焉,虽在邦,天理胜也。然则天非务胜乎人者也。何哉? 人不幸则归乎天也,人诚务胜乎天者也。何哉? 天无私,故人可务乎胜也。吾于一日之途而明乎天人,取诸近也已。

或者曰:若是,则天之不相乎人也信矣,古之人曷引天为? 答曰:若知操舟乎? 夫舟行乎潍、淄、伊、洛者,疾徐存乎人,次舍⑤存乎人。风之怒号,不能鼓为涛也;流之泝洄,不能峭为魁也⑥。适有迅而安,亦人也;适有覆而胶,亦人也。舟中之人未尝有言天者,何哉? 理明故也。彼行乎江、河、淮、海者,疾徐不可得而知也,次舍不可得而必也。鸣条之风可以沃日,车盖之云可以见怪。恬然济,亦天也;黯然沉,

---

① 挈挈:音 qiè,独特的样子,这里指孤零零的样子。
② 莽苍:郊野。
③ 群次乎邑郛,求荫于华榱,饱于饩牢:邑,音 fú,邑郛,城郭;华,音 cuī,华榱,华美的房屋;饩,音 xì,饩牢,牲畜,指猪牛羊。
④ 虞、芮:据《史记·周本纪》,是殷商的小国,因受周文王的影响,变为互相谦让,被看作有礼让的国度。匡、宋:都是春秋时的国名,孔子被围于匡,被逐于宋。这两个国家被看作没有礼义。
⑤ 次舍:次,停留;舍,音 shě,同"捨",离开。
⑥ 流之泝洄,不能峭为魁也:泝洄,音 sù huí,逆流;魁,小的山丘,这里指水峰。

亦天也;阽危①而仅存,亦天也。舟中之人未尝有不言天者,何哉?理昧故也。

问者曰:吾见其骈(pián)焉而济者②,风水等耳。而有沉有不沉,非天曷司欤?答曰:水与舟,二物也。夫物之合并,必有数存乎其间焉。数存,然后势形乎其间焉。一以沉,一以济,适当其数,乘其势耳。彼势之附乎物而生,犹影响也。本乎徐者其势缓,故人得以晓也;本乎疾者其势遽,故难得以晓也。彼江海之覆,犹伊、淄之覆也。势有疾徐,故有不晓耳。

问者曰:子之言数存而势生,非天也;天果狭于势耶?答曰:天形恒圆而色恒青,周回可以度得,昼夜可以表候,非数之存乎?恒高而不卑,恒动而不已,非势之乘乎?今夫苍苍然者,一受其形于高大,而不能自还于卑小;一乘其势于动用,而不能自休于俄顷。又恶能逃乎数而越乎势耶?吾固曰:万物之所以为无穷者,交相胜而已矣,还相用而已矣。天与人,万物之尤者耳。

问者曰:天果以有形而不能逃乎数,彼无形者,子安所寓其数邪?答曰:若所谓无形者,非空乎?空者,形之希微者也。为体也不妨乎物,而为用也恒资乎有,必依于物而后形焉。今为室庐,而高厚之形藏乎内也;为器用,而规矩之形起乎内也。音之作也有大小,而响不能逾;表之立也有曲直,而影不能逾。非空之数欤?夫目之视,非能有光也,必因乎日月火焱(yàn)而后光存焉。所谓晦为幽者,目有所不能烛耳。彼狸狌(shēng)犬鼠之目,庸谓晦为幽邪?吾固曰:以目而视,得形之粗者也;以智而视,得形之微者也。乌有天地之内有无形者耶?古所谓无形,盖无常形尔,必因物而后见尔。乌能逃乎数邪?

下

或曰:古之言天之历象,有宣夜、浑天、周髀之书③,言天之高远卓诡,有邹子。今子之言有自乎?答曰:吾非斯人之徒也。大凡入乎数者,由小而推大必合;由人而推天亦合。以理揆之,万物一贯也。今夫人之有颜目耳鼻齿毛颐口,百骸之粹美者也。然而其本在乎肾肠心腹。天之有三光悬寓,万象之神明者也。然而其本在乎山川五行。浊为清母,重为轻始。两仪既位,还相为庸。嘘为雨露,噫为雷风。

---

① 阽危:音 diàn。指临近危险。
② 骈(pián)焉而济者:两船并行渡河。
③ 宣夜、浑天、周髀之书:汉代关于天体的学说有三种,即宣夜、浑天、盖天。宣夜说讲天无形质,只是大气。浑天说讲天体浑然如鸟卵。盖天说见于《周髀算经》,讲天如覆盖。

乘气而生，群分汇从。植类曰生，动类曰虫。倮虫之长①，为智最大，能执人理，与天交胜，用天之利，立人之纪。纪纲或坏，复归其始。尧舜之书，首曰"稽古"②，不曰稽天；幽厉之诗③，首曰"上帝"，不言人事。在舜之廷，元凯④举焉，曰"舜用之"，不曰天授；在殷高宗，袭乱而兴，心知说贤，乃曰"帝赉"⑤。尧民之余，难以神诬；商俗已讹，引天而欧⑥。由是而言，天预人乎？

【思想概要】

刘禹锡的《天论》分为三部分，即上中下三篇。上篇首先是把对于天的两种看法作为出发点，一方面讲述了天有意志，主宰人类世界的事情，"祸必以罪将，福必以善徕"，将天与人事相联系，强调天的强制性；另一方面，讲述了作为自然的天，天和人是不同的，并没有意志来干涉人事，强调天人相离性。由此引出自己写《天论》的缘由——韩愈作为封建制度的维护者，一直秉承君权神授、天人合一的观点，强调天的意志性；而柳宗元讲述元气一元论，主张天是无意志，自然而然的天，削弱了天的意志性；刘禹锡为补充柳宗元所作《天说》之不足，以《天论》尽谈天人关系——天与人交相胜，还相用。在中篇，通过比喻的方法——旅行比喻、舟行比喻，阐释数与势、空与物的关系，主张天与人各遵循"理"，而人一方面要遵循客观规律，即"天理"，但可以发挥主观能动性，顺从客观规律办事。在下篇则讲述刘禹锡的宇宙观——气，进而阐述万物生成的过程。

首先，刘禹锡以气的宇宙观，强调世界的物质性。他主张万事万物通过气的作用生成，气分浊气与清气，浊气向下形成地，清气向上形成天，重浊之气是轻清之气的始母。天地得以形成之后，阴阳的联系对立作用也得到确认，而通过阴阳的相互作用，产生生命力的源泉，产生万物，形成产生万物的普遍性，但是刘禹锡并没有说明为何万物存在差异性。万物产生之后，因其自身的特性不同，可以分为植物与动

---

① 倮虫之长：音 luǒ，同"裸"。指人类。
② 稽古：考察古代历史。语本《尚书·尧典》"曰若稽古帝尧"。
③ 幽、厉之诗：指《诗经》《小雅》《大雅》中讽刺周幽王、周厉王的诗，类似"上帝板板"。
④ 元凯：泛指才德之士。古代有八元八恺之说，见《左传》文公十八年。
⑤ 心知说贤，乃曰"帝赉"：说，音 yuè，傅说。据《史记·殷本纪》，殷高宗梦见良臣傅说，绘其像，使百官访求，得之于傅岩，用他为相。赉，音 lài，赏赐。
⑥ 欧：音 qū，同"驱"。这里是说尧讲德治，所以不对百姓讲天命；而商俗信鬼神，所以用天命来驱使人民。

物两类,人则是动物中"为智最大"的一种,虽然身体被天理先天地规定了,但是由于人的特殊性,人能够运用自己的智慧,即发挥自我的主观能动性而战胜天。在此,表现了刘禹锡的唯物主义思想以及他对于阴阳对立作用的"生",体现了矛盾是事物发展的源泉,事物总在矛盾的对立统一中获得生存的可能。

其次,刘禹锡通过三种关系,论证了天不预人,天与人交相胜、还相用。

一、职分之差。刘禹锡以世界万物的物质性,即"有",作为世界存在的前提,其有形有象,便形成了自我的规定性,产生了自我的限定性,必然有所能有所不能,天有其自身的发展规律,不以人的意志为转移;人有其自身的主观能动性,亦不能为天所限制;天的作用在于"生万物",给予万物生存的力量,实现万物自然的相生相克,给予自然以物质的基础;人的作用则在于"治万物",发挥人的主体性、特殊性、自我的主观能动性,创设礼义、制度,使人在人为的世界中找到自己的位置,进而促进社会的发展。天与人保持了自身的独立性,在一定程度上,否定了神学目的论、君权神授与天人合一的思想,这也是对于荀子"天人相分"思想的延伸。

二、社会领域——天人相胜变化之理。刘禹锡在强调天人关系之前,是以人的主体性角度来看待自然与人的关系的。因此,在人所倡导的法得以施行的时候,人尊重并且了解客观规律,社会表现为人人遵循公意,有一个意志的标准,社会在人的治理下完善地发展,而不存在天的作用,表现了人胜于天;而在法小弛的时候,则"彼宜然而信然,理也;彼不当然而固然,岂理邪?天也"。将人所能治理的部分归之于人的作用,将人所不能治理的部分归之于天的作用,达到天人的作用平衡;而在法大弛之时,人们无所能而只能屈服于天的力量,不明天理而理昧,进而产生了天命论、有神论的基础。在此,刘禹锡通过社会政治治理的好坏为依据,来论述人对于天的态度,充分体现了刘禹锡独特的眼光,上天主宰人世间正是人主宰人世间的反映,同时反映了刘禹锡对于封建特权的神学化的批判。

三、数与势——天人交相胜、还相用之理。人是由天生的肉体与人为的意志构成的,那么天给予人基本的物质基础,便是作为人的前提,而人事方面的创造,则是人的作用,但是天只是自然而然地给予了万物存在的"有",便不再参与人的自身意志,天是无私的存在物;而人是有意志地创造,有意志地战胜天。天只是自然而然地运行,遵循着自身的"数",人则在利用自己的主观能动性了解并且将"数"与自身创造的"势"相结合,有意志地战胜天,而在人们无法利用自己的主观能动性抵抗所遇到的事物的时候,无法主宰一些事情的时候,人为地把它归之于天命的作用,是人为地将天意志化，实际上天只自然地作用，没有意志，人努力就可以战胜它，充分表现了天与人之间相生相克，相互作用，相互对立。在自然客观的比较下，天理自然胜出；在人为主观的作用下，人理自然发挥了相应的作用，反映了充分的辩证法思想。同时在利用主观能动性方面，人们不是一味地按照人理的作用，实现天的战胜，而是在通过主观能动性了解"天理"，把握"天理"，最终实现天理为己所用，实现天的战胜。当然，如果人不明其理，则必然导致失败，这也是天命产生的认识论根源。因此，一方面，刘禹锡表现了他对于主客观关系的认识，人是可以战胜客观事物的，客观事物是客观的，而人是主观的，表现了他的革命性；另一方面，在战胜客观事物上，并不是一味地发挥主观能动性，而是在了解客观规律的基础上，实现人胜天。

最后，刘禹锡对于"空"的看法，实现了他的宇宙观——物质性与天人关系——数之遵循的相结合，也在一定程度上批判了佛道二家思想。他从唯物主义的立场出发，主张空也是物质的一种，只不过是"希微"罢了，对于空的理解也只有借助于"有"，所谓的无形也只不过是无常形，也存在自我的数，即自身运行的规律。一方面，打破了玄学关于"无"本体的看法，玄冥之境混沌奇妙，无法用人的现实性加以理解；另一方面，打破佛家的"空"，舍离此岸，而回归精神上的顿悟，实现彼岸的通达。刘禹锡在此以现实性对抗佛道对于"空"的玄妙性，反映了他对于无神论以及解决现实问题的儒家风范。

【经典背诵】

1. 大凡入形器者，皆有能有不能。天，有形之大者也；人，动物之尤者也。天之能，人固不能也；人之能，天亦有所不能也。故余曰：天与人交相胜耳。

2. 人能胜乎天者，法也。

3. 万物之所以为无穷者，交相胜而已矣，还相用而已矣。天与人，万物之尤者耳。

4. 若所谓无形者，非空乎？空者，形之希微者也。为体也不妨乎物，而为用也恒资乎有，必依于物而后形焉。

5. 以理揆之，万物一贯也。

【思考题】

1. 解释刘禹锡的宇宙观。
2. 阐述刘禹锡的天人关系。

第三部分　宋元明清哲学

《正蒙》

【作品简介】

张载,字子厚,生于宋真宗天禧四年(公元 1020 年),卒于宋神宗熙宁十年(公元 1077 年)。祖籍大梁(今河南开封市),其父张迪在宋仁宗期间任职朝殿中丞,后在四川涪陵任职,卒于任所;张载后与其弟迁居至陕西凤翔府郿县(今陕西眉县)。因长期在此讲学,故世人称其为"横渠先生"。

张载关心政治,生活在北宋王朝与西北少数民族矛盾尖锐的时期,因处关中属边地,与西夏相邻,常有战事发生,故张载曾向邻人焦寅学兵法,而又少喜谈兵,曾欲结客收复洮西。康定元年,宋夏战争爆发,范仲淹被贬山西经略安抚副使,镇守延州,张载上书《边议》九条,为范仲淹所欣赏,故言:"儒者自有名教,何事与兵?"乃劝之读《中庸》,使得张载深读儒学,辅之佛老学说,"累年尽究其说,知无所得,反而求之六经"(吕大临《横梁先生行状》)。于宋仁宗嘉祐二年(公元 1057 年),38 岁的张载中进士,后任职祁州司法参军、丹州云岩县令、签书渭州判官公事等。神宗熙宁二年,因吕公著举荐,并以渐复三代礼乐为对,得神宗授之崇文院校书一职;于神宗三年,提及行井田、复三代之治国方略,与王安石变法相似,而王安石为得张载支持而与之谈,张载提出变法应"与人为善",不"教玉人追琢",故与王安石"语意不合"。后因其弟张戬极力反对变法而获罪,载为之恐,乃辞官归横渠讲学著书。熙宁十年,因吕大防荐举,任同知太常礼院,因与有司议礼不和,而以病辞之。归途中,卒于临潼馆舍,享年 58 岁。张载治学严谨,于横渠教习以礼为重的"关学",其弟子曾言"终日危坐一室,左右简编,俯而读,仰而思,有得则识之。或中夜起坐,取烛以书。其志道静思,未始须臾息,亦未始须臾忘也"。其学以《周易》为始基,以礼教为核心,以《中庸》之道,寻孔孟之志,自立四句教"为天地立心,为生民立命,为往圣继绝学,为万世开太平",著《正蒙》《西铭》《东铭》等著作。

《正蒙》一书,反映了张载的"气"的宇宙论与本体论。他讲述天地万物始于太虚之气,而太虚之气以阴阳之气加以表现,通过阴阳之气的变动,产生万物,构建"气"一元论的形上宇宙观来对抗当时佛家唯心主义"空"的思想、道教执着于长生不死的思想。以道为核心的形上依据弥补了当时之儒者皆认为儒学无形上依据的思想,促进了儒家思想的完满性。《西铭》则讲述了"民胞物与"的先进平等思想,以"孝"为核心实现天道与人道的贯通,为程颐、程颢(张载是二程的表叔)所赞赏,"孟子以后,未有人及此"。

【原典选读】

太和篇

太和所谓道,中涵浮沉、升降、动静、相感之性,是生絪缊、相荡、胜负、屈伸之始。其来也几微易简,其究也广大坚固①。起知于易者乾乎!效法于简者坤乎!散殊而可象为气,清通而不可象为神。不如野马、絪缊,不足谓之太和。语道者知此,谓之知道;学《易》者见此,谓之见《易》。不如是,虽周公才美,其智不足称也已。

太虚无形,气之本体,其聚其散,变化之客形②尔;至静无感,性之渊源,有识有知,物交之客感尔。客感客形与无感无形,惟尽性者一之。

天地之气,虽聚散、攻取百途,然其为理也顺而不妄。气之为物,散入无形,适得吾体;聚为有象,不失吾常。太虚不能无气,气不能不聚而为万物,万物不能不散而为太虚。循是出入,是皆不得已而然也。然则圣人尽道其间,兼体而不累者③,存神其至矣。彼语寂灭者往而不反,徇生执有者物而不化,二者虽有间矣,以言乎失道则均焉。

聚亦吾体,散亦吾体,知死之不亡者,可与言性矣。

知虚空即气,则有无、隐显、神化、性命通一无二,顾聚散、出入、形不形,能推本

---

① 来,开始;几微,不明显;究,结果。
② 客形:变化不定的状态。
③ 圣人尽道其间,兼体而不累者:圣人能掌握万事万物变化的道理,把客感客形与无感无形合为一体,不被一方所束缚。

所从来,则深于《易》者也。若谓虚能生气,则虚无穷,气有限,体用殊绝,入老氏"有生于无"自然之论,不识所谓有无混一之常;若谓万象为太虚中所见之物,则物与虚不相资,形自形,性自性,形性、天人不相待而有,陷于浮屠以山河大地为见病之说①。此道不明,正由懵(měng)者略知体虚空为性,不知本天道为用,反以人见之小因缘天地。明有不尽,则诬世界乾坤为幻化。幽明不能举其要,遂躐等妄意而然②。不悟一阴一阳范围天地、通乎昼夜、三极大中之矩③,遂使儒、佛、老、庄混然一途。语天道性命者,不罔于恍惚梦幻,则定以"有生于无",为穷高极微之论。入德之途,不知择术而求,多见其蔽于诐而陷于淫矣④。

气块然⑤太虚,升降飞扬,未尝止息,《易》所谓"絪缊",庄生所谓"生物以息相吹""野马"者与！此虚实、动静之机,阴阳、刚柔之始。浮而上者阳之清,降而下者阴之浊,其感遇聚散,为风雨,为雪霜,万品之流形,山川之融结,糟糠煨烬⑥,无非教也。

气聚则离明得失而有形,气不聚则离明不得施而无形。方其聚也,安得不谓之客?方其散也,安得遽谓之无?故圣人仰观俯察,但云"知幽明之故",不云"知有无之故"。盈天地之间者,法象而已;文理之察,非离不相睹也。方其形也,有以知幽之因;方其不形也,有以知明之故。

气之聚散于太虚,犹冰凝释于水,知太虚即气,则无无。故圣人语性与天道之极,尽于参悟之神变易而已。诸子浅妄,有有无之分,非穷理之学也。

太虚为清,清则无碍,无碍故神;反清为浊,浊则碍,碍则形。

凡气清则通,昏则壅(yōng),清极则神。故聚而有间则风行,风行则声闻具达,清之验与！不行而至,通之极与！

由太虚,有天之名;由气化,有道之名;合虚与气,有性之名;合性与知觉,有心

---

① 山河大山为见病之说:据《楞严经》卷二"例如今日,以目观见山河国土及诸众生,皆是无始见病所成,见与见缘,似现前境"。指的是先天具有的眼病,使得看到的事物(有眼病)与幻觉的事物一样,因此,言事物是空,乃为幻觉。
② 幽明不能举其要,遂躐(liè)等妄意而然:任意猜测,抬高虚无而摒弃物质。
③ 三极大中之矩:三极,天地人的最高的中心点;大中之矩,普遍而正确的法则。
④ 蔽于诐(bì)而陷于淫:入德的途径,不知道选择切实的方法去找求天道性命的道理,就只能看到他们被片面的言辞所蒙蔽,被淫辞所陷溺罢了。
⑤ 块(yǎng)然:茫茫无边际的样子。
⑥ 煨(wēi)烬:灰烬。

之名。

鬼神者，二气之良能也。圣者，至诚得天之谓；神者，太虚妙应之目。凡天地法象，皆神化之糟粕①尔。

天道不穷，寒暑也；众动不穷，屈伸也；鬼神之实，不越二端而已矣。

两不立则一不可见，一不可见则两之用息。两体者，虚实也，动静也，聚散也，清浊也，其究一而已。

感而后有通，不有两则无一。故圣人以刚柔立本，乾坤毁则无以见易。

游气纷扰，合而成质者，生人物之万殊；其阴阳两端循环不已者，立天地之大义。

"日月相推而明生，寒暑相推则岁成。"神易无方体，"一阴一阳""阴阳不测"，皆所谓"通乎昼夜之道"也。

昼夜者，天之一息乎！寒暑者，天之昼夜乎！天道春秋分而气易，犹人一寤寐而魂交。魂交成梦，百感纷纭，对寤而言，一身之昼夜也；气交为春，万物糅错，对秋而言，天之昼夜也。

气本之虚则湛一无形，感而生则聚而有象。有象斯有对，对必反其为；有反斯有仇，仇必和而解。故爱恶之情同出于太虚，而卒归于物欲，倏而生，忽而成，不容有毫发之间，其神矣夫！

造化所成，无一物相肖者，以是知万物虽多，其实一物；无无阴阳者，以是知天地变化，二端而已。

万物形色，神之糟粕，性与天道云者，易而已矣。心所以万殊者，感外物为不一也，天大无外，其为感者絪缊二端而已焉。物之所以相感者，利用出入，莫知其乡，一万物之妙者与！

气与志，天与人，有交胜之理。圣人在上而下民咨，气壹之动志也；凤凰仪，志壹之动气也。

乾称篇

乾称父，坤称母；予兹藐焉，乃混然中处。故天地之塞，吾其体；天地之帅，吾其性。民吾同胞；物吾与也。大君者，吾父母宗子；其大臣，宗子之家相也。尊高年，

---

① 糟粕：有形有象的事物。

所以长其长；慈孤弱，所以幼吾幼；圣其合德；贤其秀也。凡天下疲癃残疾、茕独鳏寡①，皆吾兄弟之颠连而无告者也。于时保之，子之翼也；乐且不忧，纯乎孝者也。违曰悖德，害仁曰贼，济恶者不才，其践形，唯肖者也②。知化则善述其事，穷神则善继其志。不愧屋漏为无忝，存心养性为匪懈③。恶旨酒，崇伯子之顾养；育英才，颍封人之锡类。不弛劳而底豫，舜其功也；无所逃而待烹，申生其恭也。体其受而归全者，参乎！勇于从而顺令者，伯奇也④。富贵福泽，将厚吾之生也；贫贱忧戚，庸玉女⑤于成也。存，吾顺事；没，吾宁也。

【思想概要】

  张载通过《正蒙·太和篇》讲述了自我建立的以"气"为核心的宇宙论以及"气"（整合太虚之气与阴阳之气形成的统筹概念）与万物的体用关系，世界万物发展变化的过程。在《正蒙·乾称篇》中，讲述了"民胞物与"，使得人与自然之物相结合，延伸至天人关系交相胜，贯穿天道与人道，实现了人在社会中与天之自然的统一。《正蒙·乾称篇》又称为《西铭》，是张载早期思想，后又被其弟子编撰内容。

  张载主张天地万物的生成是太虚→气→万物的发展过程：他以太和作为始端，讲述其内在蕴含动静之性，进而产生屈伸之动，实际上是一种太虚与气的和谐状态。张载的"气"分为太虚之气与阴阳之气，从而实现其"太虚即气"以及"太虚是气"的本体，太虚之气是阴阳未分之气，而气是一种阴阳已判分之气，太虚之气作为至静无感、无感无形且清通不可象而为"神"的存在，是阴阳之气的本体；而阴阳之气则是散殊可象，内部存在动静变化，是太虚之气的运用，以气内部的阴阳、动静相反相成和神之妙用，产生万事万物，而气之聚合产生万物，气之分散则使得万物得以消亡，形成万事万物产生与灭亡的过程的普遍性。太虚作为一种实在的存在，它

---

  ① 疲癃(lóng)残疾、茕(qióng)独鳏(guān)寡：疲癃，衰老多病；茕，没有兄弟；独，老而无子的人；鳏，无妻的男人。
  ② 肖者：像父母的儿子。
  ③ 屋漏，室内隐蔽处；忝(tiǎn)，羞辱；匪懈，不懈息。
  ④ 崇伯子，即禹。颍封人之锡类。颍，颍考叔。锡类，通"赐"，把恩德赐予朋类。申公，晋献公的儿子，其死后谥号为"恭"。据《礼记·檀弓》记载晋献公想杀申公，申公便顺从父意，自缢而死。参，曾参。据《礼记·祭义》："曾子问诸夫子曰：'父母全而生之，子全而归之，可谓孝矣。不亏其体，不辱其亲，可谓全矣。'"伯奇，周大夫尹吉甫的儿子。据《颜氏家训·后娶篇》："吉甫，贤也也；伯奇，孝子也。贤父御孝子，合得终于天性，而后妻间之，伯奇逐放。"
  ⑤ 女：通"汝"。

处在形上的世界,不为人的感官所直接感受,内部的属性是至静无感却又清通妙用——"神",实现动中有静、静中有动的内部动力,在万事万物的生成与发展中贯穿,是"气"充盈其内的存在,同时也是气聚而成万物的依据与气散回归的最终归宿。"气"是张载以《周易》中乾坤之道,而分阴气——重浊之气与阳气——轻清之气,阳气浮而上为之天,阴气沉而下为之地,通过两者内部的相反相成的作用,虽然气的动静作用的程度等各不相同,但最终遵循一定的规律,实现天地万物的生成的差异性与普遍性,在事物生成后的动静作用只是"动即是动,静即是静",机械的运动,而正是因为万物的生成皆是"神"作用的结果,实现"神"推动万事万物的转化。通过气的分散,阐释事物的消亡反归至太虚之境,而又通过聚合形成有形有象的事物,气的聚散过程是必然的,皆是太虚之气的"神"贯穿其中的作用,是太虚之气的本体贯穿其中,显现于万事万物之中。天地万物的本身便是气,产生与消亡皆遵循气的作用,其作为存在的本性便是气,而不能说太虚生气,与道家"有生于无"的思想相混淆,使气成为有限,万物的形成也具有了局限性,无法实现万事万物在"气"的作用下完满地实现差异性与普遍性的存在。

  一方面,作为虚空的存在,本身也是内涵气的,它并不是真正的空无一物。佛家讲述的虚空中的万象,虚空乃是真,乃是空;而万象只不过是幻想,本质为云所遮,只为自性清明,实现万象中穿过而识万象本质实为空,因此认为世界万物皆是边见。而太虚之气贯通天地,含化万象而复归于太虚本真,非空也。另一方面,张载又主张气的流转变化是必然永恒的道理,是太虚之气必然借助阴阳动静作用以产生万物、消亡万物的依据。借助于外部的气的内在相荡作用,既是作用发挥的开始,又是实现其与万物分化的机点,又是气的分化交相作用产生具体事物以及使得具体事物变化的过程。同时气也是无形的,不能够被人的感官所见,因此气又是借助具体有形的万事万物而显现,为人所知的,即"有识有知,物交之客感尔",实现人对于事物的认知;而气消散使得万事万物得以消亡,而不为人的感官所认知,则并非是变成"无",只不过"幽明之故",从而进一步打破佛家的"空"与道家的"无",表现为人的感官作用的限制而产生所谓的"空与无"罢了。张载又在此发挥主张幽中有明,明中有幽,两者之间的相互蕴含,有形有象的事物,即明,正是因为有幽之存在而明明;无形的气,即幽,正是因为有明之存在而明幽,表现了丰富的辩证法思想以及对于宇宙论的唯物主义倾向——气的立场。

  张载通过"二与一"之用,阐述了阴阳两端的变化是世界存在的依据,事物在矛盾斗争中走向统一,达到和谐的境界。他主张世界万物正是由于气分阴阳二端而使其产生矛盾,通过太虚之内在"神"之作用,实现顺从"神"的直线性与顺从阴阳变化的曲线性,实现万事万物的统一,神之用体现在阴阳二端之中,使得鬼神、万物皆顺从"道"——阴阳动静作用,而产生与消亡,实现普遍性。通过"阴阳不测之谓神"实现万事万物的差异性。但是张载在主张万事万物通过阴阳的对立矛盾作用而实现统一性和解时,存在一定的局限性,没有认识到当阴阳一方战胜另一方,或两者之间出现不可调节的矛盾时将会产生怎样的作用。

张载也提出了他的人性观——天地之性与气质之性以及他的认识论,进而延伸出的天人关系——交相胜。他主张"合虚与气,有性之名""至静无感,性之渊源"产生人的天地之性,因"游气纷扰,合而成质者,生人物之万殊",产生气质之性。天地之性(至善),气质之性(善恶混),天地之性是贯通"气"(形而上的存在)而其至清时的状态;气质之性并不是动摇气根基的基础,而是通过气内在阴阳的作用,由其用之上寻其恶之来源,使得气在其现实性的运用的差异性产生间隙进而阐述恶的来源。在认识论上,他提出"合性与知觉,有心之名",通过心感万物而实现对于万物的认识,若能认知事物的本性,把握事物的规律,实现至诚得天,从而成为圣人,进而延伸至天人关系——若人能认识万事万物皆是气化之理,进以利用规律,则实现人胜天矣,若不能,则反之。

对于《西铭》,明道曾言:"《西铭》,某得此意。只是须他子厚如此笔力,他人无缘做得。孟子以来,未有人及此。得此文字,省却多少言语!要之,仁孝之理备于此。须臾而不如此,则是不仁不孝也。"在此,张载反映了他以他的宇宙论——"气"贯穿人道之治,讲求因乾坤之道而成万事万物,而人得气成其形,得天地之性也,故与事物具有一致性,反映了一定的万物平等的思想,进而贯穿了人与自然。在社会的构建上,主张封建君主的结构,表现了天地一家的思想,实现君民一家平等性的延伸;同时移孝作忠的延伸也是孔子一体之仁的扩大,取消了君主的神圣性,更加强调现实的社会关系。他以"知化则善述其事,穷神则善继其志"贯穿天道与人道,主张人要知晓万事万物发展的规律,同时通过有为实现自身仁孝的修养,在其身返归太虚之气,其性返归天地之性,实现一贯之思,以达"存,吾顺事,没,吾宁也",达到一种孔子主张的"道可行,则尽吾力以为之;道不行,乘桴浮于海"的旷达的生活态度。

【经典背诵】

1. 散殊而可象为气,清通而不可象为神。
2. 太虚无形,气之本体,其聚其散,变化之客形尔;至静无感,性之渊源,有识有知,物交之客感尔。客感客形与无感无形,惟尽性者一之。
3. 气之聚散于太虚,犹冰凝释于水,知太虚即气,则无无。
4. 气本之虚则湛一无形,感而生则聚而有象。有象斯有对,对必反其为;有反斯有仇,仇必和而解。
5. 故天地之塞,吾其体;天地之帅,吾其性。民吾同胞;物吾与也。
6. 知化则善述其事,穷神则善继其志。
7. 存,吾顺事;没,吾宁也。

【思考题】

1. 阐述张载的"气"的宇宙观。
2. 阐述张载的天人关系。

《传习录》

【作品简介】

王守仁,字伯安,号阳明,浙江余姚人。生于明宪宗成化八年(公元1472年),卒于明世宗嘉靖八年(公元1529年)。因曾筑室于会稽阳明洞,自称"阳明子",世称为"阳明先生"。其祖辈是世代为官的书香门第,故其自认当遵循孔孟之道,出仕以治国。

王守仁政治才能出众,屡立奇功。弘治十二年(公元1499年)中进士,任职观政工部,后又授刑部云南吏司主事等,于武帝朱厚照正德元年(公元1506年),因抗疏宦官刘瑾之治以救戴铣等人,而下诏狱,为廷杖之刑,被贬谪贵州龙场驿丞,此间生活困苦而不改其志,于正德五年(公元1510年)升庐陵县知县,由于刘瑾伏诛,于正德六年,调吏部验封清吏司主事等官职。于正德十二年正月开始围剿漳南象湖山农民暴动得以成功,升为都察院右副都御史,在平定农民暴动中提出"破山中贼易,破心中贼难";于正德十四年,平定朱宸濠反动,因宦官张忠为武帝猜疑。武帝逝世,宗帝采用之,思田平乱后,于嘉庆七年十月上疏告归,十一月卒于归途南安舟中。阳明思想丰富,主张非孔子之是非为是非,治天下之公理也;打破程朱理学一统思想使其固化,而开心学思想以应世;其经历两次"三变"而成系统的心学体系——始泛滥词章,遍读朱子之书,终于格物致知而明朱子之意;出入于佛老之知,养生修行;后于困顿之时,悟"格物致知"之义理,即龙场悟道,而明"圣人之道,吾性自足,向之求理于事物者误也"(标志与朱子哲学的分道)。又三变,乃以心即理、知行合一、致良知为其思想之大全也,形成心学。他不仅致力于自己之思,而且积极讲学,于濂溪学院等多处讲学、修建学院,并为其弟子薛侃刻《传习录》以明心学之精。然于世宗之时,程朱理学盛行,乃为官学,故为世人称其为"伪学",于穆宗隆庆元年,方诏赠新建侯,谥文成。

《传习录》是王守仁的思想集要,以"无善无恶心之体,有善有恶意之动。至善至恶是良知,为善去恶是格物"四句教,王守仁以"心"为核心,主张"心即理"明确了其本体的存在是心,而心含万理;"知行合一"实现其自身道德主体的自我觉醒,形成道德认识与道德实践的统一,阐述其修行的工夫;"致良知"是前两者思想的有机统一,实现道德主体反之于内,觉醒与发用的流转,从而实现道德主体的合理建立,进以成圣。

【原典选读】

爱①曰:"如今人尽有知得父当孝,兄当弟者,却不能孝、不能弟,便是知与行分明是两件。"先生曰:"此已被私欲隔断,不是知行的本体了。未有知而不行者。知而不行,只是未知。圣贤教人知行,正是要复那本体,不是着你只恁(rèn)的便罢。故《大学》指个真知行与人看,说'如好好色,如恶恶臭'。见好色属知,好好色属行。只见那好色时已自好了,不是见了后又立个心去好。闻恶臭属知,恶恶臭属行。只闻那恶臭时已自恶了,不是闻了后别立个心去恶。如鼻塞人虽见恶臭在前,鼻中不曾闻得,便亦不甚恶,亦只是不曾知臭。就如称某人知孝、某人知弟,必是其人已曾行孝行弟,方可称他知孝知弟,不成只是晓得说些孝弟的话,便可称为知孝弟。又如知痛,必已自痛了方知痛;知寒,必已自寒了;知饥,必已自饥了;知行如何分得

---

① 爱:徐爱,字曰仁,号横山,余姚人。王守仁的大弟子,又是他的妹婿,正德进士,官至工部郎中。

开?此便是知行的本体,不曾有私意隔断的。圣人教人,必要是如此,方可谓之知。不然,只是不曾知。此却是何等紧切着实的工夫!如今苦苦定要说知行做两个,是甚么意?某要说做一个是甚么意?若不知立言宗旨,只管说一个两个,亦有甚用?"爱曰:"古人说知行做两个,亦是要人见个分晓,一行做知的功夫,一行做行的功夫,即功夫始有下落。"先生曰:"此却失了古人宗旨也。某尝说知是行的主意,行是知的功夫;知是行之始,行是知之成。若会得时,只说一个知已自有行在,只说一个行已自有知在。古人所以既说一个知又说一个行者,只为世间有一种人,懵懵懂懂的任意去做,全不解思惟省察,也只是个冥行妄作,所以必说个知,方才行得是;又有一种人,茫茫荡荡悬空去思索,全不肯着实躬行,也只是个揣摸影响,所以必说一个行,方才知得真。此是古人不得已补偏救弊的说话,若见得这个意时,即一言知足,今人却就将知行分作两件去做,以为必先知了然后能行,我如今且去讲习讨论做知的工夫,待知得真了方去做行的工夫,故遂终身不行,亦遂终身不知。此不是小病痛,其来已非一日矣。某今说个知行合一,正是对病的药。又不是某凿空杜撰,知行本体原是如此。如今知得宗旨时,即说两个亦不妨,亦只是一个;若不会宗旨,便说一个,亦济得甚事?只是闲说话。"(《传习录》上)

夫人必有欲食之心然后知食:欲食之心即是意,即是行之始矣。食味之美恶必待入口而后知,岂有不待入口而已先知食味之美恶者邪?必有欲行之心然后知路:欲行之心即是意,即是行之始矣。路岐之险夷必待身亲履历而后知,岂有不待身亲履历而已先知路岐之险夷者邪?"知汤乃饮""知衣乃服",以此例之,皆无可疑……

知之真切笃实处,即是行;行之明觉精察处,即是知,知行工夫本不可离。只为后世学者分作两截用功,失却知行本体,故有合一并进之说。"真知即所以为行,不行不足谓之知",即如来书所云"知食乃食"等说可见,前已略言之矣。此虽吃紧救弊而发,然知行之体本来如是,非以己意抑扬①其间,姑为是说以苟一时之效者也。"专求本心,遂遗物理",此盖失其本心者也。夫物理不外于吾心,外吾心而求物理,无物理矣;遗物理而求吾心,吾心又何物邪?心之体,性也;性即理也。故有孝亲之心,即有孝之理,无孝亲之心,即无孝之理矣。有忠君之心,即有忠之理,无忠君之心,即无忠之理矣。理岂外于吾心邪?晦庵②谓"人之所以为学者,心与理而已。

---

① 抑扬:褒贬。
② 晦庵:朱熹,字元晦,提出"性即理"的观点。

心虽主乎一身,而实管乎天下之理;理虽散在万事,而实不外乎一人之心"。是其一分一合之间,而未免已启学者心理为二之弊。此后世所以有专求本心,遂遗物理之患,正由不知心即理耳。夫外心以求物理,是以有暗而不达之处;此告子"义外"之说①,孟子所以谓之不知义也。心一而已。以其全体恻怛(dá)而言谓之仁,以其得宜而言谓之义,以其条理而言谓之理;不可外心以求仁,不可外心以求义,独可外心以求理乎?外心以求理,此知行之所以二也。求理于吾心,此圣门知行合一之教,吾子又何疑乎?(《传习录》中)

问"知行合一"。先生曰:"此须识我立言宗旨。今人学问,只因知行分作两件,故有一念发动,虽是不善,然却未曾行,便不去禁止。我今说个知行合一,正要人晓得一念发动处,便即是行了。发动处有不善,就将这不善的念克倒了。须要彻根彻底,不使那一念不善潜伏在胸中,此是我立言宗旨。"(《传习录》下)

【思想概要】

王守仁吸收孟子"万物皆备于我"以及程颢"仁者与万物浑然一体也",并且对于陆九渊"吾心即是宇宙,宇宙即是吾心"思想的批判继承,形成了"心"作为道德本体,包含万事万物之理,理是心的条理,是发用的规律;理是万事万物得以存在的规定性,而心是万事万物存在的依据、本体、根本,即心→理→事,三者并不是递进式的,而是一体也,皆在心上有,无心即无理,心外无理、心外无事。心是一种超越的、普遍的、根植于人内在的根本。正如王阳明"无善无恶心之体",心作为一种超越性的存在,在未发之时,寂然不动,心内澄澈,对于万事万物具明其理,发之中节,无情感意志偏颇对待,到达一种无待逍遥的状态。

王阳明以"心即理"作为理论的前提,以"知行合一"达到道德认识与道德实践的有机统一,打破了朱熹对于"知先行后"——主张通过格物的渐进积累,直到知识积累到一定程度,使得推一而知十、融会贯通,实现知识的顿悟而行至,进而造成的"心与理"的分离以及知识与实践的断裂性。王阳明所讲述的"知"是道德认识,对于自我内在"心"本体的觉醒,"行"是道德实践,既有内在精神的实践,亦有外在现实的实践。对于"知行关系"主要从四个方面阐释:

---

① 义外说:见《孟子·告子上》"告子曰:'食色,性也。仁,内也,非外也。义,外也,非内也。'"孟子反对告子的义外说,主张仁义皆乃心中存。

第一,知行本体。他强调知与行并不是断裂的存在关系,非二也;说二,便是将知与行作为时间先后或逻辑先后的存在。二者是二而一,一而二的关系——知与行皆是心之本体的发用,知时即心之自觉萌醒,行时即心之发用运转,两者是自然而然的过程,皆根植于内心的作用。知时便是行,行时便是知。如果分断两者,看作为孤立的两部分,则是心被私欲蒙蔽,偏执一方,并不是"真知""真行"。

第二,知是行的主意,行是知的功夫。知即道德本体的内在知觉觉醒,了悟万事万物之理,为行的实践提供理论基础,在此,即提供内在的推动力,使行明确其方向性;而行是知的外在表现,即实现的功夫,是顺随知的脉络而显之于外,形成现实的存在,两者交互作用,显而隐,隐而显,惟精惟一,内在蕴含事物生成的生命力。

第三,知是行之始,行是知之成。知为行提供主意,使之发动;行为知提供现实,使之以立。两者之间相互联系,相互作用,是一个过程的两个方面,即"知已自有行在,行已自有知在"。若将两者分割开来,知不为知,行不为行。行时未有知,则"懵懵懂懂地任意去做,全不解思惟省察",最终只能"冥行妄作",全不知万事万物之理,不明心之本体所发,则在孝不知如何做孝,只是空做;知时未有行,则"茫茫荡荡悬空去思索,全不肯着实躬行",最终只能"揣摸影响",皆乃空言空志,乃虚谈做孝。道德的了知是为行之导,道德的实践是为知之觉。

第四,真知即所以为行,不行不足谓之知。知是真切笃实处,即是行;行之明觉精察处,即是知,知行功夫本不可离。他主张道德认识只有成为现实,才能称之为"真知",如果只是心之道德主体的自我觉醒,不归之于实践,则亦相当于徒劳,只在心上认知,而非在事上明心,即知孝当在行孝之后方才明孝之理,实现心的自觉与发用的合一,则是心之理与理之事的内在一贯。而道德实践也只有在其精微运荡,即其理在其间运转,实现行内部的脉络贯通,则是真知。知与行是相互存在,不可断裂的运转的有机体;道德认识在对于心的觉醒的过程,即意之作用阶段,便也是行运转的开始;而行运转的过程,即道德实践的过程也是知在事的深化的过程。例如,行孝之心起,乃推至行孝之事,为其一事之中,知孝之深浅程度,内在之理。

总之,王阳明提出的"知行合一",是在道德本体——心的作用下运转的。心之一念发动便是行,若为善念,则当自然而然顺从心念,逐归之事,实现其现实性;若为恶念,则当去其私欲,"致良知",返归于内在自有自足的良知(至善),在一发之处,便灭绝其道,则自顺心(理或良知)发动运转,形成一贯善念的永存,最终成圣成贤。他的思想是孔孟"心性"论的本体性深化,使得万事万物皆因心存,则不可不致于内心之养而为德之至。

【经典背诵】

1. 未有知而不行者。知而不行，只是未知。圣贤教人知行，正是要复那本体，不是着你只恁的便罢。

2. 某尝说知是行的主意，行是知的功夫；知是行之始，行是知之成。若会得时，只说一个知已自有行在，只说一个行已自有知在。

3. 知之真切笃实处，即是行；行之明觉精察处，即是知，知行工夫本不可离。

4. 心一而已。以其全体恻怛而言谓之仁，以其得宜而言谓之义，以其条理而言谓之理；不可外心以求仁，不可外心以求义，独可外心以求理乎？外心以求理，此知行之所以二也。求理于吾心，此圣门知行合一之教，吾子又何疑乎？

5. 我今说个知行合一，正要人晓得一念发动处，便即是行了。发动处有不善，就将这不善的念克倒了。须要彻根彻底，不使那一念不善潜伏在胸中，此是我立言宗旨。

【思考题】

阐释王守仁的"知行合一"思想。

《焚书》

【作品简介】

李贽，字卓吾，又号宏甫，别号温陵居士，福建泉州晋江人。生于明嘉靖六年（公元1527年），卒于明万历三十年（公元1602年）。原姓林，名载贽，后于嘉靖三十一年（公元1552年）中举后改姓李，1566年因避穆宗讳取名贽。其家世代经商，当时正处于我国资本主义经济萌芽时期，商品经济得到发展，自给自足的小农经济受到削弱，市民阶层的崛起，冲击了当时的封建官僚；人民多弃农重商，与当时"士农工商"的封建等级固化相矛盾；封建官僚统治腐败与平民阶层渴望个人发展之间的矛盾日益冲击着当时的封建专制制度；思想上程朱理学作为科举考试的唯一答案，造成人们思想禁锢与人民渴望个体精神发展的矛盾冲突。李贽便是明代末期敢于反抗的潮流,"坚其志无忧群魔,强其骨无惧患害",积极主张个人自主的异端思想家。

李贽幼年随其父林白斋读书,后为谋生而辍学,于嘉靖三十一年中得福建省乡试举人;嘉靖三十五年任职河南辉县教谕;嘉靖三十九年任南京国子监博士;嘉靖四十五年补礼部司务;隆庆四年任南京刑部员外郎;万历五年任云南姚安知府,法令清简,主张顺民自然之性为人民所拥护,后三年期满,辞官著述,但于76岁时为神宗以"敢倡乱道,惑世诬民"之名获罪入狱,最终于狱中自刎。其推崇王阳明思想,后为泰州学派改"良知"为内在自然之性,认欲为理,为李贽所继承发挥,提出"吃饭穿衣,即是人伦物理";对耿定向等人的假道学面孔进行批判,吸收佛道思想以对抗程朱理学的专制变异思想,主张"不以孔子之是非为是非",倡导个人的思潮;最后又提出"童心说"立人之真心以明万事之是非。其著作主要有《藏书》《焚书》《续焚书》《续藏书》等。

【原典选读】

童心说

龙洞山农叙《西厢》①末语云:"知者勿谓我尚有童心可也。"夫童心者,真心也。若以童心为不可,是以真心为不可也。夫童心者,绝假纯真,最初一念之本心也。若失却童心,便失却真心;失却真心,便失却真人。人而非真,全不复有初矣。

童子者,人之初也;童心者,心之初也。夫心之初,曷可失也？然童心胡然而遽失也②。盖方其始也,有闻见从耳目而入,而以为主于其内而童心失。其长也,有道理从闻见而入,而以为主于其内而童心失。其久也,道理闻见日以益多,则所知所觉日以益广,于是焉又知美名之可好也,而务欲以扬之而童心失。知不美之名之可丑也,而务欲以掩之而童心失。夫道理闻见,皆自多读书识义理而来也。古之圣人,曷尝不读书哉。纵然不读书,童心固自在也;纵多读书,亦以护此童心而使之勿失焉耳,非若学者反以多读书识义理而反障之也。夫学者既以多读书识义理障其童心矣,圣人又何用多著书立言以障学人为耶？童心既障,于是发而为言语,则言

---

① 龙洞山农:疑为明代泰州学派思想家颜钧,字山农,江西吉安人。明吉安府有龙泉县,故取号龙洞。《西厢》:元代王实甫作。

② 胡然:为什么;遽:急速。

语不由衷；见而为政事，则政事无根柢；著而为文辞，则文辞不能达。非内含以章美也，非笃实生辉光也，欲求一句有德之言①，卒不可得，所以者何？以童心既障，而以从外入者闻见道理为之心也。

夫既以闻见道理为心矣，则所言者皆闻见道理之言，非童心自出之言也，言虽工，于我何与？岂非以假人言假言，而事假事、文假文乎！盖其人既假，则无所不假矣。由是而以假言与假人言，则假人喜；以假事与假人道，则假人喜；以假文与假人谈，则假人喜。无所不假，则无所不喜。满场是假，矮人何辩也②？然则虽有天下之至文，其湮灭于假人而不尽见于后世者，又岂少哉！何也？天下之至文，未有不出于童心焉者也。苟童心常存，则道理不行，闻见不立，无时不文，无人不文，无一样创制体格文字而非文者。诗何必古选，文何必先秦，降而为六朝，变而为近体，又变而为传奇，变而为院本，为杂剧，为《西厢曲》，为《水浒传》，为今之举子业③，皆古今至文，不可得而时势先后论也。故吾因是而有感于童心者之自文也，更说什么六经，更说什么《语》《孟》乎！

夫六经、《语》《孟》，非其史官过为褒崇之词，则其臣子极为赞美之语，又不然，则其迂阔门徒、懵懂弟子，记忆师说，有头无尾，得后遗前，随其所见，笔之于书。后学不察，便谓出自圣人之口也，决定目之为经矣，孰知其大半非圣人之言乎？纵出自圣人，要亦有为而发，不过因病发药，随时处方，以救此一等懵懂弟子，迂阔门徒云耳。医药假病，方难定执，是岂可遽以为万世之至论乎？然则六经、《语》《孟》，乃道学之口实，假人之渊薮也④，断断乎其不可以语于童心之言明矣。呜呼！吾又安得真正大圣人童心未曾失者而与之一言文哉！

【思想概要】

从王阳明"致良知"，主张通过人的内在道德认识与道德实践的合一，实现"心"的道德本体内在至善的运用，将"存天理，灭人欲"的思想落在愚夫愚妇上，实现在日常行为中的"一念之微"运用自己的道德本心。泰州学派则是在发挥王阳明的

---

① 笃实生辉光也，欲求一句有德之言：前一句《孟子·尽心下》"充实之谓美，充实而有光辉之谓大"。后一句见《论语·宪问》"有德者必有言，有言者不必有德"。
② 矮人何辩：矮子看戏，在高个子后面，看不清演的什么戏，一味随人附和，盲目崇拜。
③ 举子：被选拔出来准备应试的读书人；举子业：明代用八股文取士，当时称八股文为举子业。
④ 口实：话柄；渊薮：音 sǒu，本指鱼和兽聚集处，现指人物聚集处。

"良知"思想上,经历了三个阶段的改变,实现"非名教之所能羁络"。首先,王心斋作为泰州学派的创始人,将王阳明的"天理"发展为"天然自有之理","良知"演变为"现成的知觉",实现道德本体论向自然欲求论的转变,将道德实践的任务转变为养生保身的目标,实现人本身的欲求的自然化,功夫与本体皆是自然顺人性发展;其次,颜山农、何心隐则提出"制欲非体仁",克制己心的欲望并不能直接导致"仁"的体贴,主张通过孟子的"扩充"四端之方,将其改变为扩充人的自然本性,实现人内在自身欲望的肯定性,人自然而然的欲求是不可避免的;最后,罗汝芳则提出"无之非是"的率性精神,认为克制人欲而返归天理是"鬼窟活计",主张人应该顺从自然本性,即合理的自然欲望的发展,才能实现"人欲"之中便是天理所在。

李贽则将"认欲做理"进行了直接的阐述,提出"吃饭穿衣,即是人伦物理;除却穿衣吃饭,无伦物矣",主张人合理的自然需求便是天地之理,除了人的自然欲求,别无他理。人的私心的存在是必然的,若没有私念存在,人便没有了心,心的显现是以私心在人间活动而为人所知,若没有私心的存在,人便没有方向性。针对朱子理学关于"存天理,灭人欲"的观点,他认为这是泯灭了人的自我的存在,人由此而成为规定性的发展,非真人也。在此,类似黑格尔所言"有人以为,当他说人本性是善的这句话时,是说出了一种很伟大的思想;但是他忘记了,当人们说人本性是恶的这句话时,是说出了一种更伟大得多的思想",实现了对于人们现实的理解以及对于封建维护者表面仁义道德,背后私欲纵横的局面的批判。

进以,他提出因为人人都是平等的个体,都是自然而然的产物,也都是自然而然的存在自我的人欲的,对于事物的是非自有自我的看法,强调人的认识的客观性,否认"以孔子之是非为是非",将其作为评判人们行为以及未来行事的标准。因此,他主张需要发挥每个人的自我,是非标准是"童心"——真心,最终达到人自然而然按照自我本真的存在而发展,使得每个人得以评判自我的行为。他对于"童心"的探讨,主要包含两个方面:

一方面,阐释童心为何。童心,是真心,是人自然而然内在的自我真诚情感,是最初的一念,即心之精微之发,未曾思虑。在此,则表现为人的自然之性,自然的私心欲求,自然本真的欲求便符合中节之道,符合每个人自我的规定性的需求;而真人,即顺从自然之性,自然而然地顺从自然欲求,即见己之天理。在此,李贽吸收道家老子"赤子之心"的思想,强调人的自然本真,但是并不是"无知"状态,而是"有知"而顺从己之童心,非为他言他说而禁锢的自然无待状态;主张顺从,而非宋明理学一直强调的"克己复礼",以克制性的方式达到自身的发展。

另一方面,批判外知之困。主张人的童心,是由于闻见、道理、美名等读书而导致自我限制自我,偏执一见为其所限制,使自己的真心被困,即一叶障目,以至于不能顺从内心而反困知于心。闻见道理皆非童心出,只是人矫揉造作,有为而发,形之为言,以为真言,则假人对应假言,再为假物而假喜、假怒,是一种自我困顿,即社会要求下的"人"的言行,并不是自我顺从自我的自然本心而行之己见,李贽主张只有顺从童心,方才成就真文、至文也,在这方面,圣人和普通人皆是一样。同时,他主张古之圣贤言语以及《六经》之类著作,皆是外在的人与外在的言语实现非本真的推崇,从而革除了孔孟的神圣地位,将圣人与圣贤之书落为普通人的地位,打破了宋明时期"以孔子之是非为是非"的局面以及宋明道学家过度解释圣贤之书,使得人本来于日用常行便可明天理,而变为不断地追逐天理的过程。在现实性上,批判封建思想专制,以及封建政治专制将人的等级分明化且普通人必须服从,而封建官僚则利用朱子"存天理,灭人欲"控制平民而对于自身却虚谈天理。

李贽在此表现了一种与世斗争的强烈的张力,批判了当时所谓的"公理"的封建思想专制以及等级森严的封建等级制度,倡导顺从人的自然本心,肯定合理的自然欲望,并且强调了男女平等、圣人与普通人的平等,有利于人个性的张扬与自主的发展,有利于人的独立意识的觉醒,在当时的社会,具有先进的变革性。

【经典背诵】

1. 夫童心者,真心也。若以童心为不可,是以真心为不可也。夫童心者,绝假纯真,最初一念之本心也。若失却童心,便失却真心;失却真心,便失却真人。人而非真,全不复有初矣。

2. 童子者,人之初也;童心者,心之初也。

3. 以童心既障,而以从外入者闻见道理为之心也。夫既以闻见道理为心矣,则所言者皆闻见道理之言,非童心自出之言也,言虽工,于我何与?岂非以假人言假言,而事假事、文假文乎!盖其人既假,则无所不假矣。

4. 天下之至文,未有不出于童心焉者也。苟童心常存,则道理不行,闻见不立,无时不文,无人不文,无一样创制体格文字而非文者。

【思考题】

阐释李贽的"童心说"的内涵。

《明夷待访录》

【作品简介】

黄宗羲,字太冲,号南雷,别号梨洲,世称为梨洲先生,生于明神宗万历三十八年(公元1610年),卒于清康熙三十四年(公元1695年),浙江余姚人。其父黄尊素为东林名士,因弹劾宦官魏忠贤等"阉党"而被迫致死,故青年时代继承父辈遗志,与东林子弟组建成"复社",与宦官进行斗争,于明崇祯帝朱由检即位时,以铁锥刺伤陷害其父亲的凶手,得以为父报仇。在李自成的农民起义之后,清军因软弱投降的明王朝而入关,致使明王朝灭亡,而在此期间,黄宗羲为挽救明王朝的命运,联络抗清志士,组建成"世忠营",进行武装抵抗,后失败而隐居著述,决意不致仕,多次征召而不去就职。

黄宗羲学识渊博,继父亲遗愿,师从刘宗周,并为蕺山学派的中坚。他在思想上以心学为主,吸收刘宗周"慎独与诚意"思想,提出"盈天地皆心"与"盈天地皆气",开创了清代以心学与气学的结合,并且将宋明时期对于王阳明的"功夫与本体"的后期偏离——"空谈本体,不识功夫"转变为"心无本体,功夫所至,即是本体",开创了清代"实学"的风气,并主张"一本万殊"的学术史观,即注重事实与推陈出新相结合,实现"经世应务"的贯穿。其学术思想与哲学思想均体现在《明儒学案》与《宋元学案》(由其儿子黄百家与其弟子全祖望共同完成),其被称为后期浙东史学派的开创者。

黄宗羲政治思想深刻,表现了先进的民主思想,主要体现在《明夷待访录》一书中。"明夷"是《周易》的卦名,其卦象是坤上离下,卦辞为"'利艰贞',晦其明也,内难而能正其志,箕子以之"。以其而言自身之志。此书为黄宗羲思明亡之因,而谈现实社会新的构建,对君臣、君民关系的重新诠释,以治天下,从而达到"以史为镜,明今之治"的效果。梁启超在《清代学术概论》中言:"梁启超、谭嗣同辈倡民权共和之说,则将其节钞,印数万本,秘密散布,于晚清思想之骤变,极有力焉。"黄宗羲的政治思想为后期发展，促进了后期政治改革。

【原典选读】

原君

　　有生之初，人各自私也，人各自利也。天下有公利而莫或兴之，有公害而莫或除之。有人者出，不以一己之利为利，而使天下受其利；不以一己之害为害，而使天下释其害。此其人之勤劳，必千万于天下之人。夫以千万倍之勤劳而己又不享其利，必非天下之人情所欲居也。故古之人君，量而不欲入者，许由、务光是也①；入而又去之者，尧、舜是也；初不欲入而不得去者，禹是也。岂古之人有所异哉？好逸恶劳，亦犹夫人之情也。

　　后之为人君者不然。以为天下利害之权皆出于我，我以天下之利尽归于己，以天下之害尽归于人，亦无不可。使天下之人不敢自私，不敢自利，以我之大私为天下之公。始而惭焉，久而安焉，视天下为莫大之产业，传之子孙，受享无穷。汉高帝所谓"某业所就，孰与仲多"②者，其逐利之情不觉溢之于辞矣。此无他，古者以天下为主，君为客，凡君之所毕世而经营者，为天下也。今也以君为主，天下为客，凡天下之无地而得安宁者，为君也。是以其未得之也，屠毒天下之肝脑，离散天下之子女，以博我一人之产业，曾不惨然！曰："我固为子孙创业也。"其既得之也，敲剥天下之骨髓，离散天下之子女，以奉我一人之淫乐，视为当然，曰："此我产业之花息也。"然则为天下之大害者，君而已矣。向使无君，人各得自私也，人各得自利也。呜呼！岂设君之道固如是乎！

　　古者天下之人爱戴其君，比之如父，拟之如天，诚不为过也。今也天下之人，怨恶其君，视之如寇仇，名之为独夫，固其所也。而小儒③规规焉以君臣之义无所逃于天地之间，至桀、纣之暴，犹谓汤、武不当诛之，而妄传伯夷、叔齐④无稽之事，乃兆人万姓崩溃之血肉，曾不异夫腐鼠⑤。岂天地之大，于兆人万姓之中，独私其一

---

① 许由、务光：相传尧想把天下让给许由，汤想把天下让给务光，可是他们都不接受。
② 某业所就，孰与仲多：见《史记·高祖本纪》，某指刘邦，仲指刘邦的二哥。当初，刘邦的父亲认为刘邦进行农业生产不如他二哥，后来刘邦夺取天下，便问其父"某业所就，孰与仲多"。
③ 小儒：指程朱，空谈义理而不注重现实工夫。
④ 伯夷、叔齐：见《史记·伯夷列传》，伯夷与叔齐为殷商贵族孤竹君的儿子，因反对武王伐纣而隐居首阳山，不食周粟而饿死。
⑤ 腐鼠：指程朱将千万百姓的性命认为不值钱。

人一姓乎？是故武王圣人也，孟子之言①，圣人之言也。后世之君，欲以如父如天之空名禁人之窥伺者，皆不便于其言，至废孟子而不立②，非导源于小儒乎！

虽然，使后之为君者，果能保此产业，传之无穷，亦无怪乎其私之也。既以产业视之，人之欲得产业，谁不如我？摄缄、縢、固扃、鐍③，一人之智力不能胜天下欲得之者之众，远者数世，近者及身，其血肉之崩溃在其子孙矣。昔人愿世世无生帝王家④，而毅宗之语公主，亦曰："若何为生我家"⑤！痛哉斯言！回思创业时，其欲得天下之心，有不废然摧沮者乎？是故明乎为君之职分，则唐、虞之世，人人能让，许由、务光非绝尘也；不明乎为君之职分，则市井之间，人人可欲，许由、务光所以旷后世而不闻也。然君之职分难明，以俄顷淫乐不易无穷之悲，虽愚者亦明之矣。

【思想概要】

黄宗羲在《明夷待访录》中阐释明朝灭亡的原因，以当时封建君主专制为主要社会背景。一方面，政治上君主专制逐渐加强，思想上程朱理学仍然处于主导地位，但是在其本体与功夫上则日渐虚化，只重空虚义理的探讨，而无经世致用以解决当世问题之方。另一方面，明朝时期资本主义经济萌芽，工商业经济发展，人民打破"重本抑末"以及"士农工商"的传统阶级思想，强调个体独立性的发展。黄宗羲对于王阳明心学的发展从"认理为欲"转化为"心气结合"，实现现实化。在这两方面的影响下，发展"个人"以及突破现实封建禁锢的思想，致使黄宗羲发觉了先进的民主思想——民本思想延伸的君民、君臣地位的平等，君只是实现人民利益的执行者与管理者，建立议会式的学校以及法治思想等。他在《原臣》篇中阐述了君臣关系——君与臣皆是人民利益的实现者，其职位的存在都是为了平衡人民之间不可避免的私欲；而君与臣的关系也并不是"君为臣纲"的固定的臣为君效忠式的一

---

① 孟子之言：《孟子·梁惠王下》"齐宣王问曰：'汤放桀，武王伐纣，有诸？'孟子对曰：'于传有之。'曰：'臣弑其君可乎？'曰：'贼仁者谓之贼，贼义者谓之残，残贼之人，谓之一夫。闻诛一夫纣矣，未闻弑君也。'"

② 至废孟子而不立：明太祖朱元璋见到《孟子》"民为贵，社稷次之，君为轻"一章，便下诏毁掉孔庙中的孟子牌位。洪武二十三年、二十七年又下诏将《孟子》中的民本思想删除，今传刘三吾《孟子节文》便是朱元璋主张的删订文本。

③ 缄、縢（téng）：绳索；固扃（jiōng）：门窗箱柜上的插关；鐍：音jué，箱子上加锁的铰钮。

④ 昔人愿世世无生帝王家：见《南史》卷四十五《王敬则传》，南朝宋顺帝被迫出宫时，"泣而弹指，惟愿后身生生世世不复与王作因缘"。

⑤ "若何为生我家"：毅宗，明朝末代皇帝朱由检。当李自成农民起义打进北京时，朱由检挥剑刺她的女儿，叹曰："汝奈何生我家？"

味服从,两者之间是一种平等的合作共事关系;在《学校》篇中则阐释了限制君权的方法——建立学校,此学校是一种公议的场所,校长是由人民推举而成,学校的建立是实行监督、参政议政,使得君臣明白治理过程中的纰漏,并且主张不以君之是非为是非的人治私法,而是以公治公法为基础,即"天下之是非为是非"的法治思想。表现了黄宗羲对于国家治理的独特的眼光。

黄宗羲则在《原君》篇中阐释了对于"君"的看法以及君主存在的目的,形成了对于"君主"的规定性,以及吸收孟子民本思想——"民为贵,社稷次之,君为轻"与《礼记·礼运》篇孔子对于大同社会的建立而产生批判"家天下"、建立"公天下"的思想。

一方面,他阐释了现实社会的"人性"——人性平等,进以批判封建君主专制。主张现实社会的人自从出生,便是"自私"的,肯定了人的私欲,人与人之间不仅有共同的利益,而且人与人之间的私欲是有冲突性的,即使圣人也是如此,顺情发展。同时这体现在明朝经济上的逐利思想而引起封建等级秩序的破坏,即士农工商的固定化打破,经济基础决定上层建筑,这是必然存在的,肯定了工商业者的发展;但是封建专制的存在又使得"天下之人不敢自私,不敢自利"。在思想上,则批判了程朱理学,以所谓的君臣之纲禁锢人们自身自然的发展,是为封建君主专制而服务,乃"小儒"之风,阻碍了人性的发展,使得人非按己之活,成为所谓君主下的"人"。黄宗羲的思想突破了制度化的异化人,实现人的本真性与现实性的结合。

另一方面,他以对比的方式——古今君主的治理而阐述"君"当何为。他以人性自私作为出发点,私欲的冲突必然需要管理者,而"君"便在黄宗羲的思想中扮演如此的角色,君主只是人民利益的调节者,以人民的利益为前提,而能自觉地放弃自我利益的追求,强调君主本身必然是有德不为己私之人,这是君主存在的前提;而君主的存在便是公益性的尽心尽力为人民服务,自然主动地被人民所拥护;君主必须具有自觉性,既为君主,必从君主之职分,以天下为己任,顺天下之欲自然而为存在的道理,实现"名分相当",切不可以己之利而克天下之欲,否则虽存而实亡,在此,将君与民的地位平等起来,实现君主的统治是以民为本,从而构建的"公天下"。而现实的君主主张自己掌管支配天下利益的权力,以自我作为中心,以天下作为己之私产的"家天下",而天下危害的事归之于民,使得君与天下的关系由"天下为主,君为客"的群体公共性转变为"君为主,天下为客"的个人自我中心性,从而保证君主权力的权威性,也导致了人民被摧残的局面。在此,黄宗羲主张若君以自己之己私作为天下的公私,不如"无君"也。君是最大的祸害,强调了君主的可去除性,有一定英国"虚位君主"的意味,但是,黄宗羲并不是一个"无君论"者,他只是以此强调君主要明其职分,以人民利益为重的必要性,否则违反了社会的当然之理——天下为主,君为客,将使"天下怨之"而为"独夫"。

因此,黄宗羲的思想具有批判性,认识到封建君主专制的弊端,并且建构了君民平等与君臣平等,以人民利益为核心的公天下,具有先进性;但是他仍然承认"君主"的存在,没有打破封建的桎梏,虽然强调可以无君,却没有肯定人民对于君主的可推翻性,即没有提出革命的思想,具有一定的保守性。

【经典背诵】

1. 有生之初,人各自私也,人各自利也。天下有公利而莫或兴之,有公害而莫或除之。

2. 有人者出,不以一己之利为利,而使天下受其利;不以一己之害为害,而使天下释其害。此其人之勤劳,必千万于天下之人。夫以千万倍之勤劳而己又不享其利,必非天下之人情所欲居也。

3. 此无他,古者以天下为主,君为客,凡君之所毕世而经营者,为天下也。

4. 然则为天下之大害者,君而已矣。向使无君,人各得自私也,人各得自利也。

5. 是故明乎为君之职分,则唐、虞之世,人人能让,许由、务光非绝尘也;不明乎为君之职分,则市井之间,人人可欲,许由、务光所以旷后世而不闻也。

【思考题】

论述黄宗羲对封建君权的批判。

《日知录》

【作品简介】

顾炎武,原名绛,字忠清,明亡后,因慕南宋民族英雄文天祥学生王炎武,故改名为炎武,字宁人,号亭林,学者称其为"亭林先生",江苏昆山人,生于明万历四十一年(公元 1613 年),卒于清康熙二十一年(公元 1682 年)。其家世显赫,始祖为南朝学者顾野王,后几度迁徙,于明朝顾鉴,迁至昆山千墩镇,其高祖顾济为明朝正德年间进士,官至南京兵部右侍郎;其祖父顾绍芳为万历进士,至其父顾同应家道败落,中秀才后考举人而不被任用;其被过继给蠡源公为同吉嗣子。

顾炎武政治生涯艰辛,少入复社,且屡试不第,故"退而读书";明亡后,于江南多地进行抗清斗争,皆遭失败;后于昆山沦陷,嗣母高节绝食以抗之,而嘱咐于顾炎武"读书隐居,无仕二姓",此后,化名蒋山佣,亡命经商,避祸于江南;后不得已,顺治十四年,北游中国,但心怀"天下兴亡,匹夫有责"的抱负;于60岁定居陕西华阴,康熙十年为翰林院掌院学士邀请以编《明史》,于康熙十七年,清廷开"博学鸿词"召之而言"刀绳俱在,无速我死",终身不去任职。

顾炎武一生秉持"行万里路,读万卷书"之思,故著成《音学五书》以言音韵之准,达治学之实;《肇域志》以考据而行之以明国家地理;《天下郡国利病书》以兵防、赋役、水利而谈明代之治;《日知录》乃顾炎武"平生之志与业皆在其中",其内容"元元本本,无不洞悉",以达"经术""治道""博闻"之用。哲学上,主张"道寓于气"以及"一气相感"的朴素唯物主义思想、"博学于文""行己有耻"的治世之思、"经学即理学"以经世致用为主的"实学",世称黄宗羲、王夫之、顾炎武为明末清初三先生,开清代实学之先例。文学上,以白居易"文学合为时而著,歌诗合为事而作"为主。学习上,主张教学相长,终日读书。经济上,发展工商业。梁启超先生曾在《中国近三百年学术史》中言:"亭林在清学界之特别位置,一在开学风,排斥理气性命之玄谈,专从客观方面研察事务条理。二曰开治学方法,如勤搜资料,综合研究,如参验耳目见闻以求实证,如力戒雷同剿说,如虚心改订不护前失之类皆是。三曰开学术门类,如参证经训史迹,如讲求音韵,如说述地理,如研精金石之类皆是。"

【原典选读】

一

刘、石乱华①,本于清谈之流祸,人人知之。孰知今日之清谈,有甚于前代者。昔之清谈谈老庄,今之清谈谈孔孟,未得其精而已遗其粗,未究其本而先辞其末,不习六艺之文,不考百王之典,不综当代之务,举夫子论学论政之大端,一切不问,而曰一贯,曰无言。以明心见性之空言,代修己治人之实学。股肱惰而万事荒,爪牙

---

① 刘、石乱华:刘,即刘渊;石,即石勒;两者在西晋末年八王之乱后起兵造反。

亡而四国乱①。神州荡覆,宗社丘墟。昔王衍妙善玄言,自比子贡,及为石勒所杀,将死,顾而言曰:"呜呼!吾曹②虽不如古人,向③若不祖尚浮虚,戮力以匡天下,犹可不至今日!"今之君子,得不有愧乎其言。(《日知录》卷七,《夫子之言性与天道》)

二

今之君子,学未及乎樊迟、司马牛,而欲其说之高于颜、曾二子,是以终日言性与天道而不自知,其堕于禅学也。(《日知录》卷七,《夫子之言性与天道》)

三

有亡国,有亡天下,亡国与亡天下奚辨?曰:易姓改号谓之亡国,仁义充塞而至于率兽食人,人将相食,谓之亡天下。魏晋人之清谈,何以亡天下?是孟子所谓杨墨之言,至于使天下无父无君而入于禽兽者也。……是故知保天下然后知保其国。保国者,其君其臣,肉食者谋之;保天下者,匹夫之贱与有责焉耳矣。(《日知录》卷十三,《正始》)

四

以一人而易天下,其流风至于百有余年之久者,古有之矣:王夷甫④之清谈,王介甫⑤之新说。其在于今则王伯安⑥之良知是也。(《日知录》卷十八,《朱子晚年定论》)

五

君子博学于文,自身而至于家国天下,制之为度数,发之为音容,莫非文也。……而谥(shì)法经纬天地曰文,与弟子之学诗书六艺之文,有深浅之不同矣。(《日知录》卷七,《博学于文》)

---

① 股肱:官员;爪牙:军队。
② 吾曹:我们这些人(这辈人)。
③ 向:通"倘",如果。
④ 王夷甫:王衍,西晋大臣,好谈老庄之学,是魏晋玄学的提倡者。
⑤ 王介甫:王安石,字半山,此处特指王安石变法。
⑥ 王伯安:王阳明,主张"心学",提出"致良知"思想。

六

《五代史》冯道传论曰:"礼仪廉耻,国之四维;四维不张,国乃灭亡。善乎管生之能言也。礼义,治人之大法;廉耻,立人之大节。盖不廉则无所不取,不耻则无所不为。人而如此,则祸败乱亡亦无所不至,况为大臣而无所不取,无所不为,则天下其(岂)有不乱,国家其(岂)有不亡者乎?"然而四者不中,耻尤为要。故夫子之论士曰:"行己有耻"。(《日知录》卷十三,《廉耻》)

【思想概要】

顾炎武的思想是在吸收张载的"气"学的基础上,强调现实的万事万物的生成与消亡皆是气聚与散的结果,并且强调气的实有性,气聚形成万物而为人所感知,气散而万物消散虽不被感知亦以无形实体存在于现实世界;内在的运动是"一气相感",强调同类相吸相应,各从其类而使其事物在其内在的领域发展变化,而落实于善恶关系上,则是善在善的领域发展,恶在恶的领域发展,一类相承,而最根本的立场是以现实的一切作为基础,"实"也。

在此篇中,它主要阐释了三个问题。

一、反思心性之学,批判陆王心学最终流于空虚之境。他将明朝的灭亡与魏晋的灭亡相联系,魏晋时期以《老子》《庄子》《周易》作为"三玄",形成了越名教而任自然——超越礼教束缚、流于空虚,强调玄冥之境的神秘性,延伸至言意关系上,则是得意忘言,实现内在的把握,但是带有很强的主观性。宋明时期主张陆王心学,以孔孟之道作为理论的依据,强调内在的自觉性以回归"诚"之本义,同时"心即理"的观点实现内在与外在的一贯性的掌握,但是最终却导致了两种局面:一方面,所谓的内心反归其诚,在实践上只是内心自我知行的把握,行只是心的发用,最终未落实于现实世界的虚无心的流放;另一方面,则是将心性之学流放于理欲合一,理即欲,实现人自私自利的合理性。两者皆是使得心性之学的本真因人之异用而为人之用与变。即心性之学常"摄此心于空寂之境"或"落世事以独求其所谓心",借用"一贯"之借口,将孔孟儒家本是为现实治世之用而流于空,类似于佛家讲述"自性清净"与"明心见性",进以看破万事万物皆是幻象,虚幻不实的假象,即空也,因此,亦称陆王心学乃为"禅学"。

---

① 冯道:字可道,号长乐老,为五代宰相。

二、"亡国"与"亡天下"之别也。"亡国"只是易姓改号,实现一个朝代的兴衰;"亡天下"则是"率兽食人,人将相食",破坏礼义道德,使得"无父无君"局面产生,社会的秩序被打破,导致制度上的更替,即打破封建君主专制的统治,陷于社会混乱的局面,最终实现人"兽性"的自我发展。同样,亦是通过"魏晋玄学"与"宋明陆王心学"的对比,讲求魏晋玄学以尚老庄之言,强调自然之风,导致人皆随自然而然,只求个人自我自由的发展,而不顾国家安危之治,最终导致刘渊、石勒反叛以自立国以及魏晋灭亡,导致的只是一个国家的灭亡;但是在宋明时期,也正是因为借用孔孟之道,而直接将国家秩序的内在根基予以打破,儒家本提倡"克己复礼",通过内在的"仁"的觉醒与外在的礼仪的限制,实现修身齐家治国平天下的经世致用之道,而陆王心学只注重儒家内在心性的觉醒,导致只是在心上求本真,实际上已经脱离孔孟本来的目的,使因"礼"而规定的"名"得以破坏,等级思想被打破,社会秩序的重新洗牌却又中断而无从建构。在此,顾炎武主张恢复儒家孔孟之道,在制度上则是一切的思想都是在封建专制制度的建构下进行,这既是顾炎武的聪明之处——明朝虽是资本主义的萌芽,但是力量尚是微弱,小农经济仍占主导(经济基础决定上层建筑),亦是他的闭塞之处——无法突破封建专制制度的禁锢以及礼义等级制度的规定性。因此,"知保天下然后知保其国",强调在君为臣纲、父为子纲等的制度的控制下,人人以礼与仁相互作用从而实现天下的一贯性,进以才能实现一个国家的因地制宜,保全国家,在此体现了整体的功能大于部分功能之和以及系统优化的唯物主义思想。

三、博学于文与行己有耻的结合,达到圣人之道。顾炎武在批判虚无之风的时候,阐释了经世致用的现实性的思想,以外在的知识与内在的价值评判实现道德上的严守与知识上的运用,达到现实的问题解决。此"文",非仅道德伦理知识局限的存在,而是包括现实的科学、自然、技术等的知识,即扩大了"文"的外延,实现人文性与自然性的统一以及现实考察与知识考据结合的现实性。此耻,是人的价值态度,乃是四维之本,是礼、义、廉的基础,通过内在"耻"的确立,明确为人行事的内部原则,进而局限人内在的"恶与私欲"以立人之大节,结合外在礼仪以治人之大法,进而实现儒家的"内圣外王"。博学于文以实现知识的掌握,即明理,亦即上学;明己有耻以实现内在道德的坚守,即归诚,亦即下达。两者的相互作用不仅实现了人自身的"人"的确立,在行为上的进退有道;而且体现在"治世"上则是"天下兴亡、匹夫有责"的全体的一贯性以及现实力量的整合性。

【经典背诵】

1. 有亡国,有亡天下,亡国与亡天下奚辨?曰:易姓改号谓之亡国,仁义充塞而至于率兽食人,人将相食,谓之亡天下。魏晋人之清谈,何以亡天下?是孟子所谓杨墨之言,至于使天下无父无君而入于禽兽者也。……是故知保天下然后知保其国。保国者,其君其臣,肉食者谋之;保天下者,匹夫之贱与有责焉耳矣。

2. 博学于文,行己有耻。

3. 礼义,治人之大法;廉耻,立人之大节。盖不廉则无所不取,不耻则无所不为。人而如此,则祸败乱亡亦无所不至,况为大臣而无所不取,无所不为,则天下其(岂)有不乱,国家其(岂)有不亡者乎?

【思考题】

1. 阐释顾炎武对于"陆王心学"的批判。
2. 阐释"亡国"与"亡天下"。
3. 解释"博学于文"与"行己有耻"。

《周易外传》

【作品简介】

王夫之,字而农,号姜斋,湖南省衡阳人,生于明神宗万历四十七年(公元1619年),卒于清康熙三十一年(公元1692年),因晚年隐居衡山石船山,而被后人称为"船山先生"。其家世是一在野知识分子家庭,其父王朝聘,一生勤读,学识渊博,精研《春秋》,以夷夏之辩为主要思想,世称"武夷先生",七次名落孙山,后因拒绝受贿辞官回乡授学;其长兄王介之,亦是乡居饱学秀才,以授徒为生,长于经学;次兄王参之于公元1647年早逝,故王夫之早年受家庭文化熏陶,具有深厚的知识基础。

王夫之生于晚明动荡时期,青年时期,一方面留恋科举,14岁考中秀才,湖广学政王志坚荐入衡阳州学,24岁考中举人;一方面关心时事,于崇祯十一年(公元1638年),20岁游学岳麓书院,参加"行社",于崇祯十二年(公元1639年)组织"匡社"以及"须盟"等,立志改变现实政治。但于1643年,张献忠农民起义攻克武昌,欲求才于王夫之,他又以伤病为由拒绝邀请;于1648年,清军南下,明亡之际,他在衡山组织义兵,进行抗清运动,失败后,投靠南明桂王(永历)政权,担任行人司行人官,因弹劾奸臣,而险遭陷害,为农民起义军领袖营救而脱险;于1652年,李定国矢志抗清,求才于王夫之,夫之"进退萦回",最终"退伏幽栖,俟曙而鸣"。清军再度南下,致使王夫之连续四年逃亡;后于清顺治十四年隐居衡阳石船山,闭门著书。于1692年,逝于湘西草堂,临终前,自题墓石"抱刘越石之孤愤,而命无从致;希张横渠之正学,而力不能企"。

在思想方面,"少负隽才""颖悟过人",七岁随长兄读完十三经,十岁其父授其经义,研读《春秋》,16岁受教于叔父王廷聘,开始学诗;并积极探讨老庄思想与佛家思想,精读程朱陆王之学。最终形成以张载气学为核心的朴素唯物主义辩证法思想,主张"理在气中""道在器中",批判朱子学说"理在气外"以及造成形而上的道与形而下的器的分离的思想;批判朱子主张的"知先行后"以及王阳明主张的"知行合一"最终将行落于空虚,而提出"知行相资以用",以"行"为本的认识论;人性论上主张先天之性与后习之性的结合,并且强调"性"的发展性;"理势合一"与"以人建极"的社会历史观,主张客观规律的必然性与现实偶然性的结合,并且发挥人民群众的作用,批判英雄史观。其思想为谭嗣同称赞为"昭苏天地"的"一声雷"(《论艺绝句六篇》之二),在政治上肯定"惟国初船山先生,纯是兴民权之微旨"(《上欧阳瓣姜师书》)。其著作有一百多种,共四百卷。主要有《周易外传》《张子正蒙注》《读四书大全说》《尚书引义》《老子衍》《庄子通》《思问录》等。

【原典选读】

系辞上传第十二章(节选)

一

天下惟器而已矣。道者器之道,器者不可谓之道之器也。

无其道则无其器,人类能言之。虽然,苟有其器矣,岂患无道哉?君子之所不知,而圣人知之;圣人之所不能,而匹夫匹妇能之。人或昧于其道者,其器不成;不成,非无器也。

无其器则无其道,人鲜能言之,而固其诚然者也。洪荒无揖让之道①,唐虞无吊伐之道②,汉唐无今日之道,则今日无他年之道者多矣。未有弓矢而无射道,未有车马而无御道,未有牢、醴、璧、币、钟、磬、管、弦③而无礼乐之道。则未有子而无父道,未有弟而无兄道,道之可有而且无者多矣。故无其器则无其道,诚然之言也,而人特未之察耳。

故古之圣人能治器,而不能治道。治器者则谓之道,道得则谓之德,器成则谓之行。器用之广,则谓之变通。器效之著,则谓之事业。

故《易》有象,象者,像器者也;卦有爻,爻者,效器者也;爻有辞,辞者,辨器者也。故圣人者,善治器而已矣。自其治而言之,而上之名立焉。上之名立,而下之名亦立焉。上下皆名也,非有涯量④之可别者也。

形而上者,非无形之谓。既有形矣!有形而后有形而上。无形之上,亘古今,通万变,穷天穷地,穷人穷物,皆所未有者也。故曰:"惟圣人然后可以践行。"践其下,非践其上也。

故聪明者耳目也,睿知者心思也,仁者人也,义者事也,中和者礼乐也,大公至正者刑赏也,利用者水火金木也,厚生者谷蓏(luǒ)丝麻也,正德者君臣父子也。如其舍此而求诸未有器之先,亘古今,通万变,穷天穷地,穷人穷物,而不能为之名,而况得有其实乎?

二

老氏瞀⑤于此,而曰道在虚,虚亦器之虚也。释氏瞀于此,而曰道在寂,寂亦器之寂也。淫词辊炙⑥,而不能离乎器,然且标离器之名以自神,将谁欺乎?

器而后有形,形而后有上。无形无下,人所言也。无形无上,显然易见之理,而邪说者淫曼以衍之而不知惭。则君子之所深鉴其愚而恶其妄也。

---

① 洪荒无揖(yī)让之道:洪荒,远古未开化的时期;揖让,拱手相让。这里指唐尧把帝位让给虞舜,舜又把帝位让给夏禹。
② 吊伐之道:吊民伐罪,即慰问百姓讨伐有罪的君主。这里指商汤伐桀、武王伐纣。
③ 牢、醴(lǐ)、璧、币、钟、磬、管、弦:牢,祭祀用的三牲(马、牛、羊);醴,祭祀用的美酒;璧,宝玉;币,帛;钟磬管弦,泛指乐器。
④ 涯量:明确的界限。
⑤ 瞀:音 mào,原意是指老眼昏花看不清楚,引申义为不明白、不懂得。
⑥ 淫词辊炙:淫词,夸大的言辞;炙,音 zhì,加热;辊,音 guǒ,马车上用的油壶。此句意思是夸大失实的言辞,就像加热的油壶不断流出油来一样,滔滔不绝。

故"作者之谓圣",作器也;"述者之谓明",述器也。"神而明之存乎其人",神明其器也。识其品式,辨其条理,善其用,定其体,则默而成之,不言而信。成器在心而据之为德也。

呜乎！君子之道,尽夫器而已矣。辞,所以显器而鼓天下之动,使勉于治器也。王弼曰:"荃非鱼,蹄非兔。"①愚哉,其言之乎！荃、蹄一器也,鱼、兔一器也,两器不相为通,故可以相致,而可以相舍。形而上者谓之道,形而下者谓之器,统之乎一形,非以相致,而何容何舍乎？"得言忘象,得意忘言",以辨虞翻②之固陋则可矣,而于道则愈远矣。

【思想概要】

首先,王夫之吸收了张载的"知太虚即气则无无"的思想,形成以"气"为核心的朴素唯物主义,"太虚一实"实在论,并且通过"理依于气",主张理在气中,只有通过气才得以显现,实现气的主动性和理的被动性,突破了程朱理学将"理"置于气之外,形成理主动而气被动导致的义理空谈的局面。故而延伸出"诚"之意,此"诚"非"反身其诚"之道德意义,而是"诚也者,实也。实有之,固有之也"(《尚书引义》卷四),作为太虚存在的实有性的本质存在,即气实有性的原因。

其次,王夫之讲述了由"理与气"的关系而引申的"道与器"的关系。"理依于气",理是不能离开具体事物而存在的,理是气存在的条理,蕴于气中,随气的变化而变化,并不是一成不变的发展性。第一,世界是物质性的,"天下惟器而已"。器是有形有象的具体的事物,道是器的客观规律,条理。道是依靠器而显现的,器是先于道而存在的而且道不能作为独立的存在；人们总是执着偏见,认为先有道然后有器,但是"道"是人认识的,"器"是人制成的,只有通过把握有形有象的"器",接触事物,才能认识事物内在的"道",强调现实的接触事物,把握器,才能形成抽象的理论(道),表现了"实践—认识"的认识过程,具有先进性。在此,王夫之打破了君子、圣人才能把握"道"的界限,强调"匹夫匹妇"在"器"的接触与把握过程中,同样也可以认识"道",从而形成知识对于人的平等性。第二,道是随器的发展而变化的,表

---

① "荃非鱼,蹄非兔。":王弼在《周易略例·明象》"得兔而忘蹄""得鱼而忘荃",比喻"得象而忘言""得意而忘象"。

② 虞翻:三国时吴国人,曾注《易注》,以象数之学解释《周易》,非常烦琐,不重视研究易道。

现了"道"与"器"的活力以及发展性,具有先进的辩证法思想。在此,表现在现实层面上:显示的情况不同,就具有不同的治理方式,即因地制宜以及肯定改良与改革的作用。体现在社会历史观上,则是一种发展观,打破历代儒学家主张"三代"为鼎盛之治,主张回归过去的历史倒退说,即"洪荒无揖让之道,唐虞无吊伐之道,汉唐无今日之道,则今日无他年之道者多矣"。进而强调治国理政皆应该以现实的问题为出发点,对于当世之世以当世之方而解之。表现在名实关系上:因器物的存在,则人通过把握事物给予事物不同的名称,才能实现名副其实,如果只是主张道先而器后,人未能识其器,则只能形成所谓的空概念,即无实也,空名也。体现在言意关系上:批判王弼的"得意忘言""得言忘象",主张如果只是一味地执着于意的获取而放弃言象的现实性,则将使意亦流于空虚,强调现实的象与言是意存在的前提,无言象则无意,当然在此,因王夫之强调的是现实性,他无法将"意"的境界得以贯通于现实社会。表现在知行关系上,批判朱子"知先行后"将知与行割裂开来以及王阳明"知行合一"其实是内在心本体上的"以知为行",联系当时程朱理学最终落于空谈义理之境,即理学家"愧无半策匡时难,惟余一死报君恩"的现实。孔子虽言"知简行难",故主张"行"为本实现"知行相资以为用",即"行可兼知,而知不可兼行"(《尚书引义》)。

再次,阐述形而上与形而下的关系:两者统一于物质,即器,以有形有象的具体事物作为前提;两者也并不是断裂的存在。形而上并不是无形玄妙的,它是在有形的基础上的存在,正因有形的存在才有形而上的存在,无形则无形而上。形而上与形而下的差异性只在于,形而下是以具体的事物作为显现的存在,而形而上则是形而下的内部蕴含的义理,正因为有形而下的存在,形而上才得以显现,形而上不是独立自有的存在,否则只能是一个空名罢了。在此,王夫之批判了程朱理学对于"形而上者谓之道,形而下者谓之器"的理解——形而上的"道"的世界与形而下的"器"的世界并不是一个世界,形而上是超时空的永恒的存在,形而下是具体变化的存在,两者是作为断裂的存在。

最后,批判佛道思想,强调实有性。批判佛家主张"道在寂",万事万物复归寂灭,唯有彼岸世界才是永恒的存在,进而舍离现实社会,是自私以脱人伦日用,乃"一叶障目",即人若不存,则道存何意;人若不与物而悟道,则何以得道;批判道家"道在虚",主张虚非无,虚乃实,是气之量,亦是器的存在,即无实在器物,又怎知虚,又怎知内在之道,故当不以虚为道也。

王夫之的思想批判了当时的虚无之风,将儒学重归现实,解释现实的世界,并且阐释了丰富的唯物主义辩证法思想,具有先进启蒙的意义,其政治观点对于后来戊戌变法等改革提供了理论基础,同时也完成了宋明理学的最终批判终结,为清代实学奠定了现实的基础。

【经典背诵】

1. 天下惟器而已矣。道者器之道,器者不可谓之道之器也。
2. 无其器则无其道,人鲜能言之,而固其诚然者也。
3. 形而上者,非无形之谓。既有形矣!有形而后有形而上。
4. 器而后有形,形而后有上。无形无下,人所言也。无形无上,显然易见之理,而邪说者淫曼以衍之而不知惭。
5. 形而上者谓之道,形而下者谓之器,统之乎一形,非以相致,而何容何舍乎?

【思考题】

阐释王夫之对于道与器的关系的看法。

《四存编》

【作品简介】

颜元,字易直,又字浑然,号习斋,河北博野人,生于明思宗崇祯八年(公元1635年),卒于清康熙四十三年(公元1704年)。其父颜昶自小被过继于蠡县朱姓做养子,后于颜元4岁时,世传其父被掠走去往关东,自此杳无音讯;其母于颜元12岁时改嫁他人,颜元原名朱邦良,从其养祖父母生活。其8岁至12岁从学于吴持明,学习医道与武艺,19岁考中秀才,20岁因朱家没落而以"耕田灌园"为主要生活来源,后攻读经世之学,遂废举业;24岁开设私塾,教书而终身不仕,39岁养祖父逝世,颜元认祖归宗复归其姓,晚年主持漳州书院,后因洪水而归家;康熙十八年(公元1679年),李塨,字刚主,号恕谷,受学于颜元,为颜元的大弟子,两人创立清初"颜李学派",因颜元不重著述,故李塨传其思想,使之为人知,继承颜元"理在气中""性善"以及注重"习行"的方法,并改良颜元"格物"主张"学(格)—知—行"的结合,即知识与实践的结合,重视间接经验,但未实现颜元"实学"思想,为当世清代考据之风而染,以重考据为主,故言"颜先生以身任天下万世之重,卒而寄之我。我未见可寄者,不得已而著之书,以俟后世"。(《李恕谷先生年谱》)

其思想发展丰富,24岁始习读陆王心学思想,"以为孔孟后身也,从之直见本心,知行合一"(《习斋记余》卷六),故自名其斋为"思古斋",以表慕先圣之情,作《存治编》;后26岁习读《性理大全》而信程朱理学,于其养祖母去世时,秉朱子《家礼》之说,几近丧命,乃明《朱子家礼》有违人道而考察《周礼》,见多处有所出入,故废弃程朱陆王之学,而见孔子曾言"学而时习之"与"性相近,习相远"之语而改"思古斋"为"习斋",自此以批判程朱陆王之学,阐自身实学思想,而著《存性编》《存人编》《存学编》加之《存治编》的"四存编",《朱子语类评》《四书正误》《习斋记余》等。

颜元以"实学""实用""实文"为核心的"实"贯穿其思想。其批判程朱理学"理在气外",而主"理即气",延伸"性"之谈,言不分天命之性与气质之性,皆为善也,只为外物染;主张以主静为核心与"习行格物"的工夫论;在政治上以奉先王之道,主功利主义的实用思想,具有历史倒退性;教育思想主"宁粗而实,勿妄而虚"。故梁启超在《中国近三百年学术史》言:"其所树的旗号曰'复古',而其精神纯为'现代的'。其人为谁?曰颜习斋及其门人李恕谷。"

【原典选读】

一

程子云:"论性论气,二之则不是。"①又曰:"有自幼而善,有自幼而恶,是气禀有然也。"朱子曰:"才有天命,便有气质,不能相离。"而又曰:"既是此理,如何恶,所谓恶者,气也。"可惜二先生之高明,隐为佛氏六贼②之说浸乱,一口两舌而不自觉!若谓气恶,则理亦恶,若谓理善,则气亦善。盖气即理之气,理即气之理,乌得谓理纯一善而气质偏有恶哉!

譬之目矣:眶、疱、睛③,气质也;其中光明能见物者,性也。将谓光明之理专视

---

① 论性论气,二之则不是:语见《二程集·程氏遗书》卷六"论性不论气,不备;论气不论性,不明。"性,指天命之性与气质之性;二之,将两者截然分开。

② 六贼:佛家以色、声、香、味、触、法六尘为六贼。六尘通过六根(眼耳鼻舌身意),能夺一切善法,故称六贼。程朱认为人的感觉欲望即气质之性能泯灭天理,使之不能展现天命之性之善,而为人之恶。

③ 眶:眼眶。疱:音pào,通"疱",指皮肤上的疙瘩、水疱、火疱一类,这里指眼的突出部分。睛:眼球。

正色,眂、䏦、睛乃视邪色乎? 余谓光明之理固是天命,眂、䏦、睛皆是天命,更不必分何者是天命之性,何者是气质之性;只宜言天命人以目之性,光明能视即目之性善,其视之也则情之善,其视之详略远近则才之强弱,皆不可以恶言。盖详且远者固善,即略且近亦第①善不精耳,恶于何加! 惟因有邪色引动,障蔽其明,然后有淫视而恶始名焉。然其为之引动者,性之咎乎,气质之咎乎? 若归咎于气质,是必无此目而后可全目之性矣,非释氏六贼之说而何!

孔、孟性旨湮没至此,是以妄为七图②以明之。非好辩也,不得已也。(《存性编》卷一,《驳气质性恶》)

二

仁、义、礼、智,性也;心一理而统此四者,非块然有四件也。既非块然四件,何由而名为仁、义、礼、智也? 以发之者知之也,则恻隐、羞恶、辞让、是非也。发者情也,能发而见于事者才也;则非情、才无以见性,非气质无所为情、才,即无所为性。是情非他,即性之见也;才非他,即性之能也;气质非他,即性、情、才之气质也;一理而异其名也。若谓性善而才、情有恶,譬则苗矣,是谓种麻而秸实遂杂麦也;性善而气质有恶,譬则树矣,是谓内之神理属柳而外之枝干乃为槐也。(《存性编》卷二,《性图》)

三

某为此惧,著《存学》一编,申明尧、舜、周、孔三事、六府、六德、六行、六艺之道③,大旨明道不在《诗》《书》章句,学不在颖悟、诵读,而期如孔门博文、约礼,身实学之,身实习之,终身不懈者。著《存性》一编,大旨明理、气俱是天道,性、形俱是天命,人之性命、气质虽各有差等,而俱是此善;气质正性命之作用,而不可谓有恶,其所谓恶者,乃由"引、蔽、习、染"四字为之祟也。期使人知为丝毫之恶,皆自玷其光莹之本体,极神圣之善,始自充其固有之形骸。(《存学编》卷一,《上太仓陆桴亭先

---

① 第:只。
② 七图:颜元在《存性编》用来说明气与理或性关系的七个图。
③ 三事、六府:出自《尚书·大禹谟》"德惟善政,政在养民。水、火、金、木、土、谷,惟修。正德、利用、厚生,惟和。"即三事为正德、利用、厚生;六府为金木水火土谷。六德、六行、六艺见于《周礼·大司徒》:"一曰六德,智、仁、圣、义、忠、和。二曰六行,孝、友、睦、姻、任、恤。三曰六艺,礼、乐、射、御、书、数。"

生书》)

【思想概要】

颜元的思想是以批判程朱陆王之学作为出发点,针对"理气关系",延伸至"人事"之人的"性情才关系"阐释"天地之性"与"气质之性"以对答人之善恶原因,强调"天理"的宇宙本体论与"人事"的实用论。

1. 理气关系:程朱提出"理"的形上学观点,通过"理"的赋予、气的阴阳动静作用而成之于人与物,从而形成"理"为主而"气"为从,且理是完满至善的存在,因气的动静作用以及内在具有的清浊而产生善恶混的状态,导致理与气的"支离"。颜元则提出"理在气中"即"气即理之气,理即气之理",两者相互统一而不能分离,气是形成万事万物的质料,理是形成万事万物内在的条理,理只有依附于气才能发挥作用,气是万事万物的主导,理是从属。延伸至"理事关系":程朱理学主张"知先行后",今日格一物、明日格一物,达到贯通的境界,则不需格物便可实现普遍的理的认知,最终的目的是实现"穷理",强调"事外有理""事依理存",最终将流于空虚,只为穷一不知名的理。因此颜元主张无事外之理,理即在事中,只有见理于事,才能达到彻上彻下的境地,即"见理以明而不能处事者多矣。有宋诸先生便谓还是见理不明,只教人明理。孔子则只教人习事,迨见理于事,则已彻上彻下矣,此孔子之学与程朱之学所由分也"。最终"理气关系"与"理事关系"的统一实现体用一致,即"理即气""理即事",行事于气与事,即用处自见体,落实于具体的事物。

2. 性情才:程朱理学以理与气的分离以及理为至善而气为善恶混,从而阐释现实的人性的善恶存在的原因。理正是由于气而形成万物,在人与物产生之前便在理气内部存在善恶的差异,颜元主张内部存在恶的来源,为何气为恶而理不被渲染为恶,在理气内部便存在善恶的断裂,则自然无"气质之性"与"天命之性"的差异,进而主张正是气质而产生万物,则"天命之性"与"气质之性"皆是天道,只存在"气质之性",且性本身的属性也是至善的存在,不存在恶,人的差异只是气质的程度存在差异,并不在属性的差异,即"理、气俱是天道,性、形俱是天命,人之性命、气质虽各有差等,而俱是此善;气质正性命之作用,而不可谓有恶"。对于恶的来源,则是外在环境的影响,即"引、蔽、习、染",并不是先天固有的,即孔子所言"性相近,习相远",给予了人改善自我性恶的可能性。此外,他将"性情才气"统一起来,强调人的性是通过情与才而表现的,情是性的外在表现,才是性的潜能激发,性、情、才是建立在气质的基础上而产生与作用的,因此主张非"气质之外有理",只是气质。

3. 习行格物:既然人的性恶产生的原因是外在环境的影响,则恶在人身上具有暂时性与非本真性,那么便存在改恶为善的可能性。程朱理学主张"格物致知"以及"主静"之方以达到穷理而明善之道,进以涵养保持;陆王心学则是主张"致良知"与"主静"之方,虽主知行合一,其实只是心上实践非真实践。而颜元批评道学家"洞照万象,昔人形容其妙,曰镜花水月,宋明儒者所谓悟道,亦大率类此。吾非谓佛学中无此意也,亦非谓学佛者不能致此也,正谓其洞照者无用之水境,其万象皆无用之花月也"。(《存人编》卷一)因此,一方面,他提出要"尽性",即"吾愿求道者,尽性而已矣"。(《存人编》卷一)另一方面,则主张"习行格物",反对文字训诂以及一味地读书,主张真正的道不在文辞章句中,只知读书而不知行之有道,"任读几百遍礼书,讲问几十次,思辨几十层,总不算知"。(《四书正误》卷二)因此,他主张亲身实践,即现实地投入行事当中,以"六艺"为主,亲身接触事物进而了解事物内在的"理",获得事物的直接经验,而反对间接经验,从而获得人内在"六德"以及外在处事"六行"的统一,颜元主张切实的现实实践,强调对于事情处理的实用性与现实性。但是在知上片面地主张直接经验与感官知觉上的经验,容易产生偏差,亦容易流于无知之行;其在政治上,亦是顺应先王之道,但是片面地强调运用当时的"井田制"等制度,不符合现实的状况,是一种历史的倒退。

总之,颜元以现实的实用、实文、实行的现实主义以及重新回归古圣贤根本之道,具有丰富的唯物主义思想,对于当时的空虚流弊之风给予必然的针对方法,因此具有很强的实践性,但他的人性论仍然是一种先天的偏向。

【经典背诵】

1. 盖气即理之气,理即气之理,乌得谓理纯一善而气质偏有恶哉!
2. 仁、义、礼、智,性也;心一理而统此四者,非块然有四件也。
3. 是情非他,即性之见也;才非他,即性之能也;气质非他,即性、情、才之气质也;一理而异其名也。
4. 理、气俱是天道,性、形俱是天命,人之性命、气质虽各有差等,而俱是此善;气质正性命之作用,而不可谓有恶,其所谓恶者,乃由"引、蔽、习、染"四字为之崇也。
5. 期使人知为丝毫之恶,皆自玷其光莹之本体,极神圣之善,始自充其固有之形骸。

【思考题】

1. 阐释颜元是如何批判"气质性恶"的。
2. 解释"习行格物"。

《龚自珍全集》

【作品简介】

龚自珍,字璱人,号定庵,一名易简,字伯定,又名巩祚,浙江仁和(今属杭州)人,生于清乾隆五十七年(公元1792年),卒于清道光二十一年(公元1841年),享年50岁。其家室显赫,出生于官宦之家,其祖父与父亲皆在礼部为官,而母亲则是当时著名的汉学家段玉裁的女儿。因此,自幼随其祖父学习文字训诂考据之学,继承祖父学问;清王朝已经处于衰落之际而在后期发生鸦片战争,使得社会危机尖锐,故注重经世致用之学,后受清代经文家刘逢禄等人的影响,研究《春秋公羊传》"微言大义"而归今文经学,进以"贯穿百家,究心经世之务";后期还从学于江铁君等人学习佛学,信奉天台宗。

其政治思想深刻,于26岁中举,后多次参加进士考试而不中,于27岁应会试中式第九十五保,然于殿试举策虽惊公卿却因"书法不合格式"而屈居三甲第十九名,赐同进士出身却未登翰林院,在朝廷任内阁中书、宗人府主事、礼部主事祠祭祀行走等官,皆为"冷署闲曹";但在此期间,积极结识林则徐、魏源等爱国志士,形成19世纪中期的地主阶级改革派。一方面,主张变革社会,认为社会分为"治世""衰世""乱世"而清王朝正处于由盛转衰之间,故揭露封建制度的腐朽以及官员的贪腐,进行自我改革,但是其改革思想只是吸收历史经验,并且更多的是改良,强调统治阶级自上而下的渐进式的改革;另一方面,主张严禁鸦片,坚决抵制西方资本主义侵略,故上书《送钦差大臣侯官林公序》于林则徐,提出禁烟的十个建议,形成"银价平,物力实,人心定"的局面,却不被重用。道光十九年,48岁的龚自珍愤然辞官归乡,于途中作《己亥杂诗》,并且形成自己的诗歌一派"龚派",于江苏丹阳云阳书院、杭州紫阳书院讲席,最终逝于江苏丹阳云阳书院。其思想针砭时弊,关注现实政治的状况,曾著《明良论》《乙丙之际箸议》《壬癸之际胎观》《平均篇》等编入《龚自珍全集》，积极应对当世政治腐朽、外资侵入以及思想只重考据、程朱理学僵化之风，强调改革以应新道。

晚清时期，传统学术面临两种情境：一是固守传统思想的地主阶级顽固派；一是以西方经验重塑中国哲学以经世致用的地主阶级改革派。龚自珍是早期经世派的主要人物，是中国近代第一个提出改革的人，以"一事平生无龁龁，但开风气不为师"的信念，促进了思想解放，梁启超在《清代学术概论》中言："光绪间所谓新学家者，大率人人皆经过崇拜龚氏之一时期，初读《定庵文集》，若受电然。"

【原典选读】

一

"天地，人所造，众人自造，非圣人所造。圣人也者，与众人对立，与众人为无尽。众人之宰，非道非极，自名曰我。我光造日月，我力造山川，我变造毛羽肖翘①，我理造文字言语，我气造天地，我天地又造人，我分别造伦纪。"

二

"心无力者，谓之庸人。报大仇，医大病，解大难，谋大事，学大道，皆以心之力。"

"心尊，则其官尊矣；心尊，则其言尊矣。官尊言尊，则其人亦尊矣。"

三

"知，就事而言也；觉，就心而言也。知，有形者也；觉，无形者也。知者，人事也；觉，兼天事言矣。知者，圣人或与凡民共之；觉，则先圣必俟后圣矣。"

四

龚子之言性也，则宗无善无不善而已矣，善恶皆后起者。夫无善也，则可以为桀矣；无不善也，则可以为尧矣。知尧之本不异桀，荀卿氏之言起矣；知桀之本不异尧，孟氏之辩兴矣。为尧矣，性不加菀②；为桀矣，性不加枯。为尧矣，性之桀不亡

---

① 肖翘：细小能飞的生物。
② 菀：音 yù，茂盛的样子。

走;为桀矣,性之尧不亡走。不加菀,不加枯,亦不亡由以走。是故尧与桀互为主客,互相伏也,而莫相偏绝……告子曰:"性无善,无不善也。"

五

"情孰为畅?畅于声音。……人之闲居也,泊然以和,顽然以无恩仇;闻是声也,忽然而起,非乐非怨,上九天,下九渊,将使巫求之,而卒不自喻其所以然。畴昔①之年,凡予求为声音之妙蓋②如是。……凡声音之性,引而上者为道,引而下者非道,引而之于旦阳者为道,引而之于暮夜者非道;道则有出离之乐,非道则有沉沦陷溺之患。虽曰无住,予之住也大矣,虽曰无寄,予之寄也将不出矣。"

【思想概要】

龚自珍的哲学思想是在清末已经处于"衰世"之时,针砭时弊,提出导致封建王朝衰落的原因是"贫富不均"与"封建官僚的腐朽",主张渐进的改革。经济上实行"平均"论,但是并不是完全的每个人的平等,而是实现有阶级的地权平等,而改革的实现需要"王心",主张君主应该拥有一颗公平的心,从而实现自上而下的改革。虽然龚自珍具有改革的先进思想,但是还是依赖于封建君主,体现了封建制度的落后性。

在宇宙论上,他主张一种绝对的"我"。世界万物是人创造的,而人的产生是"众人"的创造,众人并非是每一个自我的创造,而存在一个并非像道一样绝对玄妙、无法认知的客观外在的存在,是每一个个体的自我的抽象化,即抽象的整体化概念,以此作为世界的第一原理,进而使得万事万物、语言、秩序等平常的事物具有先验的规定性,实现创造主体的内在化,具有突出的唯意志论以及主体色彩,从而肯定人的自我性。一方面肯定了自我的独立性,另一方面肯定了因自我而自私的合理性,批判了程朱理学寻求外在的"理"创造万事万物的思想。世界的本原是"我",实现"我"的运转的是"心"的作用,即心的精神力量,强调心是事的主导力量,当心的力量足够时,人才能完成事物,实现事物的成功;当心没有力量,不发挥作用时,则只是一个愚人,无法导致事物的成功。他主张发挥自我的主观能动性,实现

---

① 畴昔:以前,往昔。
② 蓋,音 hé,通"盍",何。

从依赖、追求于客观外在的"理"到激发、顺从于内在的"我"的自我的觉醒,实际上是一次从封建专制制度下的个体自我的觉醒,但是他片面只依靠"心"的主观唯心主义的力量,反映了在实践上无法实现思想的现实性。

在认识论上,他主张"心"有"知"与"觉"两种类型。"知"是接触于客观外在的事物,从而把握事物,认识客观事物,是可以言明可见的,即有形者也;同时它也是依靠人的后天努力的,即可以通过后天学习以及思考获得认知,是任何人都具有的能力。"觉"则是一种"神悟",具有佛家色彩,它是人的主观内在的认识,是一种无法用语言外在的呈现,即无形者也。它是先天具有的神秘感觉能力,在获得上只有圣人才有资格,从而在先天上说明了"圣人"与"凡人"的不同,而"圣人"与"圣人"神秘感觉的传承是依靠"心通"的方法,具有无法认知性。在此,与佛家传承的"心印传承"相似,实现心与心之间的神秘的传承。

在人性论上,他从独立的"自我"出发,并没有采用孟子的"性善论",也没有采用荀子的"性恶论"这两个截然分明的思想。他继承了告子的"性无善无不善"的思想,但是又给予性善性恶的可能性,善恶的本身并不是人先天固有的,强调善恶的产生是后天作用的结果。以尧与桀为例,只知道尧性善的本性而不识桀,是孟子性善论的发挥;只知道桀性恶的本性而不识尧,是荀子性恶论的发挥,两者都是偏颇,主张"性无善无不善"的中道,具有佛家僧肇所言"不真空论"的中道观的意味,同时也批判程朱理学强调的"天命之性"与"气质之性",强调这是性的分离与断裂,导致善恶的绝对分明化,因此,龚自珍的思想具有圆融性。

在情的观点上,他开辟了一条新的道路,并没有继承宋明时期理学家主张"情相荡绷缊"从而批判情,而是主张反情入性的观点,提出尊情说。因为绝对自我的存在便肯定了人的内在力量的作用,则自然保存了"情"。龚自珍主张的"情"是一种超越性与现实性共存的情,是人自然而然所具有的本体意义的情。情是通过声音表现出来的,是一种通贯天、地、人的圆融的存在,是贯穿形而上、形而下世界的。而声音的产生是需要条件的:人在闲居时,内心保持和谐的状态,不存一点偏见与执着,即超越自私自利的执念,才能实现声音的贯通,达到无待的境界,情自然流通于自身。同时情具有牵引性,形而上的声音实现"无住"的状态,达到身心、内外的融合;形而下的声音实现"无寄"的状态,虽然依靠外物而内含于外物的内在自我显现的超越与现实性的结合。

总之,龚自珍的思想一方面具有先进的革命与发展的思想,以绝对的自我显示了自我的能动力量；另一方面则是吸收了佛家的思想，具有浓厚的圆融贯通性，但是也正是他的圆融性暴露了他寻求统一以及政治上封建制度的未打破性，只是依靠君主的力量的渐进式的改革。

【经典背诵】

1. 天地，人所造，众人自造，非圣人所造。圣人也者，与众人对立，与众人为无尽。众人之宰，非道非极，自名曰我。

2. 心无力者，谓之庸人。报大仇，医大病，解大难，谋大事，学大道，皆以心之力。

3. 知，就事而言也；觉，就心而言也。知，有形者也；觉，无形者也。知者，人事也；觉，兼天事言矣。知者，圣人或与凡民共之；觉，则先圣必俟后圣矣。

4. 龚子之言性也，则宗无善无不善而已矣，善恶皆后起者。

5. 情孰为畅？畅于声音。……人之闲居也，泊然以和，顽然以无恩仇；闻是声也，忽然而起，非乐非怨，上九天，下九渊，将使巫求之，而卒不自喻其所以然。畴昔之年，凡予求为声音之妙盖如是。

【思考题】

1. 阐释龚自珍的"我"。
2. 解释龚自珍的"性""情"思想。

《劝学篇》

【作品简介】

张之洞，字孝达，号香涛，直隶南皮城南三里双妙村（今属河北）人，晚年自号抱冰，生于道光十七年（公元 1837 年），卒于宣统元年（公元 1909 年），谥号文襄，晋赠太保，入祀贤良祠。家世为官僚世家，祖父张廷琛，任四库馆誊录，后任福建漳浦东场盐大使，补古田知县；其父张锳，于嘉庆十八年乡试中举，后擢兴义知府（今贵州安龙县一带）。

张之洞的政治生涯经历了教育与为官的两个阶段。道光二十九年应童子试，成为秀才;咸丰二年以顺天府应试,中举人;咸丰六年,以礼部试,为觉罗官学教习,至同治二年为文煜、毛昶熙、张之万幕府,后同治二年中得贡士,自此进翰林院,同治四年至光绪七年,从事教育应试,并在此期间加入北清流党,与张佩纶、黄体芳、宝廷并称"翰林四谏",加之刘恩溥、陈宝琛为"清流六君子";光绪七年,补受陕西巡抚,积极进行改革,并且在光绪十年转向"洋务派",主持对法事务,任两广总督,取得越南战役胜利;光绪十五年,补湖广总督,创办洋务事业:汉阳炼铁厂、湖北布纱丝麻四局、芦汉铁路、粤汉铁路等涉及工业、商业、铁路、教育、军事。

张之洞的思想保守与先进共存。早年时期,其父张锳管教森严,聘请名儒教授"乾嘉老辈诸言",师从何养源、胡林翼等,深学四书五经,以究孔孟之道;后受洋务派以及戊戌变法的影响,主张"中学为体,西学为用",积极学习西方思想与先进的技术,促进封建统治的发展。因此,他的思想,一方面以维护封建专制统治为主,具有保守性;另一方面,积极变革、学习西方,以实现"师夷长技以制夷",具有先进性。其著作有《书目答问》《輶轩语》《劝学篇》《广雅堂诗集》等。

《劝学篇》是张之洞提出"会通中西,权衡新旧"的思想,以"《内篇》务本,以正人心,《外篇》务通,以开风气"的结构,一方面反对封建地主阶级顽固派固守中国传统"因噎而废食"以及"不知通则无应敌制变之术";另一方面反对戊戌变法运动过分西化,触动我国封建君主专制而主张君主立宪制,即不知本则有菲薄名教之心。

【原典选读】

《正权第六》

今日愤世疾俗之士,恨外人之欺凌也,将士之不能战也,大臣之不变法也,官师之不兴学也,百司之不讲求工商也,于是倡为民权之议,以求合群而自振。嗟乎!安得此召乱之言哉。

民权之说,无一益而有百害,将立议院欤?中国士民至今安于固陋者尚多,环球之大势不知,国家之经制不晓,外国兴学立政、练兵制器之要不闻,即聚胶胶扰扰之人于一室,明者一,暗者百,游谈呓语,将焉用之?且外国筹款等事重在下议院,立法等事重在上议院,故必家有中资者乃得举议员。今华商素鲜巨资,华民又无远志,议及大举筹饷,必皆推诿(wěi)默息,议与不议等耳,此无益者一。

将以立公司,开工厂欤?有资者自可积股营运,有技者自可合伙造机,本非官法所禁,何必有权?且华商陋习,常有藉招股欺骗之事,若无官权为之惩罚,则公司资本无一存者矣。机器造货厂无官权为之弹压，则一家获利，百家仿行，假冒牌名，工匠哄斗，谁为禁之？此无益者二。

将以开学堂欤？从来绅富捐资，创书院，立文学，设学堂，例予旌奖，岂转有禁开学堂之理，何必有权？若尽废官权，学成之材既无进身之阶，又无饩廪①之望，其谁来肯学者？此无益者三。

将以练兵御外国欤？既无机厂以制利械，又无船澳以造战舰，即欲购之外洋，非官物亦不能进口，徒手乌合，岂能一战？况兵必需饷，无国法岂能抽厘捐②，非国家担保岂能借洋债？此无益者四。

方今中华诚非雄强，然百姓尚能自安其业者，由朝廷之法维系之也。使民权之说一倡，愚民必喜，乱民必作，纪纲不行，大乱四起，倡此议者，岂得独安独活？且必将劫掠市镇，焚毁教堂，吾恐外洋各国必藉保护为名，兵船、陆军深入占踞，全局拱手而属之他人，是民权之说，固敌人所愿闻者矣。"或谓朝廷于非理要求，可诿之民权不愿，此大误也。若我自云国家法令不能制服，彼将自以兵力胁之。"昔法国承暴君虐政之后，举国怨愤，上下相攻，始改为民主之国。我朝深仁厚泽，朝无苛政，何苦倡此乱阶，以祸其身而并祸天下哉？此所谓有百害者也。

考外洋民权之说所由来，其意不过曰国有议院，民间可以发公论、达众情而已，但欲民申其情，非欲民揽其权。译者变其文曰"民权"，误矣。"美国人来华者，自言其国议院公举之弊，下挟私，上偏徇，深以为患。华人之称美者，皆不加深考之谈耳。"近日摭（zhí）拾西说者甚至谓人人有自主之权，益为怪妄。此语出于彼教之书，其意言上帝予人以性灵，人人各有智虑聪明，皆可有为耳，译者竟释为人人有自主之权，尤大误矣。泰西③诸国，无论君主、民主、君民共主，国必有政，政必有法，官有官律，兵有兵律，工有工律，商有商律，律师习之，法官掌之，君民皆不得违其法；政府所令，议员得而驳之；议院所定，朝廷得而散之。谓之人人无自主之权则可，安得曰人人自主哉？夫一哄之市必有平，群盗之中必有长，若人皆自主，家私其家，乡私其乡，士愿坐食，农愿蠲④租，商愿专利，工愿高价，无业贫民愿劫夺，子不

---

① 饩廪：音 xì lǐn，古代官府发给的作为月薪的粮食，泛指薪俸。
② 厘捐：又称厘金、厘金税，晚清实行的一种通商税。
③ 泰西：旧指西方国家，明末方以智《东西均·所以》："泰西之推有气映差，今夏则见河汉，冬则收，气浊之也。"
④ 蠲：音 juān，消除、免除。

从父,弟不尊师,妇不从夫,贱不服贵,弱肉强食,不尽灭人类不止,环球万国必无此政,生番蛮獠亦必无此俗。至外国今有自由党,西语实曰"里勃而特",犹言事事公道,于众有益,译为"公论党"可也,译为"自由"非也。

若强中御外之策,惟有以忠义号召合天下之心,以朝廷威灵合九州之力,乃天经地义之道,古今中外不易之理。昔盗跖才武拥众,而不能据一邑;田畴①德望服人,而不能拒乌桓;祖逖②智勇善战,在中原不能自立,南依于晋,而遂足以御石勒;宋弃汴京而南渡,中原数千里之遗民,人人可以自主矣,然两河结寨,陕州婴城莫能自保,宋用韩、岳为大将,而成破金之功;八字军③亦太行民寨义勇也,先以不能战为人欺,刘锜用之,而有顺昌之捷;赵宗印起义兵于关中,连战破敌,王师败于富平,其众遂散。迨宋用吴玠、吴璘④为将,而后保全蜀之险。盖惟国权能御敌国,民权断不能御敌国,势固然也。曾文正⑤名为起家办团练矣,其实自与发匪接战以来,皆是募勇营、造师船,济以国家之饷需,励以国家之赏罚,而以耿耿忠义、百折不回之志气,激厉三军,感发海内,故能成戡定之功。岂团练哉?岂民权哉?

或曰,民权固有弊矣,议院独不可设乎?曰:民权不可僭,公议不可无。凡遇有大政事,诏旨交廷臣会议,外吏令绅局公议,中国旧章所有也。即或咨询所不及,一省有大事,绅民得以公呈达于院、司、道、府,甚至联名公呈于都察院;国家有大事,京朝官可陈奏,可呈请代奏。方今朝政清明,果有忠爱之心、治安之策,何患其不能上达?如其事可见施行,固朝廷所乐闻者。但建议在下,裁择在上,庶乎收群策之益而无沸羹之弊,何必袭议院之名哉?此时纵欲开议院,其如无议员何?此必俟学堂大兴,人才日盛,然后议之,今非其时也。

【思想概要】

张之洞的立场是以维护封建专制制度为前提与基础的,同时强调吸收西方先进的技术、军事等促进国家强盛,并不是根本上如戊戌变法般实现国家的整体换新、颠覆制度,进以改变整个社会的状态,即建立君主立宪制实现君民平等的自主

---

① 田畴:东汉末年隐士,初为幽州牧刘虞从事,后领族隐居,恨乌桓残杀当地士大虽欲讨伐而无实力。
② 祖逖:东晋军事家,正因依靠诸王之力而能破石勒(八王之乱)之祸。
③ 八字军:因王彦脸刺"赤心报国,誓杀金贼"而得名,后为刘锜带领,获顺昌大捷。
④ 吴玠、吴璘:宋朝继韩世忠、岳飞后的抗金英雄,在川陕战场实现抗金作战。
⑤ 曾文正:曾国藩,创立湘军,击败太平天国起义军。

性,"民权"的获得。因此,他以国家公权以及现阶段中国封建制度存在的必要性,实现统治阶级内部的改良。"劝学"并不是狭隘的教育意义上的学习知识,而是实现中西的贯通、新旧的融合,学习西方先进的知识以及技术等涉及富国、强兵的一切手段,既批判封建地主顽固派的保守性,又批判戊戌变法的过度西化,实现的是张之洞心中的"中道",从而达到内部正人心,使人民坚守中国传统,外部开风气,更新发展。

  张之洞是以反对民权而强调国家公权的作用阐述此篇的。他认为中国封建专制制度仍然是维持人心、保证人民安定的重要存在。并且,在具有了议论国事(如魏征上谏等群臣、民众议政之风)、开公司与开工厂(工商业在我国一直存在,只不过地位自古偏低)、开学堂(自古以来便有学堂建立,且国家担负其薪俸)等一系列先进功能的基础上,进一步发展学习西方,只是实现国家、民族、思想文化的进一步统一以及更新,实现张之洞认为的经济基础与上层建筑的统一。他认为民权的存在是有危害的。政治上,人民对于时势无法明确,则将以自己之偏见与他人之意见而失之对于国家的正确理解,进而开议会则导致国家颓废;经济上,人民争相逐利,国家本身便承认经商的存在,若再赋予更多的权利而无官方的限制,则导致社会经济混乱,于如今则是实现市场经济与政府调控两者的结合,具有先进性,但没有认识到现实的官方限制已经到了顶端而人民所谓的自由经商之权亦是被压抑;教育上,张之洞仍然以传统儒家所言扬名立道以显父母的目的作为学习的目标,并且强调学堂的建设是国家供养的结果。因此,他对于新式思想的学习,更多强调国家公权的控制与协调作用以及国家的决定性。正是国家权力的存在,才能维系人民生活的安定,否则将会导致"愚民必喜,乱民必作,纪纲不行,大乱四起"的混乱局面。

  权利是一个法权的概念以及法律权利与习俗权利的统一,主要是法律与习惯规范制定并赋予的权利。张之洞强调国家设立的法权的存在,他从民权在西方的解释出发,主张民权是上帝给予人民人性的灵,从而区别人与禽兽,使得人民得以获得智慧,进而可以有为,即一种做成事的能力,而不是转化为一种现实法律的权利,使人民有自主之权,即民权。因此,他主张法权是一种国家权力至上、人民无自主权利的概念,不承认法权之外还有其他权利的说法,认为国家的法权存在将会与民权产生冲突,进而产生社会矛盾,使得社会混乱与不稳定。因此,他强调的正权,是正视国家权力的作用,而破除对于所谓民权的幻想,显示了他一方面认识到国家权力稳定社会秩序,另一方面又无法冲破现实的专制制度限制的落后性。

他主张现实抵御外族的方法,是忠义的道德思想与国家权威的结合,进而强调民权与民德的矛盾冲突性,认识到人民的道德水平以及文明程度是实现国家制度运行与建设的条件。但是经济基础决定上层建筑,人民没有现实生产力的支撑,思想上层建筑的构建则必然缺乏实效。因此,张之洞主张人民如果没有相应的道德水平以及文明程度,则自然无法正确地认知现实的政治状况,则"议与不议等尔"。因为人人无知,则其言亦有所偏,"胶胶扰扰之人于一室,明者一,暗者百,游谈呓语,将焉用之"?不能现实地解决我国的政治问题。因此,他强调国家培养现实精英式人才实现国家的治理,即自然使得权力掌握在少数人手中,从而论证封建专制制度的合理性。

张之洞虽然认识到国家政权的权威的必要性以及其对于社会秩序的合理性,但是没有正确认识西方的政治制度,以曲解的方式论证民权的不合理性,总体上是实现维护封建君主专制的意义。

【经典背诵】

1. 民权之说,无一益而有百害。
2. 方今中华诚非雄强,然百姓尚能自安其业者,由朝廷之法维系之也。
3. 若强中御外之策,惟有以忠义号召合天下之心,以朝廷威灵合九州之力,乃天经地义之道,古今中外不易之理。
4. 民权不可僭,公议不可无。

【思考题】

阐释张之洞对于"国家权力"与"人民权利"的看法。

《天演论》

【作品简介】

严复,原名宗光,字几道,又字又陵,福建侯官(今福州)人,生于公元1854年(清咸丰三年十二月),卒于公元1921年,他是19世纪末资产阶级改良派的重要人物,著名翻译家与教育家。

其政治生涯具有革命性与保守性。其家世乃是中医世家，因同治五年其父去世，严复从学堂辍学，放弃科举之路；1867年考入洋务派创办的福州船政学堂，至1871年毕业后于"建威""扬武"两舰任职海军；1877年由清政府派往英国留学，学习西方先进的科学技术与学术思想；回国后，于北洋水师学堂任职总教习等职，并几次参加科举未能中第；甲午中日战争爆发失败后，严复积极宣传维新变法，主张改革以救亡图存，先后发表《论世变之亟》《原强》《辟韩》《救亡决论》等论文，积极阐述西方先进的思想，批判我国传统的"考据学""宋学""辞章之学"；1896年创立俄文馆，是中国最早的俄语学校；1897年创立《国文报》，积极宣传维新变法，并将《天演论》刊登其上；1898年，他上书《上光绪皇帝万言书》，说明维新变法的具体纲领却未能呈送；戊戌变法失败后，思想趋于保守，1902年担任京师大学堂附设译书局总办；1906年担任复旦公学校长以及安徽师范学堂监督；1910年，清廷赐文科进士；1915年成立筹安会，支持袁世凯复辟，失败后逃至天津避祸，1921年在福州辞世。

其翻译著作众多，强调"信、达、雅"的翻译原则，于1896年至1908年，翻译赫胥黎的《天演论》、亚当·斯密的《原富》、约翰·穆勒的《群己权界论》《名学》、斯宾塞的《群学肄言》、甄克斯的《社会通诠》、孟德斯鸠的《法意》、耶方斯的《名家浅说》，为"严译名著"八种。其中《天演论》的背景是当时西方能量与守恒定律、细胞学说与达尔文进化论打破宗教蒙昧盛行的时期，因此，吸收牛顿力学的理论并运用实证的科学方法、经验主义阐述世界的物质性；吸收了赫胥黎将达尔文进化论运用到社会领域，强调"物竞天择、适者生存"，自然界的动植物与社会中人与人之间是一种优胜劣汰的发展进化观，强调世界的运动发展性，但是他批判斯宾塞"任天为治"的顺应性淘汰演进，主张"与天争胜"的个人能动性发展，从而实现利用西方思想，构建了中国哲学史上第一个完全近代意义的科学宇宙论体系。因此，梁启超曾称赞其为"于中学西学皆为我国第一流人物"。

【原典选读】

译《天演论》自序（节选）

今夫六艺之于中国也，所谓日月经天，江河行地者尔。而仲尼之于六艺也，《易》《春秋》最严。司马迁曰："《易》本隐而之显，《春秋》推见至隐。"此天下至精之言也。始吾以谓本隐之显者,观象系辞以定吉凶而已,推见至隐者,诛意褒贬①而已。及观西人名学,则见其于格物致知之事,有内籀之术焉,有外籀之术焉②。内籀云者,察其曲而知其全者也,执其微以会其通者也。外籀云者,据公理以断众事者也,设定数以逆未然者也。乃推卷起曰:有是哉,是固吾《易》《春秋》之学也!迁所谓"本隐之显"者,外籀也;所谓"推见至隐"者,内籀也。其言若诏之矣。二者即物穷理之最要涂③术也。而后人不知广而用之者,未尝事其事,则亦未尝咨其术而已矣。

《天演论》按语
广义第二

斯宾塞尔之天演界说曰:天演者,翕④以聚质,辟以散力。方其用事也,物由纯而之杂,由流而之凝,由浑而之画⑤,质力杂糅,相剂为变者也。又为论数十万言,以释此界之例,其文繁衍奥博,不可猝译。今就所忆者杂取而粗明之,不能细也。其所谓翕以聚质者,即如日局⑥太始,乃为星气,名涅菩刺斯,布濩六合⑦,其质点本热至大,其抵力亦多,过于吸力,继乃由通吸力收摄成殊。太阳居中,八纬⑧外绕,各各聚质,如今是也。所谓辟以散力者,质聚而为热,为光,为声,为动,未有不耗本力者。此所以今日不如古日之热,地球则日缩,彗星则渐迟,八纬之周天皆日缓,久将进入而与太阳合体。而地入流星轨中,则见陨石。然则居今之时,日居不徒散力,即合质之事,亦方未艾也。余如动植之长,国种之成,虽为物悬殊,皆循此例矣。所谓由纯之杂者,万物皆始于简易,终于错综。日局始乃一气,地球本为流质。动植类胚胎萌芽,分官最简。国种之始,无尊卑上下君子小人之分,亦无通力合作之事。其演弥浅,其质点弥纯,至于深演之秋,官物大备,则事莫有同,而互相为用焉。所谓由流之凝者,盖流者非他(此流字兼飞质而言),由质点内力甚多,未散故耳。

---

① 诛意褒贬:以发念善恶、动机好坏责人。
② 内籀(zhòu):归纳法;外籀:演绎法。
③ 涂:通"途"。
④ 翕(xī):聚合、收敛。
⑤ 浑:混乱;画:分明;相剂:互相调剂、配合。
⑥ 日局:太阳系。
⑦ 涅菩刺斯:康德-拉普拉斯星云假说;布濩(hù)六合:充满整个宇宙空间。
⑧ 八纬:八大行星。

动植始皆柔滑,终乃坚强;草昧①之民,类多游牧,城邑土著,文治乃兴;胥此理也。所谓由浑之画者,浑者忧(wù)而不精之谓,画则有定体而界域分明。盖纯而流者未尝不浑,而杂而凝者又未必皆画也。且专言由纯之杂,由流之凝,而不言由浑之画,则凡物之病且乱者,如刘、柳元气败为痈痔(yōng zhì)之说,将亦可名天演。此所以二者之外,必益以由浑之画而后义完也。物至于画,则由壮入老,进极而将退矣。人老则难以学新,治老则笃于守旧,皆此理也。所谓质力杂糅,相剂为变者,亦天演最要之义,不可忽而漏之也。前者言辟以散力矣,虽然,力不可以尽散,散尽则物死,而天演不可见矣。是故方其演也,必有内涵之力,以与其质相剂。力既定质,而质亦范力,质日异而力亦从而不同焉。故物之少也,多质点之力。何谓质点之力?如化学所谓爱力②是已。及其壮也,则多物体之力。凡可见之动,皆此力为之也。更取日局为喻,方为涅菩星气之时,全局所有,几皆点力;至于今则诸体之周天四游,绕轴自转,皆所谓体力之著者矣。人身之血,经肺而合养气,食物入胃成浆,经肺成血,皆点力之事也。官与物尘相接,由涅伏(俗曰脑气筋)以达脑成觉,即觉成思,因思起欲,由欲命动,自欲以前,亦皆点力之事。独至肺张心激,胃回胞转,以及拜舞歌呼手足之事,则体力耳。点体二力,互为其根,而有隐见之异,此所谓相剂为变也。天演之义,所苞如此。斯宾塞尔氏至推之农商工兵语言文学之间,皆可以天演明其消息所以然之故。苟善悟者深思而自得之,亦一乐也。

论性第十三

宋儒言天,常分理气为两物。程子有所谓"气质之性"。气质之性,即告子所谓"生之谓性",荀子所谓恶之性也。大抵儒先言性,专指气而言则恶之;专指理而言则善之;合理气而言者,则相近之。善恶混之,三品之③。其不同如此。然惟天降衷④有恒矣,而亦生民有欲,二者皆天之所为。古"性"之义通"生",三家之说,均非无所明之论。朱子主理居气先之说,然无气又何以见理?赫胥黎氏以理属人治,以气属天行,此亦自显诸用者言之。若自本体而言,亦不能外天而言理也。与宋儒言性诸说参观可耳。

---

① 草昧:未开化的野蛮时代。
② 爱力:吸引力,化合力。
③ 三品之:董仲舒提出的圣人之性、中民之性、斗筲之性。
④ 衷:善。

群治第十六

大抵中外古今,言理者不出二家。一出于教,一出于学①。教则以公理属天,私欲属人;学则以尚力为天行,尚德为人治。言学者期于征实,故其言天不能舍形气;言教者期于维世,故其言理不能外化神。赫胥黎尝云:天有理而无善。此与周子所谓诚无为、陆子所称性无善无恶同意。荀子性恶而善伪之语,诚为过当。不知其善,安知其恶耶?至以善为伪,彼非真伪之伪,盖谓人为以别于性者而已。后儒攻之,失荀旨矣。

【思想概要】

严复的《天演论》是在我国处于半殖民地半封建时期,在谋求救亡图存道路的前提下,他吸收西方先进的思想以实现政治上批判封建专制制度、思想上批判宋学虚谈义理以及张之洞地主阶级洋务派主张的中体西用根本上维护封建制度的闭守思想,从而建构新的社会制度,实现中国自然而然地发生变革。因此,他吸收西方的自然科学成果——细胞学说、能量守恒与转化定律、达尔文生物进化论,借鉴斯宾塞主张世界是不断进化的过程的观点,以及赫胥黎发挥人的主观能动性"天人相胜"的思想批判其内部"任天而治",从而建构了宇宙观上的物质性、认识论上的经验主义与实证方法、社会变革与发展以及人的主观能动性的哲学体系,实现中国突破传统的藩篱,形成资本主义民主制度。

一、"质力相推"的科学自然观与"物竞天择"的历史进化论。他以牛顿力学以及质学作为前提,主张世界万物"始于一气",是客观存在的具有爱力、斥力的物质实体。在事物的属性上,"大宇之内,质力相推,非质无以见力,非力无以成质"(《译天演论自序》),主张世界万物是由质与力的相互作用而产生的。"质"指的是世界的物质存在,"力"指的是事物自身的运动,物质的存在是事物运动的前提,运动是事物的固有属性,两者相互作用,物质与运动是统一的,推动世界的发展,构成物质性的宇宙观;而在物质性的世界里,万事万物都遵循着"进化论"的规律,"天演者,翕以聚质,辟以散力。方其用事也,物由纯而之杂,由流而之凝,由浑而之画,质力杂糅,相剂为变者也",强调气的聚合形成物质,而分散则散落为世界中的能量,即遵循能量守恒定律,事物不会消失,只是以补偿的方式转化为另一形式。世界中的

---

① 教:宗教;学:科学。语本见斯宾塞《第一原理》。

万事万物都是从低级到高级、从简单到复杂、从分散到凝聚、从混乱到整齐的过程，他借助康德-拉普拉斯星云假说的观点：凝合的作用形成了太阳，而后随之分散形成八大行星，随着质点的发展不断地运转，而转化为世界中的能量，使得各自有序地发展变化；动植物从简单的细胞加以分化而逐渐形成器官、系统，进而形成完整的个体；人类则是从蒙昧的原始时期，逐渐地发展过渡到文明时期。以丰富的经验阐述世界万物的发展变化是不断的道理，这便是天演论。"物竞天择、适者生存"，事物的更新换代是不可避免的，而强者必然代替弱者，发展是新事物的产生与旧事物的灭亡，而严复主张的"天演论"的思想不仅适合于自然的物质世界，同样适合人类社会。强调人类社会不仅遵循社会不断发展、强者代替弱者的规律，而且人类社会与自然界最大的区别是：自然界是遵循自然而然的不断更替的规律，不具有抗争的可能性；人类社会却可以发挥自我的力量、发挥主观能动性，实现"与天争胜"的可能性。在此，吸收了柳宗元与刘禹锡的"天与人交相胜"的思想，虽然他实现的是客观规律与主观能动性的统一，但是并没有真正实现历史规律与主观能动性的结合，因为他否认事物的质变，他强调的只是量的渐进积累的改变。在此，延伸至清末的封建王朝则推动了政治的变革，批判了封建专制制度，但是也反映了他的变革具有软弱性，无法实现绝对的抗争。

二、"心体为白甘"的经验认识论。他吸收了洛克的"白板说"，主张人心是一块白板，后天的认识是由于接触事物而获得的经验，坚持了物质性的前提。一方面，在认识上，主张通过感觉器官接触事物，从而获得对于事物的认识，而在此认识是事物给予人们感觉器官的表象而形成的人的内在观念，即事物作用于人的感觉器官，人的感觉器官的差异而形成自我的感觉印象，人认识的便是在主观上形成的印象，由于人的差异性以及对于事物的认识只是表象而不能深入事物内部，从而需要实践的验证，但是他主张事物的本身是无法认识的，人们认识的只能是事物的表象，与康德所谓的物自体不可认识的"不可知论"相似。另一方面，在方法上，强调"内籀"的归纳法，"察其曲而知其全者也"，通过对于个别具体事物的认知而归纳出事物普遍的公理以及"外籀"，"据公理以断众事者也"，通过公理而形成对于个别具体事物的认知。他在方法上更加主张归纳法，因为演绎法是以一个先天存在的公理作为存在的前提，将会导致人们任意发挥主观作用，即先验论的存在。因此，他主张正因归纳法的存在实现公理的建立，才形成对于世界万事万物的认识，具有现实性。

三、"天有理而无善"的客观本性观。一方面,"理气关系"主张先有气而后有理,理依于气而发挥作用,气是运动变化的存在,形成万事万物,而人得以把握事物的规律,由此形成的"理"得以为人所用,形成认识上的主观"自然规律",进以"以理属人治,以气属天行,此亦自显诸用者言之。若自本体而言,亦不能外天而言理也"。批判程朱理学理在气先的先验性,导致只在天上空谈义理而不知现实。另一方面,"理欲关系"强调"理"是人们通过对于万事万物的体察而得到的一种客观规律,本身没有价值判断,对于善恶道德的评价是人所赋予的概念,故"天有理而无善",强调一切都是自然而然的客观性,而善恶的产生与偏向是后天环境作用的结果,即"至以善为伪,彼非真伪之伪,盖谓人为以别于性者而已"。批判程朱理学将人的性先天地分为"天命之性"为善,"气质之性"为恶,导致人性的断裂性。

【经典背诵】

1. 斯宾塞尔之天演界说曰:天演者,翕以聚质,辟以散力。方其用事也,物由纯而之杂,由流而之凝,由浑而之画,质力杂糅,相剂为变者也。

2. 所谓质力杂糅,相剂为变者,亦天演最要之义,不可忽而漏之也。前者言辟以散力矣,虽然,力不可以尽散,散尽则物死,而天演不可见矣。是故方其演也,必有内涵之力,以与其质相剂。力既定质,而质亦范力,质日异而力亦从而不同焉。

3. 赫胥黎氏以理属人治,以气属天行,此亦自显诸用者言之。若自本体而言,亦不能外天而言理也。

4. 教则以公理属天,私欲属人;学则以尚力为天行,尚德为人治。言学者期于征实,故其言天不能舍形气;言教者期于维世,故其言理不能外化神。赫胥黎尝云:天有理而无善。

5. 内籀云者,察其曲而知其全者也,执其微以会其通者也。外籀云者,据公理以断众事者也,设定数以逆未然者也。

【思考题】

1. 解释名词"质与力""内籀与外籀"。
2. 简述严复的"物竞天择"的进化论思想。
3. 阐述严复的"理气"与"性"的看法。

《仁学》

【作品简介】

谭嗣同,字复生,号壮飞,湖南省浏阳人,生于清同治四年(公元1865年),卒于清光绪二十四年(公元1898年)。其家世为封建官僚家庭,少年时受中国传统旧学的影响,信奉程朱理学,站在封建地主阶级的立场上,反对"西学";中法战争爆发后,受民族危机的影响,积极主张变法维新;中日甲午战争失败后,在实践上,游历全国各省,了解各地的社会状况,并在湖南积极主张救亡图存的道路,创立学会;在思想上,研究张载、王夫之、黄宗羲等人的思想,并在1895年与梁启超(康有为的学生)结识,并且学习康有为的变法革新思想,并自称为康有为的"私淑弟子";在1896年著成《仁学》,由主张"中学"转变为主张"西学"。在此期间,谭嗣同奉父命去南京任职候补知县,与清末佛学家杨文会结识并积极探究佛学思想,其思想后期受佛学影响浓厚。在1897年,回到湖南,与梁启超等人一起创办时务学堂、南学会、《湘报》等,积极开展维新变法运动;在1898年,奉光绪皇帝诏令入京,出任军机章京,参加康有为的新政。由于资产阶级力量薄弱与地主阶级顽固派的力量呈现明显的差距以及袁世凯的告密,维新变法运动失败。有人劝其逃走,其言:"各国变法,无不从流血而成,今日中国未闻有因变法而流血者,此国之所以不昌也。有之,请自嗣同始!"(梁启超《谭嗣同传》),因此,谭嗣同成为维新变法运动流血牺牲的第一人,并且与杨锐、林旭、刘光第、康广仁、杨深秀并称为"戊戌六君子"。

《仁学》包含三个方面的内容:一是批判传统的封建君主专制,以及三纲五常以设立君主立宪制;二是借康有为《托古改制考》以孔子为变法的主体,主张变法维新,发展近代西方思想与企业;三是形成以"以太"与"仁"为核心的宇宙万物的生成观,既具有物质性,又具有精神性,进而延伸出"平等"的"中外通""上下通""男女通""人我通",在政治上表现强调"朋友"为主的社会关系。因此,梁启超称其为"冲重重之网罗,造劫劫之慧果,其思想为吾人所不能达,其言论为吾人所不敢言,实禹域未有之书,抑众生无价之宝"。

第三部分 宋元明清哲学

【原典选读】

1. 仁以通为第一义。以太①也，电也，心力也，皆指出所以通之具。
2. 以太也，电也，粗浅之具也，借其名以质心力。
3. 通之义，以"道通为一"②为最浑括。
4. 通有四义：中外通，多取其义于《春秋》，以太平世远近大小若一故也③；上下通，男女内外通，多取其义于《易》，以阳下阴吉，阴下阳吝，泰否之类故也④；人我通，多取其义于佛经，以"无人相，无我相"故也⑤。
5. "仁"亦名也，然不可以名名也。恶名名者，故恶名；知恶名，几无仁学。⑥
6. 不识仁，故为名乱；乱于名，故不通。
7. 通之象为平等。
8. 通则必尊灵魂，平等则体魄可为灵魂。⑦
9. 灵魂，智慧之属也；体魄，业识之属也。
10. 智慧生于仁。
11. 仁为天地万物之源，故唯心，故唯识。
12. 仁者寂然不动，感而遂通天下之故。
13. 不生不灭，仁之体。
14. 不生与不灭平等，则生与灭平等，生灭与不生不灭亦平等。

---

① 以太：古希腊哲学家设想出来的一种物质性的媒介。17世纪后，西方科学家用它解释光、热传导与磁引力等现象，一度成为物理学界广泛使用的名词。20世纪初，爱因斯坦相对论建立后被抛弃。近代康有为、谭嗣同、孙中山借用"以太"概念来阐述自己的思想。康有为把"以太"与"仁""不忍人之心"等道德观念结合，谭嗣同将"以太"与"仁"解释为世界万物的本源，既具有物质性，又具有精神性；孙中山把"以太"看作物质世界的本源，不具有精神性。

② 道通为一：《庄子·齐物论》，主张将各种关系贯穿为一致的道。

③ 中外通：《春秋公羊传·隐公元年》"所见异辞，所闻异辞，所传闻异辞"。何休《解诂》"至所见之世，著治太平，夷狄进至于爵，天下远近大小若一，用心尤深而详"，指夷夏平等。

④ 上下通、男女通：《周易》以乾为阳，坤为阴，以下卦为内卦，上卦为外卦。又以乾坤比上下或男女。泰卦乾下坤上，这说明上下交通，男女内外交通。否卦乾上坤下，这说明上下不通，男女内外不通。即通则利，不通则不利。

⑤ 人我通：《金刚经》，指的是没有人我的区别。

⑥ 这句话是指仁也是名，但不能用名来命名它；厌恶用名来命名的人，所以厌恶名，知道了厌恶名，几乎也就没有了《仁学》这个名称了。在此，谭嗣同是指名则有限，欲破其限则需破名，故"几无仁学"。

⑦ 佛教以灵魂为智慧，又以众生由五蕴积集而成身(体魄)。五蕴为色、受、想、行、识。佛家要求破除五蕴，进而转成智慧，即转体魄为灵魂。

15. 生近于新，灭近于逝；新与逝平等，故过去与未来平等。

16. 有过去，有未来，无现在；过去、未来皆现在。

17. 仁一而已；凡对待之词，皆当破之。

18. 破对待，当参伍错综①其对待。

19. 参伍错综其对待，故迷而不知平等。

20. 参伍错综其对待，然后平等。

21. 无对待，然后平等。

22. 无无，然后平等。

23. 平等生万化，代数之方程式是也。② 其为物不贰，故生物不测。不贰则无对待，不测则参伍错综其对待。代数如权衡然，参伍错综之不已，必平等，则无无。

试依第十四条"不生与不灭平等，则生与灭平等，生灭与不生不灭亦平等"之理，用代数演之。

24. 平等者，致一之谓也；一则通矣，通则仁矣。

25. 凡为仁学者，于佛书当通《华严》及心宗、相宗之书，于西书当通《新约》及算学、格致、社会学之书，于中国书当通《易》《春秋公羊传》《论语》《礼记》《孟子》《庄子》《墨子》《史记》及陶渊明、周茂叔、张横渠、陆子静、王阳明、王船山、黄梨洲之书。

26. 算学即不深，而不可不习几何学，盖论事办事之条段在是矣。

27. 格致即不精，而不可不知天文、地舆、全体③、心灵四学，盖群学群教之门径在是矣。

【思想概要】

谭嗣同处在民族矛盾与阶级矛盾激化的时期，政治上封建专制统治禁锢了人民的权利，并且内在的软弱性使得中国处于衰世之时，农民起义不断，如洪秀全的太平天国运动；思想上宋明理学主张的"存天理，灭人欲"以及固守片面的"三纲五常"仍然禁锢人民的思想；经济上人民掌握的财富被君主一人所享有。因此，谭嗣

---

① 参伍错综其对待：见《周易·系辞上》"参伍以变，错综其数，通其变，遂成天下之文；极其数，遂定天下之象。非天下之至变，其孰能与于此"？指的是使错综复杂的对立面相互融合为一。

② 平等生万化，代数之方程式是也：代数方程式两两相等像天平，可是又具有各种变化，因此平等生万化。

③ 地舆：音 yú，地理学；全体：生理学。

同以批判当时的封建专制制度为出发点,吸收西方先进的制度思想,提倡以民主、博爱、平等、自由为核心的"仁学"思想,建构了新的制度体系。

首先,批判封建专制制度,即社会的不平等。他以西方资本主义"民约"的形式,主张君主的存在是人民共同推举出来,是以实现与维护人民的权利为前提与基础的。如果君主不能实现人民权利的保障,那么人民自然可以推翻现君主的统治,侧面为洪秀全的太平天国运动做了辩护,但是仍然是在保存君主的前提下进行的,因此,具有一定的封建性。在封建统治的过程中,君主通过三纲五常来构建社会秩序。他认为三纲五常是君主奴役人民,使得人民服从君主所制定的为君主服务的制度,但他承认"朋友"的关系是真正的社会关系,强调每个人的自由平等,而非等级式的绝对服从与被服从。

其次,以"以太"的宇宙生成论延伸至"仁"的思想:

一、谭嗣同继承康有为将"以太"作为万事万物起源的存在,主张世界万物都是由"原质之原"——以太构成,以太是构成雷、电等的根本存在;他吸收了王夫之的"日新论",以世界万物的变动不居作为运动的本身原因,在万事万物的运动过程中,强调矛盾的作用,推动事物的发展,即"日新乌乎本?曰:以太之动机而已矣。独不见夫雷乎?虚空洞杳,都无一物,忽有云雨相值,则含两电,两则有正有负,正负则有异有同,异则相攻,同则相取,而奔崩轰发焉"(《仁学》)。从而表现了政治上的变革精神以及辩证法思想,强调事物的发展性。

二、谭嗣同同样将世界的本原称之为"仁",转为精神性的存在,强调"仁"是万事万物生成的根本,而"以太"是形成万事万物的作用,提供物质性的条件;在"仁"的内涵上,他强调"通",即没有阻碍没有间隔,是圆融无碍的存在,亦是无待的境界,而"通"有四个方面的内容——上下通,强调上下之间本无界限,是平等的存在,体现在政治上则是打破封建等级制度,打破君与民的剥削与奴役的状态,实现人民的自主权与君民一类的平等性;中外通,强调打破中国与外国的界限,打破所谓的夷夏之别,积极进行变革,学习吸收西方先进的思想与制度,实现与世界同步的全球性,更多的是打破中国的固守状态;男女内外通,打破男尊女卑的界限,恢复妇女的权利,男女除生理上的差异,其他别无不同,实现男女平等;人我通,强调打破人与人的限制,在此,具有佛家的"无住"思想,不执着于每个人外在的不同,实现人与人的相亲相爱,相互平等,即万物一体也,强调人与人的共同性,显现了内在本性"仁"与"善"以及所形成的以"平等"为核心的大同社会,公而无私。在"仁"的特点上:仁是无待的,虽名之为"仁",但是他主张打破名所赋予的界限,从而了悟"仁"的真正的圆融性与超越性,即正是知道自己讨厌命名,则无所谓名的限制,也就无所谓仁的名,表现了它的相对性以及绝对的无碍的统一的根本性存在;仁是寂然不动的,它是永恒完满的存在,贯穿于时间与空间的超越性;仁是不生不灭绝对的存在,生是仁的形态、灭是仁的形态、不生是仁的形态、不灭是仁的形态,万事万物皆是仁的内在,则万事万物统一于仁而又实现生灭与不生不灭的平等,体现在时间上,过去、将来、现在皆是现在的"仁"。

三、实现"仁"得以通达的方法:(1) 破相待。谭嗣同主张破除"名"所赋予仁的界限,打破界限,实现仁的贯通性与完满性。"相待"即一切的矛盾对立,他虽然承认万事万物的发展变化以及其内在矛盾对立性的推动作用,但一切都是在仁的统一贯穿基础上的,体现在社会思想上,则是打破传统的纲常礼教与名教的束缚,从而打破等级,实现人与人之间的平等。因此,消除了一切的界限,便无所谓上下、人我等的区别,强调了事物的相对性,进而一切平等;达到"无无",即无所谓无,一切都是本然的样子,类似于三论宗的"二谛"的真谛的境界,同时,也显示了虚无主义的倾向,无法认知。(2) 尊灵魂。体魄是被外在的见闻等业识所迷惑的,即将外在的事物表象认知为真实的存在,因此产生偏见;而灵魂是贯穿智慧,智慧在于体悟仁,认知仁之本体。因此,如果消除人对于自我体魄的界限,实现转识成智,看破外在的事物表象,则可以转化为灵魂的存在,实现灵魂与体魄的贯穿,即平等,实现仁的体悟。

总之,谭嗣同的思想一方面实现了科学的"以太"与哲学的"仁"的有机结合,虽然具有一定的机械对应性;另一方面,则体现了"仁"的精神作用,具有一定的唯意志主义,在现实上表现了"冲破网罗"的战斗精神的形上依据。

【经典背诵】

1. 仁以通为第一义。以太也,电也,心力也,皆指出所以通之具。

2. 通有四义:中外通,多取其义于《春秋》,以太平世远近大小若一故也;上下通,男女内外通,多取其义于《易》,以阳下阴吉,阴下阳吝,泰否之类故也;人我通,多取其义于佛经,以"无人相,无我相"故也。

3. 平等者,致一之谓也;一则通矣,通则仁矣。

4. 仁一而已,凡对待之词皆当破之。破对待,当参伍错综其对待。参伍错综其对待,故迷而不知平等。参伍错综其对待,然后平等。无对待,然后平等。无无,然后平等。

【思考题】

论述谭嗣同"仁"的思想。

第四部分　康有为原著诠释研究

康有为《论语注》研究

刘　星

康有为一生处在传统与现代、保皇与革命、君主与共和之间，于动荡时代深刻思考儒学与西学、据乱与太平、大同与小康以及保国、保种与保教等问题，提出一整套解决方案从而助推中国社会完成现代转型。康有为认为要复兴中华，必须拿来先进的西学为我所用，以补益传统儒学之不足。康有为一改《论语》注疏的传统，以经世致用为旨归，以儒学与西学的双重视野诠释《论语》，开启了儒学的现代转向。在康有为看来，《论语》是内圣与外王的统一，是守约笃敬与经邦济世的统一，是修身齐家与治国平天下的统一。

康有为是中国近代重要的思想家，他生活在一个古今中西之争异常激烈而又胜负未定的时代，是那个时代，最深刻体会这些冲突，而又企图站在儒家立场上"以儒化西""以夷变夏"并给出当时之中国一整套解决方案的先进中国人。康有为改造儒学的价值在于他把对儒家经典的诠释纳入传统与现代的社会变迁的背景下并做出创造性的阐释。"康有为融通古今，兼摄中外，陶铸涵泳，以今文经学为枝干，以西学为花果，以期收到'化古昔为今务'的政治功效，带有明显的时代特色。"[①]因此，《论语注》一书集中体现了康有为试图将儒学思想与西方进化论、西学知识以及西方自由、平等、民主、博爱等政治观念有机结合。这种立足儒家本位对中西、古今文化的融合，对儒学的现代转型做出了积极贡献，也体现了儒学思想旺盛的生命力。

---

① 唐明贵.康有为《论语注》探微[J].中国哲学史,2009(2):103-111.

第四部分　康有为原著诠释研究

一、《论语注》的成书背景

维新变法失败之后,康有为不得不逃亡海外,在印度大吉岭期间系统地阐释儒家经典,其中对《论语》重新解读的力作《论语注》一书就完成于这一时期①。康有为认为进行变法改制就要剔除刘歆伪篡的古文《论语》,还原今文《论语》的本来面目,阐发春秋"公羊三世"说以及孔子改制等微言大义;"当时处于强势地位的西方文化无疑成为他的重要参照"②。他还站在中西方文化的交汇点上将西方进化论、自然科学知识以及以民主、平等、自由等思想观念为代表的政治体制纳入儒家经典体系以应对中国的社会现实,从而使《论语》一书发挥其现实救世的功能并彰显其经世致用的价值。

第一次鸦片战争之后,内忧外患的困境致使传统儒家价值体系陷入困境,西方政治、经济、文化、科学等先进知识的传入对中国传统知识分子心理造成了巨大影响,松动他们所固有的以儒家为本位的思想体系。作为儒者的康有为,面对日益僵化的清廷旧体制和当权派顽固的旧思想,希图扭转渐趋式微的清政府以寻求救国救民之道,他把目光聚焦在了西方。从史实角度来看,康有为注经的目的是经世致用,但他并不是一位纯粹的学者,而是有着强烈现实关怀和政治参与意识的政治活动家,他以西学、西政为工具对传统儒学进行改造与重构,具有积极的现实意义。为避免流血牺牲,康有为以传统儒家经典为载体,推行渐进式变法理论。"康氏逝世之时,革命不仅在继续,而且方兴未艾,一直发展到'文革'的革命高潮。当然,革命并非一无所成,但代价是何等之高。……今日不再以革命为国策,坚持改革为国策,乃是经过检验后的必然实践。康有为的渐进改革思想也应该重新评估肯定。"③

康有为今文经学的实质就是将经书上的文字与社会现实相结合,通过引申发挥并提出自己创新性的观点。在古今问题上,康有为虽然和清代今文经学大师刘逢禄一样注重孔子作《春秋》的价值和意义,但更强调孔子托古改制的内容。在中西问题上,他的具体做法是"援西入儒",重视对西方自然科学和社会科学的引进,试图利用西方"新法""新学"以改变中国落后挨打的现状。因此,康有为继承了晚

---

① 注:1898年戊戌变法失败之后,康有为的主要著作有:《中庸注》(1901)、《孟子微》(1901)、《礼运注》(1901)、《春秋笔削大义微言考》(1901)、《大学注》序(1902)、《论语注》(1902)等。
② 柳宏.康有为《论语注》诠释特点论析[J].广东社会科学,2008(6):99-105.
③ 汪荣祖.康章合论[M].北京:中华书局,2008:127.

清以来"今文经学"的传统,旨在阐发不同阶段需要实行不同的管理模式以推行其变革改制思想。康有为用"援西入儒"的方式开启了儒学复兴的新模式,"康有为致力于寻觅即便是在非西洋社会也通用的人类普遍价值,致力于保存民族文化中超时空的价值要素,并通过近代精神对之进行重构或再解释"①。康有为的意图是利用西方的"新法""新学"对儒家的价值取向做出诠释并整合出一套具有中国近代文化形态的新儒学体系。

二、《论语注》援"西学"对儒学的重构

西方国家强大的根本原因是工业革命,而工业革命的原动力又是自然科学的发展,而进化论思想作为一种全新的世界观和方法论对西方国家的发展起到至关重要的作用。有鉴于此,康有为利用西方自然科学知识和进化论思想对《论语》进行创造性的诠释以达到改造儒学、重铸儒学的目的。康有为利用"西学"知识对儒学进行创造,这种耳目一新的理论为死水一潭、无力自保的清政府指出了又一可行的道路:以"西学"改铸儒学,张孔学大道,以大同构想、君主立宪制度代替旧制以绘改制蓝图。从某种程度来说,这种做法既具有时代精神,又兼有民族精神的意义。

康有为企图从"公羊三世"理论中发掘"进化"论思想,不能不说是康有为的一大创获。所谓"公羊三世"说是从《春秋》经文中附会而来,历经公羊高、董仲舒与何休等几代人的发展而臻于成熟。及至康有为,他糅合西方进化论思想对其进行创造性的改造,最终发展成为独具特色的康氏"公羊三世"说,使之成为指导其变法、改制匠心独运的历史进化论体系。

(一) 西方进化论与公羊三世说的融合

康有为对《论语》的解读不求圆融,但求经世致用。他认为,宋之后《论语》作为四书之一被列为六经之上,是一种退而求其次的历史结果,因为宋儒忽视了"微言大义"的阐发,其价值一直隐而未发,并没有将其本身的义理放在突出重要的位置。"其为一家之学说,而非孔门之大全,亦可知矣。"②康有为撰《论语注》的目的是"正伪古之谬,发大同之渐"③。因此,康有为写作《论语注》之时,已经深谙"公羊三世"

---

① 朱忆天.康有为的改革思想与明治维新[M].上海:上海人民出版社,2011:239.
② 康有为.康有为全集(第六集)[M].姜义华,等校.北京:中国人民大学出版社,2007:377.
③ 康有为.康有为全集(第六集)[M].姜义华,等校.北京:中国人民大学出版社,2007:379.

说的精髓,加之他对西学的系统研究以及受到赫胥黎《天演论》的影响,贯索微言大义成为他阐发其治世思想的前沿阵地。

在《论语·为政》篇关于"十世可知也?"的子张之问中,康有为对其进行了出色的发挥:"三十年为一世。损,减也;益,饶也。《春秋》之义,有据乱世、升平世、太平世。"①康有为首先为《春秋》"三世"说张目,紧接着又说:"夏、殷、周者,三统递嬗,各有因革损益,观三代之变,则百世之变可知也。"②在这里,康有为对《论语》的解读与《孔子改制考》所坚持的孔子改制思想是一致的。他通过贬抑"曾子之学,专主守约"③,试图在《论语》中为孔子倡导变法改制寻求历史依据,进而为其制度变革与社会改良提供理论支撑。康有为认为《论语》一书,"其经文以鲁《论》为正,其引证以今学为主"④,这里的"今学"实指公羊学。而康有为的实际用意则是试图借助"公羊三世"说与《礼运》之"小康""大同"相糅合实现中西文化的对接。

《论语·八佾》中"林放问礼之本。子曰:'大哉问!礼,与其奢也,宁俭;丧,与其易也,宁戚'"一段,康有为对孔子的回答予以创造性的释读,随着人类文明的不断发展,乱世之奢将不断滋生,文明就会遭遇困境。"文明既进,则乱世之奢,文明以为极俭。"⑤康有为得出结论:孔子乃"文明""进化"之王。此处又是康有为以西洋之"进化"之说来释读《论语》的典范。《论语·述而》:"子钓而不纲,弋不射宿。"⑥其本意是:孔子对于垂钓、捉鸟等狩猎活动一直主张不能竭泽而渔。⑦ 这里本来凸显的是孔子"仁"的主张,"盖进化有渐进,仁民有渐进,爱物亦有渐进"⑧,康有为依然借用西方进化论、平等之说予以释读。

《论语·八佾》:"君子无所争,必也射乎!揖让而升,下而饮。其争也君子。"孔子的本意为君子没有什么东西是一定要相争的。譬如比箭,两强相争,参加比赛的双方先相互作揖之后进行公平竞争,赛完之后还是朋友可以一起喝酒。《论语注》

---

① 康有为.康有为全集(第六集)[M].姜义华,等校.北京:中国人民大学出版社,2007:393.
② 康有为.康有为全集(第六集)[M].姜义华,等校.北京:中国人民大学出版社,2007:393.
③ 康有为.康有为全集(第六集)[M].姜义华,等校.北京:中国人民大学出版社,2007:377.
④ 康有为.康有为全集(第六集)[M].姜义华,等校.北京:中国人民大学出版社,2007:379.
⑤ 康有为.康有为全集(第六集)[M].姜义华,等校.北京:中国人民大学出版社,2007:395.
⑥ 说明:《论语注》为"子钓而不网,弋不射宿。"在这里应该是笔误,《论语·述而》篇原典是"子钓而不纲,弋不射宿。"
⑦ 杨伯峻.论语译注[M].北京:中华书局,2006:84.
⑧ 康有为.康有为全集(第六集)[M].姜义华,等校.北京:中国人民大学出版社,2007:431.

的解释是:"修睦为人利,争夺为人患。盖争之极,则杀戮从之,若听其争,大地人类可绝也。然进化之道,全赖人心之竞,乃臻文明,御侮之道,尤赖人心之竞,乃能图自存。"① 康有为认为,社会进化的症结源自人的争竞之心,而这种争竞之心正是人类文明发展所必需的;抵御外辱以求民族的复兴也是如此,争竞之心才是一个国家自强图存的驱动力。康有为成为用西方文明之"争竞之心",西方"进化"之适者生存、不适者被淘汰的自然进化规律来释读《论语》的典范。当然,康有为的解读一任主观,有牵强附会之嫌,《论语·阳货》"性相近也,习相远也"一段,《论语注》进行解读时,也用进化论予以说明,"圣人之教,务在进化,因人之性,日习之于善道,而变其旧染之恶习",康有为所谓的"进化"最后必可通达"人人皆成上智,而无下愚矣"②。可以说,西方的进化论思想是贯穿康有为《论语》新解的一条主线。

(二)西方自然科学与儒学的融合

康有为认为西方之所以强大的根本原因是其拥有的先进科学技术,这是其先于我们开始的工业革命使然。在《论语注》中,康有为利用西方的自然科学知识释读《论语》,以西洋之"公理""电学"与"机械学"之说对儒学加以改造以达到"援西入儒"的目的。《论语·颜渊》"樊迟问仁"一段,康有为予以了出色的发挥:"仁本为公理,人能尽公理者,无在而不可行焉矣。"③康有为在这里以西洋之"公理"之说释读儒学,强调"公理既备"的重要性,不管是"文明之邦"还是"野蛮之国","公理"皆"不可费""不可弃"。最后他还是复归于孔子之"仁",这就是康有为所谓的"仁本为公理"。

《论语·子张》有云:"子夏曰:虽小道,必有可观者焉;致远恐泥,是以君子不为也。"杨伯峻先生解释道:"子夏说到,'就是小技艺,一定有可取的地方;恐怕它妨碍远大事业,所以君子不从事于它。'"④康有为释解为:"百家众技,凡有立于世者,其中各有精妙,有可观览,凡人自可学之以致用,但若欲经世立教,致之远大。"⑤康有为强调"学以致用""经世之学"的重要性,只有如此,才能"致之远大"。"而天下之人甚多,安得尽为传教者? 但各执一技,求精致用。近世若哥白尼之天文学、斯密

---

① 康有为.康有为全集(第六集)[M].姜义华,等校.北京:中国人民大学出版社,2007:396.
② 康有为.康有为全集(第六集)[M].姜义华,等校.北京:中国人民大学出版社,2007:516.
③ 康有为.康有为全集(第六集)[M].姜义华,等校.北京:中国人民大学出版社,2007:484.
④ 杨伯峻.论语译注[M].北京:中华书局,2006:225.
⑤ 康有为.康有为全集(第六集)[M].姜义华,等校.北京:中国人民大学出版社,2007:531.

亚丹之资生学,奈端之重学,富兰克令之电学,华忒之机器,皆转移世宙,利物前民,致远甚矣。"①康有为极力推崇西方先进科学中"重学""电学"及"机器"之学的重要性,主张用西方先进的自然科学知识释读儒学。但是康有为"以儒为本"的立场一直没有改变,西方的"科学"知识只是"用",是"小道",而"孔子之大道"才是其"体",西方科学再发达也是为此"大道"服务,也凸显了康有为一以贯之的"尊孔"立场。

三、《论语注》援"西政"对儒学的改造

康有为"经世致用"的解经方式实际上是其实现《论语》自中而西进行文化勾连的理论桥梁。以"龚魏"为代表的今文经学家们对"公羊学"说深刻地影响着晚清的思想界并形成一股强劲的学术潮流。而康有为与他们的不同之处在其释读经典的宗旨是以实现政治改制为出发点,他试图借助"大同"说与"公羊三世"理论释读《论语》,可以看出康有为并非以求得学理上的突破为旨归,对政治改良的掘发才是其古经新解的落脚点。梁启超有最深切的体会:"有为所谓改制者,则一种政治革命、社会改造的意味也。"②因此,康有为将孔学与西方"自由""平等""民主""人权"以及"博爱"之说进行融合,以达到其"改制""政治革命"与"社会改造"的目的。

(一)援西方"自由""平等"学说入儒

《论语·为政》有云:"子曰:'为政以德,譬如北辰,居其所而众星共之。'"这里孔子所要表明的基本观点是:一个国家要以道德为纲进行治理的话,就会像北极星一般,其他星辰都以此为中心,环绕在其周围③。《论语注》释读为"所谓乾元用九,见群龙无首,而天下治。行太平大同之政,人人在宥,万物熙熙,自立自由,各自正其性命。"④康有为所要表达的是:人人若以大同理想为中心,则终至太平之人人向往之境,终至"自立自由"之境。康有为以西洋"自由"之说释读儒学,把儒家圣贤之学再次进行强化。

《论语·公冶长》有云:"子贡曰:我不欲人之加诸我也,吾亦欲无加诸人。"《论语注》释读为"子赣不欲人之加诸我,自立自由也;无加诸人,不侵犯人之自立自由

---

① 杨伯峻.论语译注[M].北京:中华书局,2006:225.
② 梁启超.中国历史研究法[M].石家庄:河北教育出版社,2003:348.
③ 杨伯峻.论语译注[M].北京:中华书局,2006:84.
④ 康有为.康有为全集(第六集)[M].姜义华,等校.北京:中国人民大学出版社,2007:387.

也"①以及"天演听之,人理则不可也。人各有界,若侵犯人之界,是压人之自立自由,悖天定之公理,尤不可也。子赣尝闻天道自立自由之学,以完人道之公理,急欲推行于天下"②。这里康有为以"天演"等进化论之概念来释读人之"自由"与天之"公理",为了阐释"自由",康有为用西方进化论和西方科学之"公理"予以解读。

对于西洋的"平等"之说在《论语注》中也多有提及,《论语·阳货》的"子钓而不纲,弋不射宿"部分,康有为同样用西方之"平等"之说予以释读:"愚谓天地者,生之本,众生原出于天,皆为同气,故万物一体,本无贵贱,……"③康有为认为天地是生命存在的本原,众生皆为同气,原出于天。因此,万物都是一个整体,无贵贱之分。康有为指出:"今已数千年,尚未戒杀,非徒不能不杀物,人道尚相争相杀,其去众生平等之世甚远也。"④这里康有为立足于西方的知识架构体系来释读《论语》,认为现在处于乱世之中"人道尚相争相杀",更何况是自然界的万事万物?故此,康有为认为:当前社会距离"平等之世"还有相当的差距。借西方之进化论、平等之说释读孔子,最后复归于孔学之精髓——行孔子之"仁"学以达到"人物并育而不相害,众生熙熙以登春台,乃为太平之太平,大同之大同。"⑤康有为利用西洋之"平等"之说来释读《论语》。

《论语·公冶长》有云"颜渊、季路侍,子曰:盍各言尔志?"《论语注》释读云:"盖孔子之志,在大同之道,不能行于时,欲与二三子行之。"⑥以及"故大同必老安、少怀、友信,绝去仅私其家之事,乃可成大同之道也。"⑦康有为将西洋之"平等"学说与"大同"理想相糅合,认为只有将孔子的"大同"之志渗透到生活的日用细微之处,方可通达"老安、少怀、友信"的臻美之境,这就是是康有为所谓的"大同"之道。《论语·学而》"子贡曰:'贫而无谄,富而无骄何如?'"康有为释读为:"谄,佞谀也,卑媚之容。……若不以贫屈于人,不以富加于人,完人道自立之界,而不侵犯人界。"⑧康有为赞成子贡能推己及人、尊重他人的例子旨在证明其把西方"平等"之说看成

---

① 注:《论语注》中把孔子的学生端木赐"子贡"书写为"子赣",疑为康有为的笔误。
② 康有为. 康有为全集(第六集)[M]. 姜义华,等校. 北京:中国人民大学出版社,2007:411.
③ 康有为. 康有为全集(第六集)[M]. 姜义华,等校. 北京:中国人民大学出版社,2007:431.
④ 康有为. 康有为全集(第六集)[M]. 姜义华,等校. 北京:中国人民大学出版社,2007:393.
⑤ 康有为. 康有为全集(第六集)[M]. 姜义华,等校. 北京:中国人民大学出版社,2007:432.
⑥ 康有为. 康有为全集(第六集)[M]. 姜义华,等校. 北京:中国人民大学出版社,2007:415.
⑦ 康有为. 康有为全集(第六集)[M]. 姜义华,等校. 北京:中国人民大学出版社,2007:415.
⑧ 康有为. 康有为全集(第六集)[M]. 姜义华,等校. 北京:中国人民大学出版社,2007:386.

是《论语》的应有之义,是用西方之"平等"思想建构儒学的一种努力。

(二)援西方"民主""人权"之说入儒

《论语·八佾》"子曰:夷狄之有君,不如诸夏之亡也"一段,《论语注》释读为:"此论君主、民主进化之理。……文明世人权昌明,同受治于公法之下,但有公议民主,而无君主。二者之治,皆世界所不可少,互有得失。"① 康有为以西洋之"公议""人权"与"民主"之说释读儒学,认为"君主"和"民主"皆为世界不可或缺的政权组织形式,"所不可少,互有得失"。康有为欲借西方"民主""人权"之说论证其"虚君共和"的主张,为其倡导的君主立宪制度作辩护。《论语·季氏》有云:"孔子曰:'天下有道,则礼乐征伐自天子出……陪臣执国命,三世希不失矣。'"《论语注》释读为:"由此推之,一统之君主专制,百世希不失矣。盖由乱世而至太平,则君主或为民主矣。"② 康有为在肯定君主专制的同时,也认可社会从"乱世"通达"太平"之时,"君主或为民主"的论断,这里又是康有为用西方之"民主"释读《论语》的典范。

《论语·雍也》有云:"子见南子,子路不说。夫子矢之曰:'予所否者,天厌之!天厌之!'"此句的意思是:"孔子去和南子相见,子路不高兴。孔子发誓道:'我假若不对的话,天厌弃我吧!天厌弃我吧!'"③《论语》中通篇就此一句是涉及男女关系之处,也为后人产生无限的遐想与猜测。可是《论语注》的释读却有另外一层含义:"旧俗男女相见,君夫人礼宾,如今泰西仪。……盖圣人踪迹兼于三世,故上下无常非为邪,进退无恒非离群,故曰圣而不可测之谓神。"④ 康有为认为孔子见南子是一种如"泰西"的一种男女之间再正常不过的礼仪,也透显着康有为对"男女有别"的漠视,因而也成了康有为援西洋之"人权"学说释读《论语》的注脚。

(三)援西方"博爱"之说入儒

康有为为达到援"西政"改造儒学的目的,他以孔子"仁"学思想与西洋之"博爱"思想相比附。康有为以"中学中理"为框架,以"西学""西政"为材料,用"援西入儒"的方式把西方的"博爱"思想也看成是《论语》的应有之义来重构儒家的价值取向,以整合出一套具有鲜明西方文化色彩的新儒学。

---

① 康有为.康有为全集(第六集)[M].姜义华,等校.北京:中国人民大学出版社,2007:395.
② 康有为.康有为全集(第六集)[M].姜义华,等校.北京:中国人民大学出版社,2007:512.
③ 杨伯峻.论语译注[M].北京:中华书局,2006:72.
④ 康有为.康有为全集(第六集)[M].姜义华,等校.北京:中国人民大学出版社,2007:423.

《论语·八佾》有云:"子曰:'人而不仁,如礼何?人而不仁,如乐何?'"《论语注》释读为:"盖人者,仁也,取仁于天,而仁也以博爱为本,故为善之长。有仁而后人道立,有仁而后文为生。苟人而不仁,则非人道。"①在这里,康有为认为西方之"博爱"为"仁"之本,这样就把西方的"博爱"概念和《论语》的"仁"的概念之间建立了必然的联系,用西方"博爱"之说释读《论语》。《论语·子张》有云:"子夏曰:'博学而笃志,切问而近思,仁在其中矣。'"孔子劝勉人们要博览群书,坚守自己的志向,虚心好学,关注当前的现实问题就是做到了仁德。《论语注》解释为:"孔门教人,以求仁为事。但空言博爱无私,从何下手?"②此处康有为以西方的"博爱"学说释读《论语》,虽然有些牵强附会,但其目的还是为了说明孔学之"仁"学与西学的"博爱"也有相通之处。

康有为将西方政治制度、核心价值与《论语》做比照,试图把西方政治理念注入到儒家传统价值之中,在新的时代背景下衍生出全新的内涵。从康有为在《论语·学而》篇中对"巧言令色,鲜矣仁"的解读中可以窥见他对"仁"的理解已经涉及西方"博爱"观念、佛教思想以及他的"大同"理想。强调"仁"以博爱为本,"人多惑之以为慈仁,孔子特明其非也。盖人之生直,故贵尊其德性,质直好义,自由自立"。③若是以"巧诈欺人",最终将会导向"其死则魂灵澌灭;同时处人群则大害"④的结局。从"魂灵澌灭""后世传人"等提法可以看出康有为显然吸收了佛理中"救济众生"的基本精神。康有为将"仁"与印度佛学以及西方"博爱"之学相比附,突出"博爱"的价值,塑造出大同世界的最高价值取向。因此,梁启超也曾经说:"先生之哲学,博爱派之哲学也。"⑤

(四)西方政治制度与儒学的比附

康有为在《论语注》中经常用西方的政治制度来套用孔子思想,并将孔子思想中所没有的议会制、政党制等附会到中国传统政治之中,以孔学之道与西方现存之政治制度相类比以达到以"援西入儒"的政治诉求。康有为的《论语注》吸纳诸多中国当时所不具有的新概念与新名词,诸如选举、议会制度、政党制度等。康有为的

---

① 康有为.康有为全集(第六集)[M].姜义华,等校.北京:中国人民大学出版社,2007:394.
② 康有为.康有为全集(第六集)[M].姜义华,等校.北京:中国人民大学出版社,2007:531.
③ 康有为.康有为全集(第六集)[M].姜义华,等校.北京:中国人民大学出版社,2007:381.
④ 康有为.康有为全集(第六集)[M].姜义华,等校.北京:中国人民大学出版社,2007:381.
⑤ 梁启超.南海康先生传[M].北京:北京出版社,1999:488.

阐释不仅套用西方理念、制度，还习惯性地使用中西类比的方式加以说明。因此，康有为对《论语》的重估与阐释有着强烈的时代观照性的特点。康有为把《论语·八佾》中"君子无所争，必也射乎"解释为"揖让而升者，《大射》之礼，耦进三揖三让而后升堂也"①。接着又解释道："孔子制礼十七篇，皆寓无穷之意，但于射礼见之。凡人道当御侮图存之地，皆当用之。今各国皆设议院，……两党之胜负迭进立于是。"②康有为试图把西方的议会制度与政党制度也附会为孔子的应有之意。认为"故议院以立两党而成治法，真孔子意哉！惟议院哗噪，或至殴争，此则无揖让之意"③，只有倡导孔子所言"争"的内在用意才能救西方政党之弊。因此，康有为得出结论："盖教争甚难，益服孔子立揖让之礼也。"④

《论语·子罕》篇中有"子曰：麻冕，礼也；今也纯，俭。吾从众。拜下，礼也；今拜乎上，泰也。虽违众，吾从下。"康有为指出孔子之礼："君臣对拜，以极平等之至，几过于今欧洲君臣矣。"⑤康有为亦将"管仲相桓公"与西方的政治制度相类比："霸者，有天下之别名，但未一统，革命废王如希腊之代兰得，日本之大将军耳。法之拿破仑似之，即德之该撒受封教皇，亦为霸耳。观鲁朝贡于晋，而不朝贡于周可见，盖封建之世有此体，后世无之。"⑥康有为强调西方"德联邦"等政治制度皆源自中国，以此与当时学术界盛行的西学中源论分庭抗礼。康有为对《论语·子路》篇"冉子退朝"章阐释为："政者，有所改更匡正。事者，凡行常事。盖上所施行，经国治民，曰政；下奉令承旨，作而行之，谓之事。"⑦康有为对"政"与"事"的传统解释基本上符合中国的传统，但康有为本意并不在此，"今欧人有行政官、事务官之别，出此"⑧。这是康有为基于当时较为流行的中西契合论以及西学中源说，试图把《论语》中的道理与西方政界、学界相附会，从而企图在西方的社会制度中寻找社会改良、变法的理论依据。这种释读《论语》的方式表明了中国古代经典中早已蕴含有西方现存政治制度的因子。

---

① 康有为.康有为全集(第六集)[M].姜义华，等校.北京:中国人民大学出版社,2007:395.
② 康有为.康有为全集(第六集)[M].姜义华，等校.北京:中国人民大学出版社,2007:396.
③ 康有为.康有为全集(第六集)[M].姜义华，等校.北京:中国人民大学出版社,2007:396.
④ 康有为.康有为全集(第六集)[M].姜义华，等校.北京:中国人民大学出版社,2007:396.
⑤ 康有为.康有为全集(第六集)[M].姜义华，等校.北京:中国人民大学出版社,2007:445.
⑥ 康有为.康有为全集(第六集)[M].姜义华，等校.北京:中国人民大学出版社,2007:492.
⑦ 康有为.康有为全集(第六集)[M].姜义华，等校.北京:中国人民大学出版社,2007:483.
⑧ 康有为.康有为全集(第六集)[M].姜义华，等校.北京:中国人民大学出版社,2007:483.

四、《论语注》与儒学的现代转向

多灾多难的中国遭遇"千年未有之变局",在列强的枪炮下踽踽前行。处在经济与文化转型的关键时刻,"西学""西政"等新思想与新文化不同程度地作用于中国的政治格局。深受西学思想的洗礼与启发的康有为,从小就浸润在儒家传统之中,其思想具有多元性的特点。面对世事巨变,康有为处在内忧外患的动荡时代,他是通盘思考古今、中西之争又试图把中西、古今之学融为一体并给出中国未来之药方的先进中国人。康有为一直立足于儒学本位,将"西学""西政"与儒学进行融合、比附并试图以此来改造儒学,以求儒学的现代性转型。

在康有为看来新创立的新思想要想被世人接受,最有效的方式就是回到经典"托古"以"改制",只有这样才能切实推行其政治主张以挑起挽救民族危亡的重任。从康有为的一生经历可以看出,"尊孔""尊中"是其一生的主基调。对于儒学与孔子,康有为绝非纯粹的利用,而是诚心的信奉,绝不是时人叶德辉认为的"貌孔心夷"。"康氏一直敬仰孔子,他深信真正儒学的道德效力并未被几百年来的伪经损坏殆尽,仍然可以恢复,不仅可为中国人,而且可为整个人类服务。"[1]这是萧公权先生对康有为改造儒学的肯定。对于传统文化的过分抨击会导向儒学的反面,从而导致现时与传统的割裂。但是康有为更加明白的一点是:只有正视传统,儒学才有出路。康有为对儒学的改造客观上动摇了孔子与经学的根基,但是这是儒学发展必须经历的阵痛,儒学必须脱掉神圣的外衣并回到现实中来才能重获新生。楼宇烈先生也指出:"只有正视传统,促使其自我更新,使其在现时代发挥其应有的作用,这样才有可能真正摆脱传统的束缚,而变包袱为财富,变阻力为动力。"[2]

当然在《论语注》中经常见到康有为对经典诠释的断章取义,甚至为达到政治目的不惜曲解原典而进行自我创造,这种做法虽不可取,但它跃动的是康有为作为一个解经者强烈的个体创造性。康有为的初衷是要借经典诠释来张扬自己个性,彰显其政治主张,援"西学""西政"进入中国儒家传统,以期实现"托古改制"的真实意图。在对经典的注解上,康有为为达到政治需要一任自然,这样的解经方式甚至

---

[1] [美]萧公权.近代中国与新世界——康有为变法与大同思想研究[M].汪荣祖译.南京:凤凰出版传媒集团,2007:73.

[2] 楼宇烈.借古为今乎? 恋古非今乎? ——《康有为学术著作选》编后[J].书品,1989(2).

不惜对经典进行篡改,将一己的见解塞进文本,甚至可以把《论语注》定位为一部对经典过度诠释的著作。他不可能像中规中矩的洋务派领袖张之洞那样有坚守保守主义的心智与政治德行,可以说,康有为的学说很难建立在扎实的儒家义理、学术的基础之上。他处在空前动荡的时局,时代所能给予他的空间和条件已经被极度地压缩,因此,需要对康有为予以重新审视,他的政治视野与远见卓识是时人难以望其项背的。如果说《论语注》是削《论语》之足以适己履也有其合理性,这也正是康有为的思想挑战性和历史的现实感的表现。

康有为巧妙地运用公羊学"通经致用"的学术传统,将西方自由、平等、民主、博爱、人权等政治理论以及风靡全球的进化论思潮纳入《论语》的诠释之中。通过康有为的解读,我们可以看到康有为对"我注六经"式的解经模式的纯熟应用,不仅为其维新变法思想提供理论依据,而且客观上促进了儒学的近代转型。具体表现在以下四个方面:

第一,康有为以儒学为本位,积极融会中西、古今之精华对儒家思想进行创造性转化,在整个《论语》学史和"四书"学史上颇具开创意义。身处中西文化交汇的大变革时代,康有为通过对儒家经典《论语》作注,以一种开放的文化胸怀,用今文经学通经致用思想与西学融合,将传统儒家的"公羊"学说、西方的科学知识、政治思想以及佛教思想进行有机融合。康有为的努力,对遭受灭顶之灾的儒家思想走向近现代做出有益尝试。"康有为也许可以说是近代中国尝试着使传统文化,特别是儒家孔孟学说,向近代转化、为近代社会服务的第一位探路人。"①康有为首次立足于当下,将西方近代思想观念融入《论语注》,他突破了以往儒学的解经方式,在中国经典诠释史上具有重要意义。

第二,康有为把西方进化论思想、科学知识等"西学"与中国古代的公羊三世说相结合,促进儒学与"西学"的融合。康有为对儒学的改造为中西思想的融通开辟了道路,将西方的先进思想渗透到中国新生代的知识分子中间②。康有为巧妙地

---

① 楼宇烈.康有为与儒学的现代转化[M]//中国孔子基金会.孔子诞辰2540周年纪念与学术讨论会论文集(下).上海:上海三联书店,1992:2149.
② 朱忆天.康有为的改革思想与明治维新[M].上海:上海人民出版社,2011:212."康有为的儒学改革,为贯通中西的、作为全世界普遍'公理'的社会进化论渗入中国社会,开辟了一条崭新的道路。变法运动后,特别是20世纪初,高举'优胜劣汰'法则的社会进化论,日益渗透到中国新生代知识分子中间。"

将西学引入到儒学的诠释体系之中,效仿泰西成了中国改革变法的主要目标①。康有为采用"以西化儒""援西入儒"的方法突破了"以儒释儒"所形成的日益陈旧、僵化的解经思维,将不适合近现代价值的儒学思想成分进行涤荡和整理,为传统儒学的发展开出一剂良方,更表现了儒学"苟日新,日日新,又日新"的特质与旺盛的生命力。康有为的努力不仅为传统儒学带来生机,也为儒学的未来发展指明了新的方向。

第三,康有为《论语注》的儒学建构一定程度上表明儒学"通经致用"价值指向的确立②。康有为以西方先进的文明成果为重要参照,对经典的诠释与政治文明、社会进步建立有效的勾连具有重要意义。康有为站在中西文化的交汇点上吐故纳新,将"西学""西政"纳入儒家经典体系与中国的社会现实当中,将中国固有的传统文化与西方近代政治体制建立有效的关联,这无疑对转变观念具有巨大的冲击力量,其中蕴含着极强的时代意识,而非纯学术性的思想。这种关注时局并力求改变现状的努力,由学术渐至现实的解经模式改变无疑具有积极的现实意义。

第四,康有为破除夷夏之辩,超越了华夏中心主义保守者的局限,开显了儒学的普世之学。《论语注》还体现了康有为超越了传统儒学的夷夏之辩,他已经不再有清代士大夫天朝上国的保守情结,而抵触现代文明或不愿意进入现代文明才是康有为心目中最可怕、最野蛮的"夷狄",这在一定程度上冲击了中国人根深蒂固的"夷夏之防"的传统观念。康有为"学术层面的改革没有成功,却大大促进了清末思想界的进化,间接促进了社会的转型,真可谓'失之东隅,收之西隅'"③。康有为的儒学思想一定程度体现了西方平等观念深入人心,中国开始走向世界、融入世界的一种趋势,同时也为中国文化及中国儒学的拓展开辟了道路。

五、结语

综上所论,康有为对儒学改造的四点功绩可谓"善莫大焉",它客观上促进了儒学的发展。但是我们也不可忽视这样一点:康有为《论语注》对《论语》的诠释促使

---

① 张勇.戊戌时期章太炎与康有为经学思想的歧异[J].历史研究,1994(3):24-35."他以'孔子自造'的精神,为人类社会发展设计了普遍适用的、机械的'三世'模式。在他看来处于'升平'之世的泰西文化,代表了人类社会发展目前所能企及的最高阶段。所以,仿效泰西也就成了今日中国改革变法的主要目标。"
② 刘星.康有为今文经学的"通经致用"思想[J].自然辩证法研究,2016(2):74-79.
③ 姜广辉,李有梁.康有为的经学近代化改革及其失败[J].中国哲学史,2013(2):114-122.

古老的儒学进行艰难的转型,但这种转型需要和社会的发展保持同步才具有现实意义。康有为"六经注我"的解经方式,缺乏实事求是的精神,诸如把《论语》与西方"进化""民主"等思想进行简单的、生硬的联系,显然有失客观,"康氏随任己意,有时甚至不惜改经,以便将自己的见解尽量塞进文本"①。晚年沉迷于君主立宪,对民主革命的反对,学界曾一度把他定位为时代的"落伍者"也有失公允,因为我们应该看到他为儒学付出的努力,在危难时局中,留给他的时间和空间是十分有限的,这也是他为救亡图强不得已而为之。

我们不但要成为儒学坚定的践行者,还要把握时代脉搏,正确认识、分析儒学的利弊得失,取其精华、去其糟粕,做儒学真正的传承者与发扬者。我们要"推动中华优秀传统文化创造性转化、创新性发展"②,这是习近平总书记多次强调,在十九大报告中再次申明的重要论断,也为我们文化建设事业的发展指明了方向。"一个方方面面充满争议的康有为要比更少争议的梁漱溟、熊十力或钱穆,在今天对于我们来说更有思想的挑战性和历史的现实感。"③我们不能因为康有为在学术上、政治上和道德上的不完美而对他的一切一概予以挞伐。我们要积极挖掘《论语注》中可资利用的资源,吸收、借鉴其对儒学的现代转型中积极的、有益的成分为我所用。只有这样,儒学中诸如"和而不同""己所不欲,勿施于人"以及"仁义礼智信"等核心价值才能与时俱进,同当今时代建立起有效的逻辑勾连,只有古为今用、学以致用,儒学才有更为美好的未来。

---

① 马永康.《论语》注解中的"公羊学"取向——刘逢禄《论语述何篇》和康有为《论语注》比较[J]. 孔子研究,2008(3):14-22.

② 2013年11月26日,习近平总书记在山东考察曲阜时首次提出"创造性转化、创新性发展"这一论断。对创造性转化与创新性发展问题习近平总书记也下过明确的定义:创造性转化,就是要按照时代特点和要求,对那些至今仍有借鉴价值的内涵和陈旧的表现形式加以改造,赋予其新的时代内涵和现代表达形式,激活其生命力;创新性发展,就是要按照时代的新进步新进展,对中华优秀传统文化的内涵加以补充、拓展、完善,增强其影响力和感召力。

③ 张旭.大陆新儒家与新康有为主义的兴起[J].文化纵横,2017(3):98-107.

康有为《大同书》研究

刘 星

康有为的《大同书》是对公羊"三世说"以及《礼记·礼运》篇"大同"核心思想的传承与发展,是对西方科学知识与空想社会主义思想的吸收与升华,是对佛教慈悲观、儒家仁学思想的熔铸与发展。康有为所建构的"大同之世"的社会理想是一个既有东方文化色彩,又极具世界意识的思想体系。康有为"大同"思想是中国传统文化和西方异质文化充分融合的产物,康有为"大同之世"社会理想对儒学的现代转型具有重要意义。《大同书》所建构的"大同之世"的社会理想具有浓厚的孔学色彩,它以实现社会的财产公有作为其理论的出发点,是对封建专制制度与资本主义私有制度的彻底否定与批判。由于时代的局限,康有为未能找到通往大同的道路[1],对近代以来的中国人具有重要的启迪作用。康有为所建构的"大同之世"社会理想具有一定的空想性质,但它却是连接着空想社会主义与共产主义的桥梁和纽带。康有为"大同之世"具有一定的民族主义色彩,他所谓的"大同之世"与民族主义并没有本质的区别,"大同毕竟是未来遥远的前景,救国才是目前的任务"[2]。康有为的"大同之世"的社会构想集古今中西先进思想于一体,是一种臻于完美的理想境界,充分体现了人类诸多美好的愿望与诉求。"它以传统价值理念来锚定人类社会未来的发展方向,并融合西学,呈现了一个中国式的未来社会想象。"[3]

一、康有为《大同书》的成书背景

近代中国的时局发生急剧变化,灾难深重的中国再次陷入无尽的深渊之中。面对"三千年未有之变局",一介书生的康有为所能做的只能是躲避在自家的澹如楼里苦心读经以求经世救国之方。宋明理学是儒学与佛学合流的产物,自幼饱读

---

[1] 毛泽东.论人民民主专政[M].北京:人民出版社,1960:5. 毛泽东在1949年撰写的《论人民民主专政》一文提道:"康有为写了'大同书',他没有也不可能找到一条到达大同的路。"
[2] 汪荣祖.康有为物质救国论的历史意义[J].广东社会科学,2018(4):102-111.
[3] 马永康.大同的"发明"——康有为《礼运注》析论[J].中国哲学史,2019(4):121-128.

第四部分 康有为原著诠释研究

儒家经典的康有为不仅儒学功底相当醇厚,对于佛学也有自己独到的见解。康有为知道要实现国家民族的复兴,仅仅依靠诵读经典是不行的,更重要的是要将西方的自然科学和社会科学知识为我所用才能救亡图存、报效国家。康有为认为儒家"时时以民生、国事为念"的经世致用之学固然重要,佛学也能起到训练其思想体系的作用,但西方科学的"新理"是当时的中国之学最为欠缺的,"西学甚多新理,皆中国所无,宜开局译之,为要事"①。于是康有为对佛学采取"以事出城,遂断此学"②的做法。

戊戌变法失败康有为避难印度大吉岭,此时的康有为不仅对儒家经典进行全面阐释,他还开始酝酿一部能够思考、规划人类未来等一系列重大社会问题的著作,这就是康有为撰写《大同书》的初衷。应该说,康有为的"大同境界"形成较早,但《大同书》撰写显然是在1902年之后,虽然康有为在其"自编年谱"中提及"吾既闻道,既定大同"③,但《大同书》成书于1884年前后是否属实却值得商榷④。毋庸置疑,康有为"大同之世"的社会理想显然是其维新变法思想的重要来源,也"是《大同书》组成的一个主要部分"⑤。

对大同思想由来问题,在中国古代文化典籍中,保存着丰富的"大同"思想的宝贵资源。诸如《老子》的"玄同"思想,《诗经》的"乐土"概念,《墨经》的"尚贤""尚同"政治主张以及《论语》"均无贫""和无寡"的思想主张等。儒家经典《礼记·礼运》篇对"大同"思想有过详细的描述:

> 大道之行,天下为公;选贤与能,讲信修睦,故不独亲其亲,不独子其子,使老有所终,壮有所用,幼有所长,矜寡孤独废疾者皆有所养,男有分,女有归,货恶其弃于地也,不必藏于己,力恶其不出于身也,不必为己,是故谋闭而不兴,盗窃乱贼而不作,故外户而不闭,是谓大同。(《礼记·礼运》)

---

① 梁启超.康有为传[M].北京:团结出版社,2004:101.
② 梁启超.康有为传[M].北京:团结出版社,2004:94.
③ 梁启超.康有为传[M].北京:团结出版社,2004:100.
④ 注:康有为作为近代重要的思想家,但其著作中有"倒填年月"的现象也是不争的事实,对于康有为《大同书》的成书年代本文不再赘述,可参见李泽厚:《"大同书"的评价问题与写作年代——简答汤志钧先生》,载《文史哲》1957年第9期;张玉田《关于"大同书"的写作过程及其内容发展变化的探讨——兼与李泽厚、汤志钧二位先生讨论关于"大同书"的估价问题》,载《文史哲》1957年第9期;汤志钧:《再论康有为的"大同书"——兼与李泽厚、张玉田二先生商榷》,载《历史研究》1959年第8期等文章关于《大同书》的论争。
⑤ 汤志钧.关于康有为的"大同书"[J].文史哲,1997(1):67-71.

这里描写的是一幅未来社会构想的臻美图景,也成为后世儒家文人孜孜以求的最高社会理想。康有为对"大同之世"的社会建构是在清末民初那个灾难深重的中国做出的最具天才般的设想。《大同书》的奇思妙想,在百年之后的今天仍然发挥着重要作用,诸如建立社会主义公有制,构建社会主义和谐社会以及新时代"为世界谋大同"等,曾经的"空想"已经或者正在变成现实。因此,康有为的"大同之世"的社会构想是一种有效的"乌托邦",康有为"大同之世"的理论构建影响深远,具有重要的现实意义。对康有为同时代的人来说他思想的高度无人能敌,"他的乌托邦构想极具想象力与挑战性,他足列世界上伟大乌托邦思想家之林"[①]。

就康有为而言,《大同书》一书所昭示的对民主共和的反对以及对君主立宪的推崇显然是逆时代潮流而动,这是一个不争的事实。但是也应该看到,康有为对君主立宪制的坚守显然有其特定的时代背景,就当时世界各国的政权组织形式来看,除美、法等少数国家之外,日本与西方多数国家也基本上采取君主立宪制的国家政体形式。康有为显然有自己研判时局的思维逻辑,那就是君主立宪政体下所谓的"君主"只不过是名誉上"虚君"而已,它只是维系国家统一的象征、标志而已,这就是康有为所设计的所谓"虚君共和",国家的"实权"仍然掌握在议会或者内阁手里。因此,康有为认为君主立宪制度在当时之中国是最优方案,这种渐进式的改革改良与革命的流血冲突相比,君主立宪制度实为更可行、更有效的方式。《大学》篇所谓的"周虽旧邦,其命维新"是其理论的重要来源,也是其主张维新变法和反对暴力革命的重要原因。康有为认为如果在中国推行君主立宪制度,光绪皇帝依然可以做他的皇帝,唯一不同的是当朝光绪帝仅仅是象征性的国家元首,这样既可以削弱西方列强对中国的瓜分势头,又可以避免军阀割据,陷入军阀混战的局面。

儒家思想自古有之的"大同之世"的社会构想一直是儒家知识分子、士大夫阶层矢志不移的追求。相对于《礼记·礼运》篇的"大同",康有为在《大同书》中建构的"大同之世"可以清晰地看到一个更为具体、更为丰富、更为系统甚至更为美妙的社会理想图景,而这样唯美的境界正是康有为所要实现的终极目标。要想实现这样的社会理想,仅仅停留在空想阶段是不够的,因此,康有为在苦心钻研儒家经典建构其"大同之世"的社会理想的同时,还积极涉猎西方的算学、物理、化学等自然科学。

---

① [美]萧公权.康有为思想研究[M].汪荣祖,译.台北:联经出版事业公司,1988:451.

第四部分　康有为原著诠释研究

> 经子之奥言,探佛学之卫旨,参中西之新理,穷天人之绩变,搜合诸教,披析大地,剖析今古,穷察未来。①

康有为努力想通过吸纳东传之西方科学知识补益儒学以实现其构建"大同之世"的社会理想。康有为有感于国家内忧外患的社会现实,他试图通过钻研儒家经世致用之学,借以"察古今之变""参中西之新理"以达到"穷天人之绩变"的目的。他在 1885 年"手定大同之制,名曰《人类公理》"②,1887 年"推孔子据乱、升平、太平之理,以论地球"③,都昭示着康有为一直都在为"大同之世"的社会理想而努力。他用"三统说"纵论古之先贤,用公羊"三世说"推演社会的未来,建构"大同之世"的理论建构,以实现光复中华的远大理想。

二、康有为"大同之世"的基本特质

《大同书》对"大同之世"的社会建构是以儒家思想为主体,同时熔铸了西方自然科学、社会科学知识的内涵,并广泛汲取了古今中外先进思想之精华,是一部具有中国特色的空想社会主义的理论著作。康有为所建构的"中国特色"主要体现在其"大同之世"的社会构想,它既有西方异质文化的特质,又具有强烈的儒家文化色彩。《大同书》和先秦儒家的"大同"理念有诸多相通之处,它们无一例外地都以"仁学"为核心,康有为的不同之处是充分吸收西方文化最精华的部分,试图把"仁"的思想诠释为一种"普世价值"的努力。康有为的《大同书》有以下三个层面的特点:

(一) 具有浓郁的宗教色彩

康有为"大同之世"的社会构想是世世代代中国人孜孜以求的理想社会,为处在水深火热之中的中国民众描绘了一幅人类社会未来发展的美好图景:

> 大同之世,水有自行之舟,陆有自行之车。今自行之车已盛矣,异日必有坐卧从容,携挟品物不须费力,大加速率之妙。其速率比于今者或伯千倍焉,其可增坐人数者或十百倍焉,或借电力,或炼新质,飘飘如御风焉。④

---

① 梁启超.康有为传[M].北京:团结出版社,2004:99.
② 梁启超.康有为传[M].北京:团结出版社,2004:100.
③ 梁启超.康有为传[M].北京:团结出版社,2004:102.
④ 康有为.康有为全集(第七集)[M].姜义华,等校.北京:中国人民大学出版社,2007:185.

这是康有为对西方科学技术迅猛发展油然而生的敬意,也是他对未来现代化的生活方式的憧憬与向往。康有为自幼被冠以"圣人为"的主要原因是他自认为是一个禀赋不凡之人,骨子里透着不同凡响的灵光,坚信自己能够重新发现孔学的时代价值并最终成为孔子的正宗传人。为此,他深感自己必须担负起救民于水火、引领中华民族进入"大同"盛世的神圣使命。

> 康有为生于大地之上,……又当大地之交通,万国之并会,荟东西诸哲之心肝精英而酣饮之。神游于诸天之外,深入于血轮之中,于时登白云山摩星之颠,荡荡乎其骛于八极也。①

《大同书》所建构的社会理想有两层含义:一是对现实事务关注以挽救中华民族的危亡;二是游离于现实之外,神驰于想象空间进行理论建构。而康有为更多地徜徉于两者之间,抑或是同时立足于两者之上扮演双重的角色:那就是实际的改革家以及乌托邦的梦想家。康有为在其"自编年谱"中自谓"其学30岁已成,不求大变"②,很显然这与事实大相径庭。康有为的一生经历过多次的思想转变,很多想法当亲身经历不能成行的时候,他会另辟蹊径,进而把精力倾注在另外可行的方案之上。

康有为写作《大同书》的目的是要建构一个理想社会,旨在经营天下,救民于水火。这种浓厚的宗教气氛源自他早年接受的佛教思想,但更为重要的是对于儒家思想宗教般的庄严性以及对"大同之世"笃定的坚守。但康有为也非常明白当时中国的宗教文化现状,那就是外来的基督教显然在中国更具渗透力,对于普通民众的内心也更具穿透力,康有为认为自己必须承担起这一重要使命,构建一种可以与西方基督教相抗衡的宗教力量,可以说《大同书》同时也是其孔教国教化的重要组成部分。

(二)具有西方科学元素的特质

康有为"大同之世"的社会建构经历了长期酝酿的过程,他的物质救国论的思想主张以及深厚的西方自然科学与社会科学知识是其思想体系最有特色的地方。康有为在《大同书》中所建构的"大同之世"的社会理想是西方科技文明、物质文明

---

① 康有为.康有为全集(第七集)[M].姜义华,等校.北京:中国人民大学出版社,2007:3.
② 梁启超.康有为传[M].北京:团结出版社,2004:149.

与先秦儒家"仁学"思想的道德文明高度发展的产物。这样的"大同之世"是人人平等、人人劳动的最理想的社会形态：

> 大同之人宫室皆建于公，私人几无宫室矣。盖无家则不须有室也。然智士累创新器，得赏甚多。①

凡此种种，充分说明康有为所设计的社会理想不是企图回到原始状态、古人所追求的朴素的"大同"社会，不是洪秀全所谓的天朝田亩制度，亦不是墨家所崇尚的"无差等"的绝对平均主义，而是物质文明和道德文明高度发达的社会发展形态，这样的社会形态只有在生产力高度发达，物质财富极大富有的情况下才能实现，而所有这些都必须以先进的科学技术为前提。

有感于中国特殊的社会形势，加之遍读西方自然科学和社会科学书籍，经过深入、独立的思考，康有为对古今中外的思想进行了系统的整合与升华，所有这些都为他建构"大同之世"的社会理想奠定了思想上的基础。康有为还潜心研习数学、几何学等科学知识，受此启发他著成《人类公理》一书，几经易稿最终形成了具有西方理性思维的《实理公法全书》。《实理公法全书》和《康子内外篇》两部书对康有为构建"大同之世"的社会理想具有重要作用，这两部书中康有为更多的是对道德价值与社会关系的关注，而较少涉及实际事务，特别是把"真理""原则"等核心问题放在突出重要的位置，初步形成了其乌托邦理论的基石。康有为在建构"大同之世"的社会理想的同时，依然关注社会现实，他从乌托邦的巅峰进而回归到冯桂芬、张之洞等人坚持的工业救国的道路，所有这些在其《大同书》里都有非常清晰的表达。

> "大小舟皆电运，不假水火，一人司之，破浪千里，其疾捷亦有千百倍于今者。"②
>
> "大同之世，什器精奇，机轮飞动。不可思议。"③

这些都充分说明在康有为看来现代工业水平的发展是实现"大同之世"的前提和基础，他认为中国未来的发展要以中国固有道德文明为"体"，以西方工业化道路为"用"，只有将中西方道德文明与物质文明强强联合才是中国未来发展的必由

---

① 康有为.康有为全集(第七集)[M].姜义华,等校.北京:中国人民大学出版社,2007:184.
② 康有为.康有为全集(第七集)[M].姜义华,等校.北京:中国人民大学出版社,2007:185.
③ 康有为.康有为全集(第七集)[M].姜义华,等校.北京:中国人民大学出版社,2007:186.

之路。

以工业化为基础的近代西方社会对中国自古以来根深蒂固、自给自足的农耕经济为主的传统社会而言,单就科学发展水平、工业化先进程度来说具有碾压之势,西方国家在"科学""工业""物质"的带动下,展示了其旺盛的生命力以及更为广阔的发展空间。康有为坦陈中西方的巨大差距并指出中西方差距的根源在于西方科学技术的发达。"好古,敏以求之者也"(《论语·述而》),康有为试图建构的"大同之世"的社会理想是对传统思想中"大同"思想的继承和发展,不仅凸显了其"好古""敏求"的一面,更重要的是他不再像《礼记·礼运》那样仅仅局限于从远古时代寻找梦幻中的海市蜃楼,而是立足当下,从西学、西政中汲取养料,凭借自己对西方自然科学、社会科学知识的潜心学习、深度探究,并结合独具特色的公羊"三世说"理论,构建其关于整个人类社会进化的理论体系与"大同之世"的社会理想。

(三) 具有空想社会主义的性质

戊戌变法失败之后,动荡的时局使康有为陷入万念俱灰的痛苦深渊,开始漠视这个令他迷惘的世界,进而转向一个超脱现实的领域,到达一种"无邦""无国"的臻美之境,甚至幻想一种没有道德价值判断、没有人际关系牵绊的唯美境地。康有为在1926年著成的《诸天讲》一书重在对"乌托邦"的憧憬与阐发,而其所谓的"乌托邦"不是"重建的乌托邦",而是"逃避的乌托邦"①。在印度大吉岭完成的《大同书》,是对公羊"三世说"推演的典范之作:

> "《几何公理》和"三世"说糅合在一起,创造性地发展了大同学说。后来在"万木草堂"时,他又将其一分为二,依照"几何公理"写成了《实理公法全书》,然后又用"三世说"写成了《大同书》。②

康有为也非常清楚地知道,中国的发展仅仅停留在理论、思想层面是不够的,还要依靠强大的经济基础做保障,康有为的物质救国论思想成为他建构"大同之世"的社会理想不可或缺的组成部分。"今天下车同轨,书同文,形同伦"(《礼记·中庸》第二十八章)是对理想中"大同之世"的无限向往。康有为大同思想的建构,

---

① [美]萧公权.近代中国与新世界——康有为变法与大同思想研究[J].汪荣祖,译.南京:凤凰出版传媒集团,2007:311.
② 房德邻.儒学的危机与嬗变——康有为与近代儒学[M].台北:文津出版社,1992:237.

显然具有理想的成分,在他所谓的大同理想中人类社会已经实现了世界各个种族的同化,世界不同民族、种族都生活在统一的国度里,接受统一政府的管辖,人人享有平等的权利,使用统一的语言,共享同等的精神文明,人类还可以在星际间畅游,永生不死。康有为对大同理想描写非常具体:

> 圣者因人情之所乐而乐之,则为创出世之法,炼神养魂之道,长生不死之术,以求生天证圣之果,轮回不受,世界无边。①

虽然这样的图景只是一幅粗糙的乌托邦,是一种幻象而已,但它却是《大同书》中"大同之世"社会理想的雏形。康有为从根本上表现出一种既想拥抱儒家又试图摆脱儒家思想的倾向,显然受到佛教中佛法平等和基督教所倡导的在上帝面前"人人平等"等观念影响。总之,康有为早期的"大同之世"的社会构想是融合了佛学、儒学和西方科学知识的精华,不仅是对古代"大同"思想的继承和发展,也是在新的历史形势下进行的传承与创新。

《大同书》中继承和发展了先秦儒家的朴素的"大同"思想,并且吸收了基督教、佛教以及美国作家贝拉米的空想社会主义思想的精华,描绘出了一幅华丽的乌托邦图景。康有为选择在1913年刊出《大同书》的部分篇章,其目的显然不是说社会已经到了"升平世"的阶段,而是为了配合其孔教运动不得已而为之。他旨在向世人展示一幅人类至高理想的美妙画卷作为人们心灵世界的精神依托,是想让人们相信只要信奉孔教就一定能够实现"大同之世"的社会理想,就能过上一劳永逸,殷实富足的生活。

三、《大同书》建构儒式"普世价值"的努力

十六年的海外逃亡经历以及一朝回到故土,康有为完成了"以西化儒""儒西并尊""以儒化西"三个思想阶段的转变。"儒西并尊"是康有为逃亡海外的后期思想,而1913年归国之后终归于"以儒化西"的"尊儒"立场。而康有为思想历程的转变在《大同书》也有具体的表现。

(一)"儒西并尊""以儒化西"的努力

《大同书》重在对儒式"普世价值"的阐发,无论是"西学西理"还是"中学中理",

---

① 康有为.康有为全集(第七集)[M].姜义华,等校.北京:中国人民大学出版社,2007:7.

康有为的释读原则都遵循着"合则尊之,违者抑之",其价值指向都是要达到"以儒化西"的目的。

> 诸圣群哲乃悬然焦然,思有以拯救之、普渡之,各竭其心思、出其方术施济之,而横览胥溺之滔滔,终无能起沉痼也。①

康有为怀揣着救民、救世情怀,对百姓欲"拯救之、普渡之"。因此,康有为认为只有实现"大同"才是王道,才是减少"生人之苦"的根本途径。"大同之道,至平也,至公也,至仁也,治之至也。虽有善道,无以加此矣。"②在论及"中西族制"之得失的时候,康有为认为"中国祠墓"传统、中国族制方式是世界族制的楷模。

> 夫中国祠墓之重,尊祖追远之义至美矣;其不祭祠墓者,是谓忘本,至不孝矣,而大地各文明国咸无之。③

康有为直指印度等国的风俗是"焚其先骸而无墓",相比较而言,中国在"祠墓"方面做得更好,而欧美等国家就相对欠缺。在论中国之"祠庙"时,康有为指出这是其他"万国所无"的。康有为谈及中国的"敬宗收族"之事也做得最好,中国的宗法制度是本族人所敬奉的根本,是其他西方国家所没有的。"就收族之道,则西不如中;就博济之广,则中不如西。"④康有为在这里旨在阐发中国的宗法制度完善,优势在于不忘本、不忘族,其劣势是自亲其亲。而欧美国家没有了家族的羁绊,更能够"博济之广"。"则中国长于自殖其种,自亲其亲,然于行仁狭矣,不如欧美之广大矣。"⑤中国的祭祀之制是西方国家所无法比拟的,但唯一缺失的是我们自亲其亲,在"行仁狭",不如欧美之广大,因此中西两相比较,各有所长。

康有为在《大同书》中一方面讲"西不如中",另一方面又纵论"中不如西",他主要是想表明"儒""西"各有千秋,康有为是要建构"儒西并尊"的思想格局。康有为谈及中国家庭的时候,认为一般家庭不管家境贫富,父母都是竭尽全力地养育子女让其免除饥寒、饮食得宜、衣裳保暖等,在这样的家庭中孩子都能"神明畅朗,身体

---

① 康有为.康有为全集(第七集)[M].姜义华,等校.北京:中国人民大学出版社,2007:6.
② 康有为.康有为全集(第七集)[M].姜义华,等校.北京:中国人民大学出版社,2007:7.
③ 康有为.康有为全集(第七集)[M].姜义华,等校.北京:中国人民大学出版社,2007:81.
④ 康有为.康有为全集(第七集)[M].姜义华,等校.北京:中国人民大学出版社,2007:81.
⑤ 康有为.康有为全集(第七集)[M].姜义华,等校.北京:中国人民大学出版社,2007:81.

健强,常龀诵数,童幼入学,得闻圣贤之训"①。而欧美等国虽然谈"独人自力"之说,"欧美今大发独人自力之说,然求至太平世之人格,实未能也"②。康有为认为中国以及欧美的子女教育问题,培养的都是"据乱世"的人格特征,都未能通达"太平世"的人才要求。康有为认为只有回到孔子之道,才是真正可行的发展模式,尤其是对孔子的"仁学"思想极为重视,"故仁智同藏而智为先,仁智同用而仁为贵矣"③。

(二)"中学中理"优于"西学西理"

康有为在完成"儒西并尊""以儒化西"思想转型之后,开始对"孔子之学"的"中学中理"优于"西学西理"判断的论证阐释。《大同书》一书中充斥着对"西学西理"的贬抑以及对"中学中理"的光大与发扬,可以说《大同书》是对"中学中理"优于"西学西理"阐释的典范之作。康有为在论及"老寿之苦"的时候对欧美自私自利的人性论与养老制度等进行了无情的挞伐。

> 欧美人人自立,然老而贫者,子更不养,穷独无告;老而富者,亲戚毒之以分其产,寡得保首领以没者。④

康有为认为西方社会的老人得不到善终,"是故贫贱而寿,则有沟壑断弃之忧;富贵而寿,则有死丧疾病之苦"⑤。这里康有为重在强调中华民族优秀的传统美德、古已有之的"父慈子孝"的价值观优于西洋之"人人自立""自私自利"的价值观。康有为系统阐释了西方国家一直承受着兵祸之灾,诸如埃及、巴比伦、希腊等国时战时和、争斗不止,无异于中国的春秋战国的乱世局面:

> 大破奥而割其地,且并荷兰。复以五十五万人攻俄,死者三十万。……统欧洲自罗马以还,大战八百余,小战勿论,其膏涂原野,惨状何可言耶!⑥

因此西方世界所盛赞的国家主义就是打打杀杀、尸横遍野的蛮夷世界,是自己

---

① 康有为.康有为全集(第七集)[M].姜义华,等校.北京:中国人民大学出版社,2007:90.
② 康有为.康有为全集(第七集)[M].姜义华,等校.北京:中国人民大学出版社,2007:90.
③ 康有为.康有为全集(第七集)[M].姜义华,等校.北京:中国人民大学出版社,2007:4.
④ 康有为.康有为全集(第七集)[M].姜义华,等校.北京:中国人民大学出版社,2007:28.
⑤ 康有为.康有为全集(第七集)[M].姜义华,等校.北京:中国人民大学出版社,2007:28.
⑥ 康有为.康有为全集(第七集)[M].姜义华,等校.北京:中国人民大学出版社,2007:127.

承受战乱,同时又把战争推延至其他国家的罪魁祸首。因此,他们远远落后中国传统儒家思想所秉持的"天下为公"的天下主义。康有为在《大同书·第二》中论及世界种族问题的时候指出,在百年之前的美国有数百万之巨的土著印第安人已经被白人驱赶、杀戮,所剩无几。而檀香山的土著居民也面临灭顶之灾,今亦零落为数万人,据此得出结论:

> 以此而推,今若非洲之黑人虽有万万,千数百年后皆为白人所夷灭,此天演之天可逃者也。①

康有为认为西洋人表面上高举"民主""人权""平等"的口号,但实质上却在推行种族灭绝、种族歧视政策,是表里不一的表现。康有为认为只有到了"大同之世"的时候才能达到真正的平等状态。"夫大同太平之世,人类平等,人类大同,此固公理也。然物之不齐,物之情也。"②在论及"欧美人子之薄报"时,康有为认为如今之欧美诸国自认为是文明的国度,虽然在子女教育方面较之以溺爱子女为特点的中国父母有其称道的地方,但欧美之人最突出的问题在于其"薄情"的一面,孩子一旦成家立业就基本断绝了同父母的联系。

> 父母贫病而不见侍养,人子富贵而不预欢游,父子既不同居,祖孙更如陌路。吾与欧美人游,盖未尝见有抚其孙者。况曾、玄乎!乃至老父寡母,茕独寡欢,穷困之无养而亦听之。③

康有为指出西洋人的"薄报"远不及中国人的"厚报",康有为旨在说明西洋人的文明远不及中国人的文明程度。康有为认为"西学西理"只是服务于"升平世"的一个阶段而已,它是通达"太平世"的必要的工具,而"中学中理"则能够立足于"小康""太平"之上,终至"大同"之境。"西学西理"和"中学中理"是价值理性与工具理性的关系,于是康有为得出"中学中理"优于"西学西理"的结论。

> 至于十岁后,则就学于远方万数千里之高等学、大学,从此长于学堂。至于冠岁,皆与父母远矣。父母间两三岁至学堂一省视之。及既出学,则自谋业,自娶妻,与父母不相见焉。其娶妇必别居室,无有与父母同居者。

---

① 康有为.康有为全集(第七集)[M].姜义华,等校.北京:中国人民大学出版社,2007:44—45.
② 康有为.康有为全集(第七集)[M].姜义华,等校.北京:中国人民大学出版社,2007:45.
③ 康有为.康有为全集(第七集)[M].姜义华,等校.北京:中国人民大学出版社,2007:84.

其就业移居于千万里外者无论矣。①

康有为想要表达的是中西方在亲亲之间、亲子之间谁最文明的问题上,他认为要用事实说话,只有文明之名,而无文明之实的说辞都是站不住脚的。中国古谚就有"百善孝为先",只有遵守"孝道"才是文明的开始。而欧美等国的"孝道"无法与中国以儒家伦理纲常为特点的"孝道"相媲美,而其作为耶稣之虔诚的信徒谓之人人皆为"兄弟姊妹",而耶教推行的双重价值标准也正是世界动乱的症结所在。西方宗教信仰是西方世界纷争的主导因素,从这个意义上来讲,耶教也没法与孔教相提并论。

(三)《大同书》诠释儒式"普世价值"的愿景

从《大同书》全书的基本内容来看,它被看作是康有为诠释儒式"普世价值"的一部典范力作。其颠覆性无异于《新学伪经考》,其建设性无异于又一部更高层级的《孔子改制考》。这里所谓的"普世价值"就是"太平"或"大同",康有为试图重建的价值体系就是推行有别于西方普世文明的儒式"普世价值"。康有为在《大同书》的结尾首先得出"耶教""回教"均不能和"儒教"同日而语的论断,他认为此二教"一入大同即灭"。谈到"佛教"时,康有为虽肯定其价值,但也确信佛教不适合中国的现世社会。

> 若佛学之博大精微。至于言语道断,心行路绝,虽有圣哲无所措手,其所包容尤为深远。……佛学者不生不灭,不离乎世而出乎世间,尤出乎大同之外也。②

也就是说"佛教"也不适合于"大同"社会,只有孔子之学才是"大同之世"的普世价值。康有为所谓"普世价值"的主体不是"西学西理",而是"中学中理",他旨在彰显"中学""儒学"的重要性。

> 大同太平,则孔子之志也,至于是时,孔子三世之说已尽行,惟《易》言阴阳消息,可传而不显矣。盖病已除矣,无所用药,岸已登矣,筏亦当舍。③

康有为撰写《大同书》的目的是建构一个以"儒学""儒教"为"普世价值"的"大

---

① 康有为.康有为全集(第七集)[M].姜义华,等校.北京:中国人民大学出版社,2007:83.
② 康有为.康有为全集(第七集)[M].姜义华,等校.北京:中国人民大学出版社,2007:188.
③ 康有为.康有为全集(第七集)[M].姜义华,等校.北京:中国人民大学出版社,2007:188.

同之世"的社会以应对中国面临的"耶教""回教"以及"佛教"等其他宗教流派的冲击。在康有为心中"西学西理"还包括西方的自然科学和社会科学知识,诸如达尔文进化论、星云假说等知识体系。康有为认为,"西学西理"只能代表"升平世"的价值,到了"太平世",也就是"大同世"阶段,"西学西理"终将走向灭亡的命运。他对"佛教"充分肯定的同时,也认为"孔子之学"不适合"出世间",真正的"出世间"之学才是"仙学"或"佛学"的天下,这就是康有为所谓的"天游之学"。他心中的"普世价值"即为"孔子之学"。康有为试图要建构一个无限祥和、无限臻美之"大同之世"。

> 故太平之世,人人皆色相端好,洁白如玉,香妙如兰,红润如桃,华美如花,光泽如镜。今世之美人尚不及太平世之丑人也。①

因此,康有为的"普世价值"就是他所建构的"大同之世"的社会理想,而这种理想便是"人无所思,安乐既极,惟思长生,而服食既精,忧虑绝无"②。这既是康有为希冀利用"西学西理"走上现代工业化道路的向往,又是达到物质财富极大富有的基本前提,更是对"孔子之学""圣人之学"的继承和发展,"大同之世"的社会建构又从另一个侧面彰显了儒学的内在张力与根本动力。

四、《大同书》对"大同之世"的建构与儒学的现代转型

清末民初是近代儒学转轨的重要时期,康有为立足儒学,站在"尊儒""尊中"的视角大胆接纳东传之西方科学构建"大同之世"社会理想的努力客观上促进了儒学的现代转型。康有为从强调公羊"三世说"到"转向自由奔放、畅说理想、设计人类未来的《大同书》"③的努力具有重要意义。他是继龚自珍、魏源之后又一个更全面、更系统地关注现实并力图改变现状的先进中国人。康有为既是现实的又是理想的,"理想主义与现实主义在康有为身上的高度结合,的确表现了'人类秉性之奇诡'"④。康有为对儒学的改铸为近代儒学的发展指明了前进的方向。

(一)《大同书》为儒学的现代转型提供了理论的支撑

残酷的社会现实以及动荡的时局一直困扰着康有为,作为一个救世心切的儒

---

① 康有为.康有为全集(第七集)[M].姜义华,等校.北京:中国人民大学出版社,2007:187.
② 康有为.康有为全集(第七集)[M].姜义华,等校.北京:中国人民大学出版社,2007:188.
③ 茅海建.戊戌时期康有为"大同三世说"思想的再确认——兼论康有为一派在百日维新前后的政治策略[J].社会科学战线,2019(1):79-117.
④ 王钧林.康有为的大同理想与孔学[J].文史哲,1997(1):67-71.

家文人,他的当务之急是如何让内忧外患、灾难深重的中国摆脱困境以应对"三千年未有之变局"。《大同书》为当时之中国绘制了一幅极具价值的宏伟蓝图。康有为通过公羊"三世说",西方科学知识以及"物质"之力的发展来建构其独特的"大同之世"来救治满目疮痍的当时之中国的努力具有重要意义。

"儒学是入世干政之学,必须回应时代的挑战,解决如何治国平天下的政治实践问题"①,通过《大同书》对人类现实苦难的控诉,指出旧有的封建制度存在固有的矛盾,即便是当时如日中天的资本主义制度依然存在着不可调和的矛盾。他把批判的矛头不仅指向中国旧有的封建制度,同时也对欧美等西方资本主义制度进行批判。而所有这些矛盾得以解决的途径是以中国传统的儒家思想为指导来建构其"大同之世"的社会理想。康有为认为传统的儒家思想与近代西方社会在本质上是可以相容的,那就是如何发挥西方科学的优势,用"中学中理"来匡扶其正确的发展方向。康有为"援西入儒""以儒化西"的努力为儒学的现代转型提供了又一发展的方向。

康有为在《大同书》中直陈以儒学为内核的中国文明本身缺乏"物质"的元素,只有"援西入儒",积极汲取西方的自然科学知识与社会科学知识,才能从根本上改变"儒学"固有之不足。康有为提出"物质救国"的主张旨在凸显"物质"对于救亡图存的重要意义,中国改革开放几十年取得的举世瞩目的成就充分表明"物质"的重要性,进一步佐证了马克思经济理论所谓"经济基础决定上层建筑"的重要结论。康有为"大同之世"的社会理想的功绩在于提供了一种对中西方文化、中西方文明的崭新思考:那就是在保证儒家思想至上性的同时,积极汲取西方有益成分为我所用,建构"大同之世"的社会理想,为儒学的优先性与至上性提供理论的支撑。

(二)《大同书》为儒学的现代转型提供了思想的基础

康有为立足儒学博采中西、古今之精华,进行儒西合流的努力开了"以儒化西"的先河。儒学不是一成不变的僵死教条,它必须随着时代的转换而转换,要积极吸收最先进的文明成果以返本开新并寻求自身的转型与发展。康有为"大同之世"的理论建构,是以传统儒家政治哲学思想为依傍并试图对其进行超越的尝试,具有重要意义。面对西方宗教耶教凌厉的攻势,以应对儒学面临的时代挑战,康有为致力

———————

① 王钧林.儒学的传承与创新[J].孔子研究,2017(1):19.

于把"孔教"发展为"国教"的努力具有现实的价值。作为儒者的康有为,在《大同书》中所展现的"大同之世"的社会理想有着强烈的复兴儒学的志向,也诚如牟宗三对康有为的评价:"一个国家须要有一个共同所信念之纲维以为立国之本。此意识他们是有的。此亦可说是一个识大体的意识"①。这里牟先生一方面对康有为的思想提出异议,一方面又不得不承认他"是一个识大体的意识"。作为二十世纪中国政治思想史上重要的思想家,康有为从折中中西思想的视角从事儒学现代化伟业的重建具有重要意义。因此,他是"从儒家新解中努力调融中西思潮的学者"②。

康有为的"大同之世"的理论建构是基于对西方资本主义社会种种弊病的无情揭露以及对西方近代文明的无限"失望",康有为的努力就是试图从儒家"大同"思想中汲取养分并找寻救治中国的良方,而这种对于儒家传统思想的坚守,也势必要把儒家思想摆在无可比拟的优越的位置上。在康有为看来,"大同之世"的社会理想所涵具的道德价值早已雄踞世界文明之巅。

(三)《大同书》为儒学的现代转型指明了前进的方向

康有为进行的"孔教运动"是其作为儒家知识分子的一种文化救亡、文化自主运动。他的原始动机在于:面对来势汹汹的耶教所被迫进行"兵来将挡,水来土掩"的自救活动,是面对西方宗教的入侵力图捍卫儒家正统地位一种努力的方向。与其说康有为是文化保守主义者,毋宁说是他是一位文化激进主义者,他试图借助基督教立教、传教等形式实现儒学的宗教化转变以达到"师夷长技以制夷",达到以儒教对抗耶教的目的。

流亡海外16年的康有为深谙西方文明的优势与不足,在他看来,西方文明并不可怕,他们除了先进的机械设备与科学技术之外再没有能够凌驾于中国之上的东西。西方的经济制度、政治体制催生的贫富不均是一切不平等的根源,康有为是努力想用西方之科学、技术来补益儒学并深度发掘以儒家思想为特质的中华文明的内在价值,立足于以儒学为本位并从儒家内部开显出一条适合中国未来发展的道路。康有为始终坚持以"尊孔""尊儒""保国""保教"为宗旨,旨在保存以儒学为主体的中华民族精神的精髓,延续儒学最深沉的、人们灵魂深处更核心的东西。

---

① 牟宗三.生命的学问[M].台北:三民书局,1970:109.
② 黄俊杰.从《孟子微》看康有为对中西思想的调融,近代中国经世思想研究会论文集[M].台北:近代史研究所,1984:578.

"事实上,孔教运动尊孔而不复古,它视孔教运动从始而终,一直是儒学的革新运动。"①康有为的努力是要让儒教由原来知识分子的单一信仰一跃而为全民族的普遍价值,康有为旨在向世人昭示:他是"尊孔""尊中"而不是"保守"和"复古",只要坚守"大同之世"的社会理想并辅之以"物质"的进步,中华民族的复兴指日可待。

康有为开显的"大同之世"的社会理想,尽管带有明显的空想社会主义色彩,但它是对中国两千多年"王者至尊"的封建宗法等级制度吹起的战斗号角,其彰显"大同之道,至平也,至公也,至仁也,治之至也"②的"大同之世"的理想,是对"天下为公,是谓大同"境界的无限向往,又是对"天予人权、平等独立"的社会政治信念宗教般庄严性的坚守。可以说,康有为处在"传统与现代""君主与共和""保皇与革命"之间,他是那个时代通盘考虑国家民族危亡等重要问题给予不同阶段、不同价值取向并拿出整套建设方案的先进中国人,康有为在《大同书》中建构"大同之世"的努力客观上促进了儒学的现代转型。

康有为《尚书》诠释研究

刘 星

康有为认为历代封建统治者所尊崇的"古文经学"诸如《尚书》《左传》等儒家经典系西汉末年刘歆的伪造,应该统统被斥为"伪经",刘歆作伪经的目的是为王莽政权辩护。古文经学只是新莽政权的一朝之学,而伏生及千乘欧阳生之《尚书》为"真经",为其今文经学体系提供理论支撑。康有为著《新学伪经考》的初衷是为《孔子改制考》作铺垫,是要把孔子塑造为一改革家,为其维新变法的政治目的服务。涉及康有为《尚书》辨伪的部分主要集中在《新学伪经考》一书中,全书共计十四卷,初刊于1891年,它和《孔子改制考》一书并称为"两考"——一"破"一"立",其主旨是打着"公羊学"的旗号,宣扬其托古改制、维新变法等思想,《新学伪经考》重在从经学着手,对传统经典诸如《尚书》《春秋》等儒家古文经进行猛烈攻击。康有为认为东汉以来的经学系刘歆伪造,而非孔子之典籍,其目的是反对当时流行的乾嘉学派

---

① 颜炳罡.孔教运动的由来及其评价[J].齐鲁学刊,2004(6):32-38.
② 康有为.康有为全集(第七集)[M].姜义华,等校.北京:中国人民大学出版社,2007:293.

(汉学)与程朱理学(宋学),使汉、宋学失去存在的依据,为变法维新扫清障碍并为其政治目的服务。

一、《尚书》辨伪的社会背景分析

在中国经学发展史上,从汉代开始就出现过用隶书以及先秦古文两种文字写成的儒学经籍,二者分别被称为今文经和古文经。所谓的"伪经"只是康有为对古代经文的一种断定而已,他认为古文经籍根本不是先秦留存下来的原本,而是刘歆为帮助王莽夺取政权而蓄意编造的。作为六经之一的《尚书》,早在康有为之前的清代学者那里就开始了辨伪工作。譬如阎若璩(1636—1704)辨东晋《古文尚书》和《孔安国尚书传》之伪①。清代学者对《尚书》辨伪仅限于治经的范围,是要在学术上使经学更为真实可靠,而康有为的辨伪工作显然不是对前人的继承,而是出于一种特殊的政治目的。

《新学伪经考》是康有为的辨伪之书,其目的就是要破除两千年的封建思想根基,他直陈全部的古文经书皆刘歆伪造,"二千年之学,皆新学,皆伪学"。康有为认为:"始作伪乱圣制者自刘歆,布行伪经纂孔统者成于郑玄。阅二千年岁、月、日、时之绵暧,聚百、千、万、亿衿缨之问学,统二十朝王者礼乐制度之崇严,咸奉伪经为圣法,诵读尊信,奉持施行,违者以非圣无法论,亦无一人敢违者,亦无一人敢疑者。"②康有为认为刘歆作伪的目的是取媚于新莽政权。可以看到康有为的解经方式有着惊人的胆略,或者说是他有着超乎常人的自信。甚至当出土文物与其学术、政治主张相抵牾的时候,他断言"出土之钟鼎彝器,皆刘歆私铸埋藏以欺后世"③。因此,由他如此大胆的"学术研究"可以设想其"学术价值"的含量十分有限。只不过清代今文经学家自魏源起重在对"经世致用"之学的阐发,已不再是对学术价值的追求,而是对政治价值的发掘。对于这一极富成效的研究理路,梁启超在总结《新学伪经考》曾给予了充分的肯定:"第一,清学正统派之立脚点根本摇动;第二,一切古书,皆须重新检查估计。此实思想界之一大飓风也。"④这样康有为就为他日后的维新变法思想做了铺垫,既然古文经学皆刘歆伪造,那么想要探求孔子最正

---

① 汤志钧.近代经学与政治[M].北京:中华书局,1989:51-52.
② 康有为.康有为全集(第一集)[M].姜义华,等校.北京:中国人民大学出版社,2007:355.
③ 梁启超.饮冰室合集[M].北京:中华书局,1988:56.
④ 梁启超.饮冰室合集[M].北京:中华书局,1988:56.

宗的"微言大义",便只有从其建构的今文经学理论中去找寻了。康有为认为"孔子之为万世师,在于制作六经,其改制之意,著于《春秋》。孔子早而从周,晚暮道不行,思告后王,于是改制"①。所有这些"改制"的前奏工作,都以康有为的《新学伪经考》为前提。

"当一种文明需要被阐明和弘扬时,往往意味着正面临危机之际。正如康有为在《意大利游记》中承认的那样,中国文明在近代已出现了'退化危弱'之象。"②可以说康有为在早年接触过西方先进的科学技术知识,也看到了西方国家的强大。在他看来,建立在西方先进的工业文明和现代化生产方式之上的西方世界,挟持着全球性资本气势汹汹地与古老的中国遭逢,两种文明——西方的现代工业文明与中国古老的小农文明之间产生的激烈碰撞与冲突,使后者陷入前所未有的困境之中。在这个"千年未有之变局"当中,古老的中国传统文明如何走出困境并重获生机,便成为近代先进中国人思考的问题的核心所在。康有为试图通过对欧美先进的文明成就进行系统的移植以使中国文明再现汉唐的辉煌,并以新的形象融入人类未来的世界文明。而所有这些目标的实现就要先破除风靡两千年的"无一人敢违""无一人敢疑"的封建教条,于是康有为把矛头指向了以《尚书》为代表的儒家经典上来。康有为《新学伪经考》的目的是"破",其后来的《孔子改制考》是"立",是要彰明孔子的权威以重塑孔子作为改革者的形象。

晚清康有为通过对《尚书》等儒家经典辨伪举起的公羊学大旗客观上促成了维新运动的发动并掀起了思想解放的潮流,推动了社会的发展。自龚自珍至康有为,都代表社会进步力量,他们以"公羊三世说"作为武器与处于统治地位的顽固派的僵死观点进行了殊死的搏斗,这同时也是中国哲学观点演进的重要模式。

康有为通过对《尚书》等儒家经典的辨伪,开启了疑古、融会西学以及重建经学体系的开端。正是康有为对今文经学的通经致用、托古改制以及变法维新等学说的建构,从根本上瓦解了传统经学的本质而将其锻造成变法维新的思想武器,最终完成了古典儒学的终结;通过对《尚书》等儒家经典辨伪而著成的《新学伪经考》以及《孔子改制考》前期理论建构的完成,加之他对西学、西政的吸收,康有为实现从

---

① 康有为.长兴学记·桂学答问·万木草堂口说[M].北京:中华书局,1988:19.
② 张荣华.文明本质及其发展的探索与构造——康有为《春秋笔削大义微言考》述论[J].学术月刊,1994(7):65-74.

复古更化的政治哲学之维到救亡图存、保国保教的政治现实之维的转变。

二、《尚书》辨伪的主要内容

康有为今文经学建构的核心在其《新学伪经考》与《孔子改制考》的"两考"之中。因此，对《尚书》等儒家经典进行辨伪成为其一生思想理论体系的出发点。以《尚书》辨伪为例，我们对康有为基本的经学主张作一具体剖析。

（一）康有为揭露刘歆古经作伪的根本动机

康有为认为刘歆对儒家经典作伪主要基于两个层面的考量：一方面出于学术上的目的，即为"以伪经篡孔学"①。"至于后世，则亡新之亡久矣；而歆经大行，其祚二千年，则歆之篡过于莽矣。而歆身为新臣，号为'新学'，莽亦与焉，故合歆、莽二传而辨之，以明新学之伪经云。"②康有为认为刘歆主要是对孔学的篡改，以达到其随意解释经学的目的，"于是夺孔子之经以与周公，而抑孔子为传；于是扫孔子改制之圣法，而目为断烂朝报"③。康有为认为刘歆的这种做法从道德层面与国家的层面上分析了其恶劣的性质，"是上为圣经之篡贼，下为国家之鸩毒者也"④。另一方面康有为认为刘歆是出于政治上的目的，他主要是为王莽篡汉做理论上的准备，"时莽未有篡之隙也，则歆之畜志篡孔学久矣。遭逢莽篡，因点窜其伪经，以迎媚之"⑤。

（二）关于《尚书》的存案问题

康有为认为《尚书》并没有在秦朝的"焚书坑儒"中亡佚。故此，《尚书》原典一直被完好地留存，康有为说："伏生者，济南人也。故为秦博士。孝文帝时，欲求能治《尚书》者，天下无有，乃闻伏生能治，欲召之。是时伏生年九十余，老不能行，于是乃诏太常，使掌故晁错往受之。秦时焚《书》，伏生壁藏之。其后兵大起，流亡。汉定，伏生求其《书》，亡数十篇，独得二十九篇，即以教于齐、鲁之间。学者由是颇能言《尚书》，诸山东大师无不涉《尚书》以教矣。伏生教济南张生及欧阳生，欧阳生

---

① 康有为.康有为全集（第一集）[M].姜义华，等校.北京：中国人民大学出版社，2007：428.
② 康有为.康有为全集（第一集）[M].姜义华，等校.北京：中国人民大学出版社，2007：429.
③ 康有为.康有为全集（第一集）[M].姜义华，等校.北京：中国人民大学出版社，2007：355.
④ 康有为.康有为全集（第一集）[M].姜义华，等校.北京：中国人民大学出版社，2007：355.
⑤ 康有为.康有为全集（第一集）[M].姜义华，等校.北京：中国人民大学出版社，2007：429.

教千乘儿宽。"①康有为认为伏生的《尚书》版本虽然有所亡佚,但是仍可以称为"孔子所传之经"。康有为又言及欧阳生及其"千乘儿宽",旨在证明伏生继承了《尚书》的正宗,虽"亡数十篇"仍"以教于齐、鲁之间"。同样对于伏生保存有《尚书》一事还有相关描述:"伏生故秦博士,秦焚书,非博士所职悉焚,则博士所职不焚,然则伏生之《书》,为孔子所传之经确矣。博士以《尚书》为备,以其传授有绪,故比之二十八宿也。欧阳、大小夏侯传今文者无异辞。"②然后康有为又附一按语:"齐、鲁儒生千百,而治《尚书》者唯伏生为首,藏书之禁仅数年,藏书之刑仅城旦,不能害也。然则伏生之《书》为孔子之正传确矣。"③这也意在证明伏生之《书》乃"孔子之正传"。

为了证明伏生之"真"与刘歆之"伪",康有为对《尚书》与《古文尚书》进行进一步的界定:"《尚书古文经》四十六卷,《经》二十九卷。《经》者,即伏生二十八篇,并后得《秦誓》之本。《古文经》四十六卷,二十九卷外并得多十六篇,计之尚缺一卷,必合《序》数之乃足,然则《序》与十六篇同出无疑。欧阳、大小夏侯皆不言《序》,后汉古文大行,注《尚书》者遂皆注《序》,则《序》出于歆之伪古文明矣。"④康有为对于刘歆对伏生的评价,给予了还击:"直谓'伏生阙谬',可谓无知而悍矿矣。然古学盛行,于是,五百余年积非成是,盗憎主人,奚足记哉!唯'不别记',则今文遂亡,德明不能无罪焉。"⑤

(三)关于刘歆伪经的影响及后果分析

康有为直陈自汉武帝立"五经"博士之后的百余年,今文经学盛极一时,但是其弊端也随之出现,伪古文经取代今文经的重要原因在于:第一,今文经学的"一经之说,至于百余万言,五字之文,至于二三万字,繁冗至此,……"⑥因此,烦琐累赘是其最大的弊病。第二,伪经传授者皆为当时的名士,有很大的学术影响力。影响力愈大,其破坏性及其造成的恶劣后果就愈严重:"盖歆之所以得行伪学者,通其一艺即征诣公车,前后千数,以广伪学,壹异说。于是,天下皆诵歆学,而孔子之学绝矣。……盖歆以博闻强识绝人之才,承父向之业,睹中秘之书,旁通诸学,身兼数器,旁

---

① 康有为. 康有为全集(第一集)[M]. 姜义华,等校. 北京:中国人民大学出版社,2007:365.
② 康有为. 康有为全集(第一集)[M]. 姜义华,等校. 北京:中国人民大学出版社,2007:382.
③ 康有为. 康有为全集(第一集)[M]. 姜义华,等校. 北京:中国人民大学出版社,2007:365.
④ 康有为. 康有为全集(第一集)[M]. 姜义华,等校. 北京:中国人民大学出版社,2007:384.
⑤ 康有为. 康有为全集(第一集)[M]. 姜义华,等校. 北京:中国人民大学出版社,2007:460.
⑥ 康有为. 康有为全集(第一集)[M]. 姜义华,等校. 北京:中国人民大学出版社,2007:428.

推交通,务变乱旧说而征应其学。训诂文字既尽出于歆,天文、律历、五行、谶记、兵法又皆出之,众证既确,城壁愈坚。当时既托古文之名,籍王莽之力以广其传,传之既广,行之既久,则以为真先圣之遗文矣。"①

因此,康有为对刘歆作伪进行了猛烈的攻击:"学者不正其心术,而以博闻强识造说立端,其祸等于洪水猛兽,可不惧乎!《昏义》:三夫人,九嫔,二十七世妇,八十一御妻。若非歆伪窜者,则三公、九卿、二十七大夫、八十一元士之命妇乎!若以为后宫有是,则断断无是也。"②康有为认为,正是因为刘歆的影响力之大,学术造诣之深,其作伪造成的破坏性作用才来得如此巨大,在刘歆之后的两千年里,对其理论"莫有发难者也"。康有为说:"自魏、晋至应其学唐,言术艺之士皆征于歆。寖淫既久,开口即是,孰能推见至隐,窥其瑕衅乎?此所以范围二千年,莫有发难者也。今《汉书·律历》《天文》《五行志》,皆歆之学,与诸古文经若合符节,月令、兵法亦然。"③最后的结果是"不知古学刘歆之窜乱伪撰也,凡今所争之汉学、宋学者,又皆歆之绪余支派也。经歆乱诸经,作《汉书》之后,凡后人所考证,无非歆说。征应四布,条理精密,几于攻无可破,此歆所以能欺绐二千年,而无人发其覆也。"④

(四)尊孔、尊儒、尊中—以贯之

尊孔、尊儒、尊中贯穿康有为的一生。首先,康有为对孔子之学的独尊地位进行论证。康有为指出:"孔子之学,秦时已立博士"⑤,康有为充分肯定"孔子之学"的重要性,在论证"孔子之学"的重要性之余,康有为又对"儒"做了详细的界定:"凡所云'儒'者,皆与异教对举而言。盖孔子改制后,从其学者皆谓之'儒'。故'儒'者,譬孔子之国号,如高祖之改国号为汉,太宗有天下之号为唐,艺祖有天下之号为宋,皆与异国人言之,至于臣民自言,则云'皇朝''圣朝''本朝',人自明之,不待称国号也。"⑥其次,康有为又论述"孔子之学"涵盖其他一切学问。"孔子之道,范围天下,子思所谓'上律天时,下袭水土'。"⑦

---

① 康有为.康有为全集(第一集)[M].姜义华,等校.北京:中国人民大学出版社,2007:432.
② 康有为.康有为全集(第一集)[M].姜义华,等校.北京:中国人民大学出版社,2007:437.
③ 康有为.康有为全集(第一集)[M].姜义华,等校.北京:中国人民大学出版社,2007:433.
④ 康有为.康有为全集(第一集)[M].姜义华,等校.北京:中国人民大学出版社,2007:362.
⑤ 康有为.康有为全集(第一集)[M].姜义华,等校.北京:中国人民大学出版社,2007:414.
⑥ 康有为.康有为全集(第一集)[M].姜义华,等校.北京:中国人民大学出版社,2007:414.
⑦ 康有为.康有为全集(第一集)[M].姜义华,等校.北京:中国人民大学出版社,2007:416.

康有为对具有政治意义的《周官》以及定刘歆《古文尚书》根本的《书序》进行辨伪。康有为又直陈刘歆之"伪《周官》"之害:"特自伪《周官》,欲托身为周公以皋牢一切,故兼收诸子,以为不过备我学一官、一职之守,因痛抑孔子,以为若而人者,亦仅备一官守,足助顺阴阳、明教化而已,阳与之,实所以夺之者至矣!唐人尊周公为先圣,而以孔子为先师,近世会稽章学诚亦谓周公乃为集大成,非孔子也,皆中歆之毒者。"①康有为又对刘歆之《书序》进行证伪的工作,康有为认为:"《书序》之伪明,百篇之妄袪矣。然篇目真伪杂出,今古淆乱。且真《书》中亦自有辨:有孔子之《书》,有孔子未修之《书》。……刘歆以后,《书序》大行,诸儒征引均祖之。既明《书序》之伪,根本既除,枝叶自去,今置不议。"②

三、《尚书》辨伪的时代价值

康有为生活在清末民初那个社会大动荡的时代,为实现救国救民的远大抱负,他勇敢地接过今文经学的大旗,康有为由最初坚守的古文经学立场到今文经学的转变缘起于康有为对《尚书》等儒家经典辨伪的《新学伪经考》。

(一)"经世致用"思想的掘发

康有为在《新学伪经考》中对以《尚书》等儒家经典进行辨伪的目的是要把为封建帝制辩护的古文经学拉下神坛。作为一个有鸿鹄之志的读书人,他闭门苦苦思索,残酷现实使他开始把个人的前途与国家的命运和世界风云变幻的局势联系起来,这一阶段他的思想发生了巨大变化。此时的康有为开始"日日以救世为心,刻刻以救世为事,舍身命而为之"③。

树立救民于水火的理想,康有为的决心也像魏源一样,"师夷长技以制夷",就是要学习西方长处,实行维新变法以振兴中华。1891年,康有为在"万木草堂"招徒讲学,建立新型的教学团体,同时也为他日后维新变法的政治团体培养了一批维新变法的骨干力量。"万木草堂"成为他新思想的前沿阵地,特别是1891年和1896年刊行的《新学伪经考》和《孔子改制考》,具有彻底颠覆性的"两考"在中国思想界掀起了一阵"飓风"。1898年的戊戌变法,是康有为维新思想积聚已久的结晶,它

---

① 康有为.康有为全集(第一集)[M].姜义华,等校.北京:中国人民大学出版社,2007:416.
② 康有为.康有为全集(第一集)[M].姜义华,等校.北京:中国人民大学出版社,2007:539.
③ 康有为.戊戌变法(四)[M].上海:上海人民出版社,1957:118.

是近代史上重要的政治改革,更是一次重要的思想启蒙运动。

《教学通义》和《民功篇》是姊妹篇,《民功篇》强调"民功",着重阐述物质生产的重要意义,《教学通义》强调"实学",着重阐述发展专门技术的重要意义,两本书在一定程度上摆脱了宋学和汉学脱离实际、无补于事的弊端,贯彻着强烈的"经世致用"精神。其性格中又充满了忧患意识,在学术上喜欢举一反三、追求"实用"之学,也深感"训诂""考据"之学对于挽救民族危亡毫无用处。特别是在朱次琦门下,在其师倡导的"通经致用"思想影响下康有为走向改变现实命运的学术道路。朱次琦以儒家修齐治平为本义,主张读书的目的是明白事理,自我提升,随时应国家需要挺身而出。他不满汉学的琐屑考据和宋学末流空疏的学风以及门户之见,力倡经世致用,兼采汉学。

(二) 打掉圣贤光环的滥觞

康有为通过对《尚书》等儒家经典的辨伪,洞开了怀疑儒家经典的先河,动摇了封建统治的政治根基。康有为对于今文经学的主张本意并不在考证辨伪,而在于推倒旧说,试图利用对今文经学的诠释来为他新思想的传播拓展空间,而琐碎的考证本身无助于阐发新思,还会淹没智慧的灵光。在具体的论证中,《新学伪经考》列出十四篇,每一篇都旗帜鲜明,力避烦琐,他将复杂的考证问题简单化,而这正符合了康有为借考证阐发新思想的目的。康有为利用他深湛的儒学功底,首篇就论述《秦焚六经未尝亡缺考》,根据《史记》《汉书》分析秦代不可以也不会将《六经》焚烧殆尽,开篇就质疑了古文经存在的合法根基,史学界公认的一个观点是,这种做法绝对是康有为的第一发明,仅从学术价值而言,同时代的廖平的著作根本无法同康有为相媲美。因此,康有为从容展开各经典的辨伪论说。最后得出结论:自从汉代之后占有统治地位的古文经典都是伪经[①]。第四篇《汉书河间献王鲁共王传辨伪》,利用《史记》与《汉书》对河间献王与鲁共王事迹的记载的出入,断言所谓"献王得书、共王坏壁"[②]纯属子虚乌有,那么据此产生的古文经当然也就失去其存在的合理性,后代经典的叠相传注也成了伪经的殉葬品。

---

① 康有为在《新学伪经考》中指出:"古学皆刘歆之窜乱伪撰也,凡今所争之汉学、宋学者,又皆歆之绪余支派也。经歆乱诸经、作《汉书》之后,凡后人所考证,无非歆说。"(康有为. 新学伪经考[M]. 北京:中华书局,1958:16.)

② 佟大群. 清代文献辨伪学研究[D]. 天津:南开大学,2010.

对于以经典安身立命、规范社会伦理的意识形态和治国平天下的不二法门的统治秩序来说不啻是当头棒喝。《新学伪经考》从根本上动摇了绵延两千年道统的根基,既然经典本身的真伪都成了问题,那么圣经贤传还有何光彩可谈呢?这样,人们不仅可以怀疑经典和道统的真实性,也对整个统治秩序的合法性投以怀疑的目光。这就是《新学伪经考》一书蕴含的革命性意义。不难设想,如果没有《新学伪经考》对旧秩序内部的破坏作用,新文化运动的呐喊恐怕也不会那么及时迅速地得到回应。康有为之所以敢于打破理学传统和考据学传统,是因为他不能接受当时的古文经学作为统治工具的官方思想,认为应当回到原来的、真正的儒家的框架中来。在康有为看来只要清除刘歆的伪经,再与欧洲、印度之圣经贤传融会贯通,儒学的复兴指日可待,儒学仍然不失为好的学说。

（三）维新变法政治思想的皈依

康有为通过对《尚书》进行辨伪,其最终的价值指向是为《孔子改制考》埋下伏笔。康有为的"两考"一经出版,立即引起轰动,在学界和士大夫阶层广为流传。内容主要是力攻刘歆,谓"六经"皆其伪造。两考巧用了古人"经学"的酒杯,浇开了现实社会人们试图寻求"救国良策"的心中块垒,构成了康有为变法维新的两大理论支柱,在当时的知识界和士大夫阶层达到了共鸣。《新学伪经考》翻出了今古文之争的旧案,借题发挥,把汉代以后两千多年的经典都斥为伪经,从根本上动摇了道统的根基,对旧的学术思想及其赖以生存的意识形态具有极大的破坏作用。《孔子改制考》则在《新学伪经考》清算两千年经学传统的基础上重塑道统,将两千年经学历史视为空白,这不管是原始儒学还是西汉董仲舒对于孔子的解释都是石破天惊之举。康有为执意要把经过历代改造的孔子返璞归真,目的是为了根据自己的需要改造孔子,把涂在孔子脸上的层层油彩去尽是为了对孔子进行重新打扮,建立新的道统,然后再去打着道统的旗号宣传自己的主张。

康有为通过《孔子改制考》一书,把孔子改造成为先秦时代最为伟大的改革者。他认为孔子出身布衣,但是有着鸿鹄之志,自称素王,把尧舜同文王视为改革的先驱者,并利用他们来强化自己的改革主张,同时又把传统中的尧舜之治加以美化,作为社会发展的目标。经过这番改造,两千多年前的孔子和当时的康有为在实质上已经合一了,这也正是他的目的所在。一方面他自认为上承孔子的道统而成为当今素王,坚信中国社会将会在他的改造中发生一次深刻的变革;另一方面,他也深知孔子及其儒家道统已经形成至尊地位,以孔子畅行变法会大大减少改革的障碍,争取更多支持者。因此康有为改造孔子的真实目的在于利用孔子以达到改造现实的意图。

　　康有为认为"六经"是孔子为"托古改制"而作,从而把孔子打扮成一个改革家的形象,主张革新和进步,反对守旧和落后。他肯定《春秋》是孔子改制创作之书,他之所以被尊为教主,是因为他写成了不朽的"六经",他批评前人说孔子"删述六经""述而不作"的说法,因为他把孔子塑造成托古改制的创始人。他认为自己作为一个改革家是对孔子"托古改制"思想的继承和发扬,从而加强了维新变法理论在开明官吏和士大夫中的渗透力和号召力。历史的发展就是这样从低级向高级不断向前发展的。他强调从据乱世向升平世发展的必然性,要救国就要太平,就要改制,只有改革才能到达最终的太平盛世局面。从而论证了维新变法的必然性。应该指出,康有为在这里只是运用了今文经学的躯壳,而进化论才是其主宰一切的灵魂,因而在康有为那里让人看到的是充满惊世骇俗的新颖理论,在处于封建桎梏和学问饥渴中的知识界、思想界引起轩然大波,虽然遭到顽固派的仇视,但是在客观上促进了学术界解放的潮流。

参考文献

1. 皮锡瑞. 经学通论[M]. 北京:中华书局,1954.
2. 杨伯峻. 论语译注[M]. 北京:中华书局,1980.
3. 朱熹. 四书章句集注[M]. 北京:中华书局,1983.
4. 杨伯峻. 孟子译注[M]. 北京:中华书局,1984.
5. 陈鼓应. 老子注译及评介[M]. 北京:中华书局,1984.
6. 韦政通. 中国哲学辞典[M]. 北京:世界图书出版有限公司,1993.
7. 吴汝钧. 佛教大辞典[M]. 北京:商务印书馆,1994.
8. 张默生. 庄子新释[M]. 张翰勋,校补. 济南:齐鲁书社,1993.
9. 钟泰. 庄子发微[M]. 上海:上海古籍出版社,2002.
10. 李民,王健. 尚书译注[M]. 上海:上海古籍出版社,2000.
11. 唐明邦. 周易评注[M]. 北京:中华书局,1995.
12. 周振甫. 周易译注[M]. 北京:中华书局,1991.
13. 孙希旦. 礼记集解[M]. 北京:中华书局,1989.
14. 杨柳桥. 荀子诂译[M]. 济南:齐鲁书社,1985.
15. 唐明贵. 论语学史[M]. 北京:中国社会科学出版社,2009.
16. 唐明贵. 宋代《论语》诠释研究[M]. 北京:中国社会科学出版社,2017.
17. 刘星. 东传科学与康有为今文经学的嬗变[M]. 北京:中国社会科学出版社,2018.
18. 陈来. 孔夫子与近代世界[M]. 北京:北京大学出版社,2011.
19. 崔大华. 儒学的现代命运[M]. 北京:人民出版社,2012.
20. 杜泽逊. 四库存目标注[M]. 上海:上海古籍出版社,2007.
21. 杜泽逊. 文献学概要[M]. 北京:中华书局,2001.
22. 葛兆光. 中国思想史[M]. 上海:复旦大学出版社,2001.

23. 史革新. 清代理学史[M]. 龚书铎,主编. 广州:广东教育出版社,2007.
24. 蒋伯潜. 十三经概论[M]. 上海:上海古籍出版社,2010.
25. 刘宗贤,蔡德贵. 当代东方儒学[M]. 北京:人民出版社,2003.
26. 钱穆. 中国近三百年学术史[M]. 北京:商务印书馆,1997.
27. 颜炳罡. 当代新儒学引论[M]. 北京:北京图书馆出版社,1998.
28. 周予同. 群经通论[M]. 上海:上海人民出版社,2012.
29. 周桂钿. 中国儒学讲稿[M]. 北京:中华书局,2008.
30. 中国社会科学院哲学研究所中国哲学史研究室. 中国哲学史资料选辑(先秦之部)[M]. 北京:中华书局,1982.
31. 中国社会科学院哲学研究所中国哲学史研究室. 中国哲学史资料选辑(两汉之部)[M]. 北京:中华书局,1982.
32. 中国社会科学院哲学研究所中国哲学史研究室. 中国哲学史资料选辑(魏晋隋唐之部)[M]. 北京:中华书局,1990.
33. 中国社会科学院哲学研究所中国哲学史研究室. 中国哲学史资料选辑(宋元明之部)[M]. 北京:中华书局,1982.
34. 中国社会科学院哲学研究所中国哲学史研究室. 中国哲学史资料选辑(清代之部)[M]. 北京:中华书局,1981.
35. 中国社会科学院哲学研究所中国哲学史研究室. 中国哲学史资料选辑(近代之部)[M]. 北京:中华书局,1983.
36. 唐明邦,程静宇. 中国古代哲学名著选读[M]. 武汉:武汉大学出版社,1988.
37. 《中国哲学史》编写组. 中国哲学史[M]. 北京:人民出版社,2012.
38. 苗润田. 中国儒学史(明清卷)[M]. 广州:广东教育出版社,1998.
39. 冯达文,郭齐勇. 新编中国哲学史[M]. 北京:人民出版社,2004.
40. 萧公权. 中国政治思想史[M]. 沈阳:辽宁教育出版社,1998.
41. 刘泽华. 中国古代政治思想史[M]. 天津:南开大学出版社,1992.
42. 郭齐勇. 中国哲学史[M]. 北京:人民出版社,2010.
43. 周海春. 中国哲学原著导读[M]. 武汉:湖北人民出版社,2010.
44. 方克立. 中国哲学名著选读[M]. 天津:南开大学出版社,1996.
45. 郭齐勇. 中国哲学原著导读[M]. 武汉:武汉大学出版社,2013.

后　记

本书基于本人给哲学系本科学生教授"中国哲学原著选读"课程编写而成。在中国哲学教学过程中,尤其重视经典著作的导读和从古代到现代的中外哲学家们代表性论著的选编、选讲以及中国经典诠释与现代价值的阐发。

哲学本科教育对于培养哲学素养、训练哲学思维具有重要价值。哲学专业教育的目的是要培养出恪守道德底线而又志趣高尚、有着独立公民意识并全面发展的人才以实现中国优秀传统文化创造性转化与创新型发展。在教育的诸环节中,教材与课堂教学又是最基本的组成部分。在教师们的言传与身教之下,同学们一定能学会读书、学会生活,接受一定的哲学方法学训练,与古今中外的圣贤、智者、先知、哲学巨匠等作心灵的交流与思想的碰撞,增强对原著的反思与感悟,从而达到指导自己实践的本领与能力。

在本书编写过程中,我们参考了许多教材与论著,有的已经列出,还有的尚未列出,在此对论著的编译者表示感谢。衷心感谢东南大学出版社的大力支持,以及本书编写组全体同仁的操劳。由于水平有限,加之时间仓促,疏漏和失误之处在所难免,恳请专家与读者批评指正。收入本书诸材料的整理与注释工作,分别由本人与铜仁学院的高新满老师,内蒙古师范大学附属中学的张晓芹老师、古迎辉老师,济南鸿景影视文化有限公司的徐明珍老师、马和平老师,同济大学哲学学院的丁娜同学以及华侨大学哲学学院的尚文程同学共同分工合作、辛勤劳动完成。本书以各权威注疏本为底本,在选材、注释与校对方面都做了较大的努力,编注、整理工作中的疏失,敬请专家、读者批评指正。

刘　星
2020 年春于青城呼和浩特